TERAPIA DE VIDAS PASADAS

DR. JOSÉ LUIS CABOULI

TERAPIA DE VIDAS PASADAS

UN CAMINO HACIA LA LUZ DEL ALMA
TÉCNICA Y PRÁCTICA

Ediciones Continente

> **Para comunicarse con el autor:**
> Su correo electrónico: dr.joseluiscabouli@gmail.com
> Para España: joseluiscabouli.espania@gmail.com
> Su página web: www.vidaspasadas.com.ar
> Facebook: @terapiadevidaspasadasdoctorcabouli

Terapia de vidas pasadas

1ª edición: septiembre 1995

12ª reimpresión: noviembre 2024

© **Ediciones Continente**
Pavón 2229 (C1248AAE) Buenos Aires, Argentina
Tel.: (54 11) 4308-3535 - Fax: (54 11) 4308-4800
www.edicontinente.com.ar
info@edicontinente.com.ar

ISBN: 978-950-754-025-7

Corrección: Susana Rabbufeti Pezzoni
Diseño de tapa: Mora Digiovanni
Diseño de interior: Estudio Tango

Cabouli, José Luis
  Terapia de Vidas Pasadas : técnica y práctica . - 12a reimp. - Buenos Aires : Continente, 2020.
  320 p. ; 23x16 cm.

  ISBN 978-950-754-025-7

  1. Vidas Pasadas-Terapia. I. Título
  CDD 133.901 35

Queda hecho el depósito que marca la ley 11.723.

Libro de edición argentina

No se permite la reproducción parcial o total, el almacenamiento, el alquiler, la transmisión o la transformación de este libro, en cualquier forma o por cualquier medio, sea electrónico o mecánico, mediante fotocopias, digitalización u otros métodos, sin el permiso previo y escrito del editor. Su infracción está penada por las leyes 11723 y 25446.

Impreso en España - *Printed in Spain*

*A mis padres,
a mis maestros*

Índice

Introducción a la 11ª edición	I
Acerca de la cuarta edición	11
Prólogo	13
Capítulo I. Voy a ir a las catacumbas	17
Capítulo II. Memoria y olvido	21
Capítulo III. Una terapia del alma	25
¿Qué es la Terapia de Vidas Pasadas?	25
Capítulo IV. Cómo funciona la TVP	31
Capítulo V. Un poco de historia	37
Las experiencias del coronel Albert de Rochas	38
El nacimiento de la Terapia de Vidas Pasadas	43
Capítulo VI. Del sueño magnético al estado expandido de conciencia	49
¿Qué es el sueño magnético?	53
El estado expandido de conciencia	55
Capítulo VII. El plan de trabajo	61
Conceptos básicos	62
¿Cómo llevo a la persona a revivir el trauma original?	65
Regresión propiamente dicha	66
El momento más traumático	67
Armonización	71

Mandatos	72
Víctima y victimizador o verdugo	74
Algunas precisiones en cuanto al manejo de la regresión	76
Capítulo VIII. El anciano archivero	79
Capítulo IX. El karma	89
Capítulo X. La técnica del Samyama	95
El miedo de Penélope	98
Capítulo XI. Otra variante técnica	107
La fobia de Aída	107
Capítulo XII. El espacio entre vidas	115
La psoriasis de Roberto	117
Capítulo XIII. El propósito de vida	127
La experiencia de Nadia	128
Capítulo XIV. La vida fetal	143
Una madre dormida y un oído que no funciona	146
La rebeldía de Rosaura	152
Capítulo XV. Cómo trabajar situaciones difíciles	163
Una vida de tortura	171
Capítulo XVI. Reminiscencias del pasado	183
La experiencia de Lamartine	184
Las ruinas de San Ignacio	185
Capítulo XVII. Cómo trabajar los sueños	191
La pesadilla de Checha	193
Capítulo XVIII. Regresiones como animales	201
Criatura acuática, tigre y pantera	202
Los mandatos de un conejo	209
¿Fue o no fue un conejo?	215
Capítulo XIX. El suicidio	219
Pedro	221
Flavia	230
Julieta	236
Capítulo XX. Cómo trabajar una depresión	243
El miedo de Mario	245

Capítulo XXI. Reflexiones, indicaciones
y contraindicaciones 257
    ¿Cuáles son las indicaciones de la TVP? 259
    Contraindicaciones 264

Capítulo XXII. Cierre y despedida 269

¿Quién soy? 273

Apéndice 1. Charla personal con Morris Netherton 275
    Algunas recomendaciones de Morris Netherton 286

Apéndice 2. Otras variantes para inducción 291
    El túnel detrás de los ojos 291
    La confesión al anciano archivero 292

Apéndice 3. Ejercicio del espacio entre vidas
antes de nacer 297
    I) La inducción 298
    II) Las preguntas 300
    III) Las respuestas 303

Bibliografía 307

Introducción a la 11ª edición

Cuando se publicó en 1995 la primera edición de *Terapia de Vidas Pasadas*, yo no podía imaginar el alcance que iba a tener el desarrollo de la terapia. En aquel momento, mi experiencia con la técnica era de mil doscientas regresiones y me encontraba dirigiendo el cuarto curso de formación. Al introducir esta nueva edición, ya son más de ocho mil las regresiones que he conducido y sesenta y cuatro los cursos de formación que he impartido. Al cumplirse veinticinco años de aquella primera edición y treinta y tres años de mis inicios con la terapia, se presenta la ocasión propicia para echar una mirada atrás, hacer consideraciones varias y reflexionar sobre la evolución y los alcances de la técnica.

Hasta la fecha se han formado bajo mi dirección en la técnica de esta terapia más de quinientos terapeutas. Diecisiete de estos profesionales han publicado sus propios libros donde comparten su experiencia con la terapia y varios de ellos dirigen a su vez cursos de formación en la técnica de regresión en Argentina, Chile, España y México. Cada año que pasa se incrementa el número de terapeutas que se incorporan a la práctica de la Terapia de Vidas Pasadas (TVP). Esto implica que cada vez más personas acuden a la consulta buscando esta alternativa de resolución para los conflictos que las aquejan.

Treinta años atrás no era común encontrar libros sobre el tema en las librerías corrientes. Actualmente, los libros sobre este tema se encuentran en cualquier librería y, obviamente, en internet.

La técnica en sí misma ha evolucionado como consecuencia del estudio, de la docencia, de la investigación, de la experiencia adquirida en el trabajo cotidiano con los pacientes, pero también con la transformación interna experimentada por el propio terapeuta. No obstante, la técnica aquí presentada sigue siendo válida, ya que la estructura sigue siendo la misma. Lo que ha cambiado es el abordaje y la comprensión de lo que sucede cuando afloran las vivencias de vidas pasadas.

Hoy podemos definir sencillamente a la TVP como una técnica terapéutica transpersonal que básicamente consiste en hacer consciente lo inconsciente. Cuando esto ocurre, surgen espontáneamente a la consciencia experiencias traumáticas no resueltas que estaban ocultas a nivel inconsciente. Como en estas experiencias las personas suelen verse a sí mismas en otro cuerpo, en otro tiempo y experimentan la muerte en ese cuerpo, se denominó a esta técnica Terapia de Vidas Pasadas. De modo entonces que la TVP no se basa en la doctrina de la reencarnación ni en creencias religiosas, como argumentan algunos detractores, sino que las vidas pasadas surgen espontáneamente como consecuencia del trabajo terapéutico. Y es importante enfatizar este hecho: las vidas pasadas surgen espontáneamente independientemente de la creencia del consultante y del terapeuta. Una cosa es la teoría de la reencarnación y otra cosa es la experiencia de la reencarnación.

Cualquiera que sea el motivo que lleva a una persona a la consulta se origina en un trauma no resuelto que se encuentra oculto a nivel subconsciente. Lo que perturba no es el recuerdo del trauma en sí mismo sino las reacciones emocionales experimentadas en ese evento pero que no fueron vividas conscientemente y que, por lo tanto, quedaron sepultadas a nivel subconsciente.

Si el terapeuta sabe cómo trabajar en profundidad el síntoma que presenta el paciente, tarde o temprano, en algún momento del trabajo terapéutico, aflorará el trauma original y se encontrará con una vivencia que no pertenece al campo de la experiencia de la vida presente.

A nivel subconsciente, todos tenemos registro o impresiones emocionales de sucesos traumáticos que hemos olvidado de nuestra infancia, de nuestro nacimiento o de nuestra gestación. No queda duda de que alguna vez hemos estado en el vientre materno. Hemos pasado por allí, hemos vivido y experimentado las circunstancias y emociones de nuestra madre, nos sucedieron cosas en ese tránsito y, sin embargo, no recordamos nada. No tenemos registro consciente de nuestro nacimiento y mucho menos de nuestro paso por el vientre materno. Es como si nunca hubiésemos estado allí. No obstante, esas experiencias están, coexisten con nosotros en algún lugar oculto de nuestro ser. Que no las recordemos no significa que no hayan tenido lugar. De la misma manera ocurre con las vidas pasadas. Cuando hacemos consciente lo inconsciente surgen todas esas experiencias, sean de vidas pasadas o de la vida presente, tal cual las hemos vivido con toda su carga emocional.

La Terapia de Vidas Pasadas no comenzó ayer o antes de ayer; tiene una historia que es mucho más extensa de lo que se cree. Si bien es cierto que comenzó a difundirse en forma universal y masiva a partir de la década de 1970, la verdad es que ya tiene más de un siglo de desarrollo. Fue en 1904 cuando el coronel de ingenieros Albert de Rochas, administrador de la Escuela Politécnica de París, tras largos años de investigar los estados profundos de la hipnosis, se encontró con el fenómeno de las vidas sucesivas. Rochas denominó a este proceso *regresión de memoria*, término que aún hoy sigue siendo empleado para identificar a esta técnica. En el capítulo V veremos más detenidamente las experiencias de Rochas y el desarrollo posterior de la TVP. Como en dicho capítulo no las menciono, quiero incluir también entre las pioneras a Irene Hickman, quien tuvo su primera experiencia personal de vida pasada en 1950, y a Hazel M. Denning, quien en 1961 se encontró con su primer caso de regresión espontánea en una joven mujer.

Aunque hay pocas referencias a autores o terapeutas que practicaran la regresión a vidas pasadas antes de 1950, debemos suponer que la técnica ya era bastante conocida antes de esa fecha ya que el cine se anticipó en varios años al desarrollo intensivo de la TVP. En la película *La Momia*, de 1932, Boris Karloff, en la piel del sacerdote Imhotep, le practica una regresión hipnótica a la protagonista Zita Johann, quien recuerda de esta manera una vida pasada como princesa en el antiguo Egipto. El director de esa película fue Karl Freund, lo que resulta llamativo dada la similitud de su apellido con Sigmund Freud.

Entre nosotros, el tema de la regresión también fue tratado tempranamente en una película argentina de 1963, *Un viaje al más allá*. En este film, dirigido por Enrique Carreras, la acción se inicia en Lima, Perú, en la época contemporánea. Allí, Fabio Zerpa, en el papel de psiquiatra, induce una regresión a la protagonista Mercedes Carreras, quien bajo hipnosis recuerda una vida pasada en Argentina en 1820 durante la guerra de la Independencia.

Como podemos apreciar, la TVP ya estaba instalada a nivel universal mucho antes que se difundiera en forma masiva. Más aún, algunos autores afirman que la regresión hipnótica ya era practicada en los templos del antiguo Egipto y en los santuarios de la edad de oro de Grecia.

A pesar de que año a año crece el número de profesionales que se vuelcan a la práctica de la TVP, las resistencias de cierta parte del público todavía se mantienen.

Sin lugar a dudas, las mayores objeciones y críticas a la validez de la TVP provienen del campo científico. Sin embargo, la ciencia también tiene sus límites. Podemos acceder al pensamiento de varios físicos reconocidos sobre estas limitaciones en la obra *Cuestiones cuánticas*, editada por Ken Wilber. Veamos lo que piensan algunos de estos físicos.

Max Planck, padre de la física cuántica y premio Nobel de Física 1918, dice lo siguiente:

> *Existe un punto en el mundo inconmensurable de la mente y de la materia donde la ciencia y por tanto todos los métodos causalistas de investigación resultan inaplicables. Este punto es el yo individual. La ciencia es incapaz de resolver el misterio último de la Naturaleza. Nosotros mismos somos parte del misterio que estamos tratando de resolver.*

Por su parte, Erwin Schrödinger, Nobel de Física 1933, afirma:

La ciencia es incapaz de responder a la pregunta de dónde vengo y adónde voy. La ciencia es incapaz de explicar mínimamente por qué la música puede deleitarnos o por qué una antigua canción puede hacer que nos salten las lágrimas.

Sir James Jeans, físico y matemático británico, reflexiona:

Lo que el físico contempla no es la realidad sino los símbolos matemáticos de la realidad. Nuestros estudios no alcanzan nunca a ponernos en contacto con la realidad. La ciencia no ha llegado a estar en contacto con la Realidad última. Seguimos estando prisioneros en la caverna de Platón, de espaldas a la luz y solo podemos ver las sombras que se reflejan en el muro.

Albert Einstein, Nobel de Física 1921, declara:

El método científico es incapaz de enseñarnos nada por encima y más allá del modo como los hechos están relacionados y recíprocamente condicionados entre sí. En lo que las leyes matemáticas se refieren a la realidad no son ciertas y, en lo que son ciertas, no se refieren a la realidad. La ciencia solo puede ser creada por quienes están profundamente imbuidos del anhelo de verdad y comprensión. La fuente de estos sentimientos proviene, sin embargo, de la esfera religiosa.

Sir Arthur Eddington, quien en 1919 confirmó experimentalmente la teoría general de la relatividad de Einstein, concluye:

Para nosotros sigue siendo insondable la naturaleza del espíritu humano. Con los métodos propios de la física solo podemos llegar a formular una descripción simbólica. Por decirlo con toda crudeza, mi conclusión es que el mundo está compuesto de materia mental.

James Jeans menciona a la realidad última. En el hinduismo, la realidad última es Brahman; es el alma o esencia interna de todas las cosas, el sin principio, el supremo, el que está más allá de lo que es y de lo que no es. Ese alma suprema es incomprensible, ilimitada, no nacida, no se puede razonar, es impensable.

En su introducción a *Cuestiones cuánticas*, Ken Wilber discurre sobre el método científico y afirma lo siguiente:

> *Si un conocimiento, sea del campo que sea, puede ser públicamente verificado experimentalmente, ese conocimiento puede entonces ser considerado científico con toda propiedad. Se puede aplicar el término científico a pretensiones de conocimiento en campos como la biología, la psicología, la historia, la sociología y la espiritualidad.*

La Terapia de Vidas Pasadas cumple con todos los requisitos del método científico: observación, hipótesis, experimentación y verificación. Este último punto, la verificación, es fundamental para que un resultado sea validado. Es lo que hizo Eddington cuando confirmó experimentalmente la teoría general de la relatividad. Que cientos de terapeutas, en diferentes partes del mundo, en diferentes culturas, con distintos idiomas puedan reproducir los mismos resultados utilizando la misma técnica es suficiente validación de la Terapia de Vidas Pasadas.

Como ya lo manifesté anteriormente, en mis inicios con la TVP no podía imaginar el alcance que tendría el desarrollo de la técnica. Al principio, el objetivo era resolver los miedos, las fobias, los dolores físicos vinculados a traumas del pasado y diversos síntomas emocionales. Pero pronto me vi envuelto trabajando intensamente con la vida intrauterina, el nacimiento, la infancia, el espacio entre vidas, las almas perdidas, el propósito del alma hasta definir el concepto del atrapamiento y trabajar con la recuperación del alma fragmentada. Y todavía queda mucho por explorar e investigar, en particular de qué manera la TVP puede ayudar en el campo de las enfermedades físicas, las adicciones y las psicosis. Pero para esto se necesita un trabajo de campo amplio en manos de especialistas entrenados en la técnica de la TVP.

Con la Terapia de Vidas Pasadas es posible ir más allá de la resolución del síntoma original. Si la persona es consecuente con el trabajo terapéutico, puede alcanzar otra consciencia de sí misma y del mundo que la rodea. Una consecuencia inmediata es que al revivir la muerte en vidas pasadas se pierde el miedo a ese momento trascendental de nuestra vida. La persona en regresión puede vivenciar y confirmar por sí misma la continuidad de la existencia más allá del cuerpo físico, su pertenencia al cosmos e, incluso, puede llegar a sentir la unidad de todas las cosas.

El trabajo terapéutico con las vidas pasadas nos ayuda a comprender la razón de las circunstancias actuales, a descubrir y sanar la causa del sufrimiento actual; nos estimula a asumir la responsabilidad de nuestra vida presente sin culpar a nadie por las situaciones que nos tocan vivir y, como regalo adicional, nos lleva a tomar consciencia del propósito y del sentido de esta vida.

En mi desarrollo como terapeuta, la TVP me ha transformado a mí mismo. Fue con el trabajo con la terapia que hice consciente mi propósito en esta vida. He dejado de ser lo que yo creía que era para ser quien soy. Hoy, soy lo que soy y quien soy gracias a la Terapia de Vidas Pasadas.

José Luis Cabouli
Blanes, Gerona, 2 de octubre de 2020

Acerca de la cuarta edición

El tiempo y la experiencia permiten que podamos entender de una manera diferente lo que ya conocemos. No obstante, no es fácil revisar nuestro propio trabajo y emitir un nuevo concepto de aquéllo que hacemos todos los días. Desde mi primer encuentro con la Terapia de Vidas Pasadas, en 1986, he ido perfeccionando y simplificando la técnica procurando llegar cada vez más profundamente a mí mismo y al alma de mis semejantes. Cuando escribí la versión original de este libro mi experiencia era de un poco más de 1200 regresiones. Ahora ya son más de 3000 las regresiones individuales que llevo realizadas. Ni la TVP ni yo somos los mismos que cuando nos encontramos aquel día de 1986. La técnica básica continúa siendo la misma, pero el enfoque y la comprensión de lo que sucede durante el trabajo son diferentes. Ante la oportunidad de una nueva edición de *Terapia de Vidas Pasadas, técnica y práctica*, decidí introducir algunas correcciones y modificaciones menores en algunos párrafos de algunos capítulos y hacer cirugía mayor en el capítulo correspondiente al plan de trabajo. Es así que el capítulo VII fue modificado totalmente y escrito de nuevo para exponer mi concepto actual de la TVP y la forma como trabajo en este momento. He agregado además un apéndice en el que encontrarán una charla personal con el Dr. Morris Netherton, creador del término *terapia de vidas pasadas*, donde él relata la forma en la que se inició y cómo desarrolló la TVP. Encontrarán, también en el apéndice, algunas variantes técnicas para la inducción y un ejercicio de regresión al espacio entre vidas antes de nacer.

Hay mucho más para compartir de la experiencia con la TVP, pero eso excede el marco de este libro. Aquí estamos mostrando la técnica básica. Con ella se puede ir en forma segura y precisa hacia lo más profundo de nosotros mismos para sanar nuestra alma.

José Luis Cabouli

Prólogo

Tenía cinco años cuando dije que quería ser médico. Y no había dudas al respecto. Sabía exactamente lo que estaba diciendo.

Alrededor de los ocho, comencé a preguntarme de dónde venía. ¿Quién soy? ¿Quién fui antes de ser José Luis? En mis fantasías pensaba a lo grande. ¿Y si yo fui Cristóbal Colón o San Martín? ¿Cómo había llegado a ser José Luis? ¿Por qué no me acordaba?

Nadie supo jamás de estas inquietudes de mi infancia. En mi familia no se hablaba de estas cosas. Nunca se habló de la reencarnación. Ni siquiera sabía de la existencia de esa palabra. Y sin embargo, tenía la fuerte sensación de haber existido antes, de haber sido siempre yo. ¿De dónde venía esta sensación?

Pasaron algunos años y me olvidé de la cuestión. Hasta que alrededor de los quince, leí el libro de Milton Steinberg *Como una hoja al viento*. La desgarradora búsqueda del rabí Elisha ben Abuya, el hereje, reactualizó en mí la vieja pregunta. ¿De dónde venía? ¿Quién o qué era Dios? ¿Qué era la muerte? ¿Por qué ocurrían tragedias que no tenían explicación? ¿Por qué un criminal andaba suelto y moría un niño inocente?

Entonces conocí a mi amigo Nicolás Rey y de él escuché por primera vez la palabra *reencarnación*, y todo comenzó a encajar

---

[1] El autor se refiere al General José de San Martín (N. del E.)

como en un rompecabezas. Y el primer libro que leí fue *Autobiografía de un yogui*, de Paramahansa Yogananda, y después siguió la lectura y el estudio apasionado de Lobsang Rampa, Blavatsky, Leadbeater, Allan Kardec y muchos más. Y me recibí de médico y casi simultáneamente comencé a asistir a una escuela espírita kardeciana, y allí encontré a mi maestra espiritual. Mejor dicho, me reencontré con mi maestra y madre espiritual.

El círculo se cerraba. Ya estaba en el camino. Allí, por espacio de veinte años, aprendí a trabajar con lo que hoy se llaman emergencias espirituales. Aprendí a reconocer las distintas manifestaciones mediúmnicas, como así también a diferenciar los seres de luz de los mistificadores. Adquirí así una gran experiencia que más tarde me sería de inestimable ayuda al trabajar con la Terapia de Vidas Pasadas (TVP).

Mientras tanto, me especialicé en cirugía general primero, y más tarde en cirugía plástica, y comencé a desarrollar la microcirugía como subespecialidad.

Me formé en el viejo Hospital Rawson, en la escuela de Finochietto, bajo la mirada atenta de mi maestro, el doctor Delfín Vilanova, y más tarde con el doctor José Alberto Cerisola. De uno y de otro aprendí el valor de una técnica precisa y detallada paso a paso para el principiante, como así también a planificar con anticipación la estrategia a seguir y el objetivo a alcanzar.

Y cuando todo hacía prever que mi vida estaría por siempre ligada a la cirugía, ocurrió algo imprevisto o tal vez previsto. En 1986 asistí a un seminario de regresión a vidas pasadas que dictó la doctora María Julia Prieto Peres, de la ciudad de San Pablo. Posteriormente, efectué mi entrenamiento con ella y me sorprendió lo fácil y natural que me resultaba trabajar con la regresión. Como si lo hubiera hecho siempre.

De pronto, me di cuenta de que podía unir el arte de la medicina con el conocimiento esotérico y metafísico que poseía. Podía continuar el acto médico de otra manera.

Durante un tiempo alterné la cirugía con la terapia, hasta que una noche, en el verano del '88, estando de vacaciones en Ostende, tomé la gran decisión.

Estaba en la playa, recostado mirando las estrellas, contactándome conmigo mismo, y casi instantáneamente supe lo que quería hacer. Ahí mismo decidí dejar la cirugía y dedicarme por entero a la Terapia de Vidas Pasadas. Todo lo anterior no había sido más que una preparación para ese gran momento.

El camino estaba trazado; sólo restaba recorrerlo.

José Luis Cabouli

Nota: Los nombres y datos personales de los pacientes fueron modificados, pero las historias se ajustan fielmente a la realidad. (N. del A.)

Capítulo I

Voy a ir a las catacumbas

Jueves 23 de mayo de 1991. 11:15 horas

Aquella mañana, Luisa (54 años), llegó al consultorio un poco antes de lo habitual. Apenas me vio me dijo:
—Descubrí que tengo claustrofobia. Me di cuenta el sábado, cuando salí con unos amigos. Ibamos dos parejas en el auto cuando subieron dos personas más. De pronto, me sentí apretada entre dos personas y me ahogué. Tuve una sensación de muerte y comencé a gritar: "¡Así no viajo!".

Esto era algo que nunca antes le había ocurrido. Ocasionalmente, experimentaba cierto malestar dentro de ascensores con puertas blindadas, pero esto no le impedía utilizarlos. Antes de comenzar con la regresión, le sugerí que fuera al toilette y entonces susurró:
—Voy a ir a las catacumbas.

Sin saberlo, Luisa ya estaba en regresión. Cuando volvió, le pedí que se acostara sobre la alfombra, que cerrara los ojos y que volviera a la situación del auto, sin ningún tipo de preparación previa. Luisa venía trabajando con TVP desde hacía un tiempo y le resultaba muy fácil entrar en regresión.

Terapeuta: Muy bien, cierra los ojos. Ahora... quiero que me relates la situación del auto desde el principio, paso a paso.

Luisa: Llegamos a la casa de mi amiga. Yo estoy sentada en el asiento de atrás con mi marido. Adelante no pueden ir tres, así que los dos suben atrás. Yo le cedo mi lugar a mi amiga, pero con su cuerpo aprieta el mío contra el asiento. Quería moverme, pero no podía porque estaba aprisionada de ambos lados. No me podía mover ni podía respirar. Pensé que me moría.

T: Muy bien, ahora deja salir todo lo que sientas en ese momento.

L: ¡Salgan de acá! ¡Déjenme salir! ¡No puedo respirar! (*Luisa no lo sabe, pero esta reacción no se debe a lo que está sucediendo en el auto, sino a otra realidad, de otro momento, que dejó una impronta emocional muy fuerte, y que está reverberando en el nivel subconsciente de su memoria. La situación en el auto sólo es un eco del pasado.*)

T: Ahora cuento hasta tres, y ve directamente al origen de esta emoción. Uno... dos... tres. ¿Qué está pasando?

L: La gente grita... es una calle de tierra... con puentes... vamos caminando unos detrás de otros... tengo mucho miedo... nos llevan. ¿Adónde nos llevan? ¡Ay! No entiendo bien lo que pasa.

T: Fíjate cómo eres allí. ¿Qué llevas puesto?

L: Tengo el pelo largo, negro. (*En su vida actual es rubia de pelo corto.*) Llevo un abrigo marrón, sin mangas, tipo túnica o poncho. Tengo unas sandalias con tiras atadas a la pierna y llevo una canasta con frutas.

T: Eso es. Ahora, sigue adelante. ¿Qué está pasando?

L: La gente corre y corre. Hay soldados por todas partes... no nos dejan pasar... se los van a llevar a todos... nadie se va a salvar. ¡Ay! Yo también voy a correr, pero adelante hay una barrera de soldados con caballos. No podemos escapar, y de atrás también vienen corriéndonos.

T: ¿Qué estás sintiendo en esos momentos?

L: Me ahogo, quiero escapar y no puedo... la gente me arrastra porque los soldados nos empujan.

T: ¿Cómo son los soldados?

L: Son enormes, son malos. Tienen un casco y nos llevan por un camino de tierra. Ahora caminamos sin que nos empujen, pero nos guardan de ambos lados de la columna. No hay manera de escapar.

T: Sigue un poco más.

L: Llegamos a un lugar donde hay unos túneles. Arriba hay un parque. Tenemos que entrar ahí. Son prisiones, son oscuras... Quiero mirar el sol por última vez... Hay puertas de rejas... Ya no vemos nada más; estamos debajo de la tierra, hablando en un susurro. Esto es la muerte... No podemos respirar. ¡La tierra nos tapa y estamos vivos! ¡Dios! ¡Me falta el aire! (*la misma sensación que en el auto*). Nos dejan ahí. ¡Qué espanto! Padre nuestro que estás en los cielos, santificado sea tu nombre... (*reza el Padrenuestro*). ¡Ayúdanos Señor! ¡Ayúdanos a morir en paz! Ven a recoger mi espíritu.

T: *Sigue adelante.*

L: Así, despacito, nos fuimos yendo. El maestro está acá. Yo voy a dejar este lugar. Mi cuerpo se queda y yo me elevo. Es como que el techo se abre y por allá nos vamos. Siento que salgo de ahí pero hay muchos que no saben que tienen que salir. Tengo que ayudarlos.

T: *Y entonces ¿qué haces?*

L: Me voy al espacio, tengo que pedir que me dejen volver.

T: *Y... ¿cómo vas a volver?*

L: Con otro cuerpo. Tengo que volver a salvarlos. Tengo que volver como soldado para defenderlos.

T: *Ahora quiero que veas, ¿cuál fue el momento más difícil de esta experiencia?*

L: Fueron dos: cuando la gente me apretaba y cuando entramos en ese lugar.

T: *Ve al momento cuando la gente te apretaba y deja salir todo lo que sientas para agotar esa emoción. ¿Qué estás sintiendo?*

L: ¡Me ahogo! ¡Me van a matar! ¡Me aprietan! Es mucha gente encima de mí. (*Las mismas emociones que experimentó en el auto.*)

T: *Ahora ve al episodio bajo tierra.*

L: Eso es entrar en una tumba. Eso es saber que no se sale más. Es despedirse de la luz del sol. Estamos debajo de la tierra. Es la muerte.

T: *Ahora... ya puedes dejar ese cuerpo. Quiero que tomes conciencia de que ya no estás ahí. Nada de eso te pertenece. Ese cuerpo se murió, y al morir ese cuerpo terminaron todas esas sensaciones. Ahora puedes liberarte para siempre de todo eso que ya no te pertenece.*

L: Vino el Maestro y yo me elevo y se abre la tierra y por ahí salgo. Subo como si fuera un globo.

¿Qué es todo esto?

¿Fantasía? ¿Realidad? ¿Dramatización? ¿Hemos vivido otras vidas antes de ésta? ¿Es posible que hoy, en nuestra vida cotidiana, reaccionemos sin saberlo al influjo de antiguas emociones no resueltas? ¿De qué manera y hasta dónde, nuestras vidas pasadas condicionan nuestra forma de vida actual? ¿Es posible recordar nuestras existencias anteriores? Y si podemos recordar, ¿por qué nos olvidamos?

Al igual que Luisa, muchas personas que atravesaron por esta experiencia, descubrieron que los síntomas y conflictos que los perturbaban desaparecían o se resolvían al revivir escenas de otras vidas.

Como terapeuta, no estoy interesado en probar la existencia de las vidas pasadas. Personalmente no tengo dudas al respecto. De modo que yo parto de la aceptación de la reencarnación como un hecho natural y desde allí ejerzo el acto médico.

Lo que veremos aquí es cómo funciona la Terapia de Vidas Pasadas (TVP). Asistiremos al desarrollo de una técnica clara, precisa y segura, fruto de la experiencia obtenida en más de 1.200 regresiones individuales. Fiel a las enseñanzas de mis maestros, "curar cuando se puede, aliviar a veces, y consolar siempre", es como abordo mi trabajo con la TVP.

Capítulo II
Memoria y olvido

La posibilidad de recordar existencias previas es una facultad inherente del ser humano. En la antigüedad, varios personajes famosos recordaban algunas de sus personalidades anteriores. Tal vez el caso más notable es el de Pitágoras. Diógenes Laercio nos cuenta lo siguiente:

> ...decía de sí mismo que en otro tiempo había sido Etalides y tenido por hijo de Mercurio; que el mismo Mercurio le tenía dicho que pidiese lo que quisiese, excepto la inmortalidad, y que él le había pedido que vivo y muerto retuviese en la memoria cuanto sucediere. Así que mientras vivió se acordó de todo y después de muerto conservó la misma memoria. Que tiempo después de muerto pasó al cuerpo de Euforbo y fue herido por Menelao. Que siendo Euforbo, dijo había sido en otro tiempo Etalides, y que había recibido de Mercurio en don la transmigración del alma. Que después que murió Euforbo, se pasó su alma a Hermótimo, el cual, queriendo dar fe de ello, entrando en el templo de Apolo, enseñó el escudo que Menelao había consagrado allí, y decía que cuando volvía de Troya consagró a Apolo su escudo y que ya estaba podrido, quedándole sólo la cara de marfil. Que después que murió Hermótimo, se pasó a Pirro, pescador delio, y se acordó de nuevo de todas las cosas, a saber, cómo primero había sido Etalides, después Euforbo, luego Hermótimo y

finalmente que después de muerto Pirro, vino a ser Pitágoras y se acordaba de todo cuanto hemos mencionado.[1]

También Ovidio decía haber asistido al sitio de Troya y el emperador Juliano el apóstata afirmaba haber sido Alejandro de Macedonia. Napoleón creía haber sido Carlomagno, tanto que tenía en su poder el talismán que había pertenecido al gran emperador, y el general George Patton, héroe de la Segunda Guerra, recordaba haber combatido contra Ciro, junto a Alejandro Magno.

Estos recuerdos pueden surgir espontáneamente, como ocurre a veces en los niños, o ser despertados por algún impacto emocional o por la visita a algún lugar desconocido y que sorpresivamente resulta familiar. Algunos sueños también pueden ser reminiscencias de vidas pasadas.

Pero, además, la memoria de vidas anteriores puede ser inducida o provocada, y es esta posibilidad lo que permite su uso terapéutico y da origen a la Terapia de Vidas Pasadas (TVP). El mecanismo o la técnica por los cuales se accede a la revivencia del pasado, tanto sea de esta vida, como de una anterior, se denomina *regresión de memoria*.

Seguramente, se preguntarán ustedes: si es posible tener estos recuerdos, ¿por qué el olvido, entonces? *"Es por bondad de la naturaleza que no recordamos nuestros nacimientos anteriores"*, responde Gandhi. La vida sería una carga si arrastráramos todos esos recuerdos. ¿Cuántas veces, en nuestra vida actual, quisiéramos borrar todo y tener la oportunidad de comenzar nuevamente? ¿Podríamos llevar una vida social normal si todos recordáramos nuestras faltas del pasado y conociéramos las de los otros?

Y aquellos que fueron poderosos, ¿no querrían reclamar sus riquezas materiales, sus tierras, o tal vez países enteros, amparados en sus títulos del pasado? El recuerdo de nuestras anteriores personalidades traería graves inconvenientes, pues podría en algunos casos humillarnos profundamente, y en otros exaltar nuestro orgullo y esclavizar nuestro albedrío.

No en vano, la figura del olvido está presente en todas las

---

[1] *Vidas, opiniones y sentencias de los filósofos más ilustres*, Diógenes Laercio, Perlado Páez, Madrid, 1914, t. 2, libro VIII.

culturas, tanto en la hebrea, como entre los griegos o los hindúes. En *La República*, Platón relata que las almas, antes de volver a la vida, se encaminan juntas a la llanura del Leteo. Allí corre el río Ameleto, cuyas aguas no pueden ser recogidas por vasija alguna. Es preciso que todas las almas beban de esta agua cierta cantidad, pero aquéllas que por imprudencia beben más allá de la medida, pierden absolutamente la memoria.

En la tradición hindú, al explicarle a Kali los secretos de la iniciación sexual, Shiva dice: *"La primera iniciación sexual por la que pasan todos los seres, tiene lugar al salir por el* yoni[2] *de la madre, paso que hace olvidar sus vidas anteriores"*. Durante esta primera iniciación, la madre ofrece a su hijo el mundo entero y borra todos los recuerdos dolorosos del pasado.[3]

Hay otras razones para el olvido. Al entrar en la atmósfera material, el alma atraviesa una barrera energética que disminuye las vibraciones de su conciencia. El río del olvido sería la metáfora de esta barrera. Al completar el proceso de encarnación, el pasaje del estado de energía al estado de materia hace que disminuyan aún más estas vibraciones. El cuerpo físico es un material muy denso, y el alma ya no puede transmitir todas sus sensaciones.

Por otra parte, se ha comprobado que la *ocitocina*, una hormona que regula las contracciones uterinas en el momento del parto, provoca amnesia en animales de laboratorio, y que aun los mejores entrenados no son capaces de realizar sus tareas habituales, luego de ser sometidos a la acción de esta hormona.[4] Se sabe que la ocitocina liberada por la mujer durante el trabajo de parto pasa a la circulación sanguínea de su hijo. Ésta podría ser otra de las razones físicas para el olvido del pasado.

Esta amnesia es indispensable para poder asumir la nueva personalidad. No sólo se olvidan los hechos de la anterior encarnación, sino también la angustia y la nostalgia que provocan la pérdida de un mundo de luz y de amor como lo es el mundo de la esencia espiritual.

[2] Órgano sexual femenino. (N. del A.)
[3] *Secretos sexuales*, N. Douglas y P. Slinger, Martínez Roca, Barcelona, 1982.
[4] *La vie secrète de l'enfant avant sa naissance*, Thomas Verny, Grasset, París, 1982. Versión en español: *La vida secreta del niño antes de nacer*, Urano, Barcelona, 1988.

El olvido nos permite recomenzar de cero, en igualdad de condiciones, sin prejuicios. Al nacer, todos iniciamos una nueva vida, una nueva experiencia, una posibilidad de rectificación de nuestros caminos.
El olvido es la amnistía cósmica.

Si el olvido es la amnistía cósmica, ¿para qué recordar, entonces?
Aunque no tengamos conciencia de ello, en los bancos de nuestra memoria subconsciente todos tenemos recuerdos de otras encarnaciones que, de una u otra manera, están incidiendo en nuestra vida actual. Y no se trata de recuerdos anecdóticos, sino de registros emocionales muy fuertes que nos están afectando ahora. No recordamos, pero estos registros están presentes en nuestra vida cotidiana, ya sea en nuestro carácter, en nuestras creencias, en nuestras pautas de conducta o en la forma como reaccionamos frente a determinadas situaciones.
De igual manera, no recordamos lo que hemos aprendido y, sin embargo, ese conocimiento se mantiene intacto. El aprendizaje alcanzado en vidas previas se manifiesta a través de aptitudes o habilidades innatas para realizar determinadas actividades o emprender estudios especiales. La facilidad que tienen algunas personas para entender un idioma que escuchan por primera vez, es señal de que ya han estado en contacto con él en una existencia anterior. Los niños prodigio son el ejemplo clásico. Es como si ellos no hubieran bebido de la copa del olvido. Cicerón decía que la velocidad con que aprenden los niños es una prueba de que los hombres saben casi todo antes de nacer, y Platón afirmaba que el conocimiento fácilmente adquirido es aquel que se ha obtenido en una vida anterior. Aprender es recordar.
Así como el aprendizaje realizado en vidas anteriores se expresa en aptitudes en la vida presente, de la misma manera los traumas del pasado se manifiestan en forma de conflictos emocionales. Cuando estas emociones impiden el libre fluir en esta vida, llegó el momento de recordar, de traer a la conciencia el trauma original para resolver el conflicto en su origen. Es allí cuando entra en escena la Terapia de Vidas Pasadas.

Capítulo III
Una terapia del alma

¿Qué es la Terapia de Vidas Pasadas?

Si intentara una definición académica, podría decir que la TVP es una técnica psicoterapéutica transpersonal, entendiendo por este término todas las experiencias de la persona que trascienden el sí mismo para integrarse con la conciencia cósmica, el éxtasis y los estados místicos. Experiencias transpersonales son aquéllas que vivieron los profetas, los apóstoles y los Maestros de Luz como Buda, Moisés, Jesús o Mahoma. La vida de Juana de Arco es una experiencia transpersonal toda ella, al igual que los actos de los chamanes.

Íntimamente, prefiero una definición más simple para la TVP: es una terapia del alma, porque los dolores están en el alma, y es el alma lo que hay que sanar. Es la curación por el espíritu.

Los griegos denominaron *psiqué* al alma, de donde deriva la palabra psiquis, y de allí psicología. Por consiguiente, cuando hablamos del estudio de la psiquis, estamos hablando del estudio del alma y de sus manifestaciones.

Si examináramos por un instante nuestra vida presente, seguramente encontraríamos infinidad de experiencias que nos marcaron profundamente. Una paliza en la infancia, la muerte temprana de un ser querido, quizás la separación de nuestros padres o el alejamiento de uno de ellos, alguna experiencia difícil en la escuela, un amor frustrado o una traición amorosa, la persecución política, el exilio, un accidente grave, quizás una iniciación sexual traumática o, peor, una violación en la infancia y cientos de otros episodios marcantes o dolorosos. Una sola de estas experiencias es suficiente para condicionar la conducta de una persona para toda su vida. Tan solo un incidente de éstos puede convertirse en un trauma.

¿Y qué es un trauma? Simplemente, es el recuerdo de un hecho asociado a una carga emocional. Con el tiempo, el recuerdo desaparece, es olvidado, pero la carga emocional permanece intacta en nuestro subconsciente, y desde allí determina nuestra conducta, nuestra forma de vida y nuestra respuesta frente a situaciones similares. Todo esto puede suceder con apenas un solo incidente de nuestra vida actual.

Ahora bien: sucede que, a lo largo de miles de existencias, hemos atravesado por incontables situaciones marcantes. En cada acontecimiento quedan grabados en nuestra memoria espiritual cada gesto, cada palabra, cada emoción, pensamiento o sensación. No se trata de nuestra memoria física o genética; los investigadores de hoy la llaman memoria extracerebral. Dos mil años atrás, Plutarco decía que la memoria era una facultad del alma.

En cada nueva existencia, el alma va adquiriendo conocimientos, desarrollando aptitudes, aprendiendo lecciones que en la vida siguiente se convertirán en peldaños para seguir creciendo. Pero, al mismo tiempo, en ese aprendizaje se generan emociones, sensaciones y pensamientos que también quedan grabados profundamente. Un deseo insatisfecho buscará satisfacerse en la vida siguiente. Una experiencia placentera intentará repetirse. Una conducta repetida se convertirá en una tendencia. Una culpa que no se resolvió buscará calmarse mediante el autocastigo. Un dolor no resuelto seguirá arrastrando su pena hasta sanar la herida que quedó abierta. Una experiencia traumática se convertirá en advertencia y su manifestación en la vida cotidiana será un bloqueo, un miedo o la incapacidad para hacer determinadas cosas.

Todavía hoy, nuestro mundo es escenario de la violencia en todas sus formas. Piénsese en el pasado, donde pudimos haber experimentado centenares de muertes violentas; desde el cráneo destruido por la maza de un guerrero primitivo, hasta quemado por la Inquisición, guillotinado durante la Revolución Francesa, enterrado vivo en una mina, ahogado en un naufragio o asfixiado en una cámara de gas. Una sola de estas experiencias es suficiente para generar una fobia, un dolor de cabeza crónico, el temor de hablar en público, de expresar una creencia religiosa o una conducta temerosa y defensiva o, por el contrario, una respuesta agresiva y violenta ante la menor oposición.

Pero, además, estas situaciones se repiten a lo largo de varias vidas, y en cada una de ellas se refuerzan aún más. No siempre fue la muerte el hecho traumático. Al igual que en nuestra vida presente, ocurrieron miles de incidentes que grabaron a fuego nuestro espíritu. La esclavitud, la tortura, la impotencia frente a una catástrofe, la traición, la mentira, la infidelidad, el abuso de poder, el rechazo y cientos de situaciones donde el dolor psíquico fue mucho más intenso que el físico. Así, el conjunto de emociones no resueltas se proyecta desde la memoria subconsciente, como una sombra sobre cada acto de nuestra vida.

Los antiguos sabios hindúes identificaron estas fuerzas del subconsciente con el nombre de *śamskáras* y *vâsanâs*, impresiones pasadas y tendencias latentes, respectivamente. Estas impresiones y tendencias son residuos de las experiencias del pasado que quedaron grabados en la memoria del alma, y desde allí condicionan la vida de la mayoría de nosotros. Allí se originan nuestros temores, nuestras creencias, nuestras pautas de conducta, nuestra elección de vida, como así también la aversión o atracción a determinadas personas o lugares. Frente a cada situación de la vida cotidiana que nos conmueve, respondemos sin saberlo de acuerdo con estas fuerzas del subconsciente. Cuando Luisa reacciona en el episodio del auto, se debe a que en otro nivel de su conciencia se reactivaron los samskáras o impresiones residuales de su antigua experiencia con los soldados. Antigua para la conciencia cotidiana, pero no para el alma o para la conciencia transpersonal, cósmica y eterna, para la cual el tiempo no existe.

Cuanto más extemporánea, cuanto más insólita y fuera de lugar es una reacción, más probabilidades tiene de tratarse de una emoción originada en un evento de otra vida. La situación de hoy sólo actúa como gatillo, reactivando la memoria emocional del pasado.

Decíamos que para el alma el tiempo no existe. Todo está allí, al mismo tiempo. Así como podemos recordar episodios de nuestra vida presente instantáneamente, sin necesidad de una secuencia cronológica, de la misma forma están registradas todas las vidas y las experiencias vivenciadas. En realidad, estamos viviendo muchas vidas al mismo tiempo. Mientras vivimos el presente, frente a cada situación, ante cada emoción, nuestra alma está reviviendo, al unísono, el hecho o los hechos donde experimentó por primera o por última vez esa emoción. Reaccionamos en el presente, no de acuerdo con lo que está sucediendo, sino a lo que nuestra alma está reviviendo. Si no podemos vivenciar el aquí y el ahora, si no podemos ser lo que somos, se debe a que el pasado está invadiendo el presente con su carga de fuerzas subconscientes, impidiéndonos ver la situación actual tal como es. Estamos viendo el presente teñido con los colores de los samskáras.

Por medio de la TVP podemos ir al origen de estas impresiones, a la raíz de nuestros dolores. Podemos ir al lugar y el momento preciso donde se generaron estas fuerzas emocionales profundas. Podemos encontrarlas, identificarlas y liberar ahora, en este preciso instante, esa energía atrapada, latente, que está condicionando nuestra vida.

Pero no es suficiente con recordar. Es necesario vivenciar, sentir en el cuerpo el hecho que originó esa emoción. Por eso, la TVP es fundamentalmente vivencial e implica poner el cuerpo y sentir vivamente esas emociones que están latiendo en el alma.

Y no se requiere viajar a ningún lado. Simplemente se trata de traer a la conciencia habitual ese instante, esa emoción que nuestra alma revive continuamente sin que nosotros lo sepamos. Al revivir la situación original permitimos que esa emoción encuentre salida a través de nuestro cuerpo, experimentando, no sólo las emociones, sino también las sensaciones físicas de esos momentos. El cuerpo, la sensación consciente, actúa como drenaje del alma, limpiando, purificando, liberando por fin esas energías enquistadas. Y entonces se produce el alivio. Súbitamente la comprensión surge en la mente. Ahora entiendo por qué. Y al otro día, o a la semana siguiente, la misma situación ante la cual sentía miedo o angustia, ahora la puedo ver con otros ojos, la puedo ver tal cual es. Sin proponérmelo, respondo en forma diferente. Tal vez ni siquiera me dé cuenta de que pasó algo, porque esa emoción que estaba reprimida, ya no está. No hay nada que elaborar. Sencillamente, actúo en forma libre y espontánea.

Los dolores, las emociones, los samskáras, no están en el cerebro físico. Están en la memoria extracerebral, en el alma, en el espíritu, el cuerpo suprafísico o el cuerpo astral, como se prefiera.

Por eso, la Terapia de Vidas Pasadas es una terapia del alma.

Nota: Los conceptos generales de este capítulo fueron publicados anteriormente en la revista *Orientación Vital*, Nº 41, junio de 1994. (N. del A.)

Capítulo IV
Cómo funciona la TVP

Por medio de la regresión, la persona revive los hechos traumáticos o significativos no resueltos, grabados y reprimidos en la memoria subconsciente, y cuya carga emocional aún está actuando, causando los disturbios psíquicos, psicosomáticos y de comportamiento.

Durante la regresión, la persona revive los acontecimientos originales, sintiendo en su cuerpo las sensaciones físicas, experimentando las emociones vividas y tomando conciencia de sus pensamientos en esos momentos. Esto es fundamental, porque no basta con recordar. Una regresión no es una regresión efectiva si no se vivencian los hechos del pasado como si se estuviera allí.

Durante este trabajo hay una gran liberación de energía emocional, lo que produce una reestructuración en los distintos niveles de conciencia. La regresión se desarrolla en el plano físico, mental, emocional y espiritual. Se trata de una experiencia personal y directa, donde el terapeuta no interpreta nada. Simplemente actúa como conductor de la experiencia, acompañando y asistiendo al paciente para que haga contacto con su verdad, ayudando a la persona a descubrir lo que tiene que descubrir.

La revivencia de los hechos originales proporciona a la persona el conocimiento subjetivo de su propia verdad. Hay un darse cuenta y un contacto íntimo en una experiencia netamente gestáltica. El paciente está experimentando su pasado aquí y ahora. No es necesario creer en la reencarnación.

Muchos se preguntarán si esto no es más que una fantasía. En verdad, podría ser una fantasía. Pero aun así, el efecto terapéutico se cumple igual. Porque la fantasía es propia de cada uno. Para el subconsciente, la fantasía es real. Una vez le escuché decir a Ernesto Sabato que el inconsciente es la realidad más verdadera que existe. Los maestros tibetanos nos enseñan que la experiencia absoluta de la ilusión es, ella misma, la experiencia de la no ilusión. Porque al vivenciar la ilusión, desaparece la dualidad. Lo único real es lo que sentimos y experimentamos. Ésa es nuestra verdad.

El recuerdo de una vida pasada podría ser una ilusión, pero si experimento las sensaciones de esa ilusión, significa que, en algún lugar de mi subconsciente, esa ilusión está afectando mi vida actual.

Sin embargo, la experiencia demuestra que en una regresión, se podrá comenzar fantaseando o inventando una historia, pero en algún momento, la fantasía escapa al control de la persona, y los hechos, las imágenes y las sensaciones comienzan a producirse y a surgir independientemente de lo que la persona crea, piense o imagine. Suele suceder que algunas personas, que comenzaron fantaseando una historia, de pronto se encuentran vivenciando una situación que no se esperaban, y entonces exclaman algo así:

–*¡No puede ser que esto me esté pasando a mí!*

–*¡Esto es una locura!*

–*¡Esto no me puede estar pasando a mí!*

Y, sin embargo, está pasando.

Las sensaciones son muy profundas, y hablamos de sensaciones físicas; hablamos de dolor, de frío, de angustia, de pánico, de llantos incontenibles; emociones y pensamientos tan intensos que la persona los vivencia como si realmente estuvieran ocurriendo aquí y ahora.

Éste es uno de los aspectos más importantes de la terapia. Cuanto más sensaciones se experimentan en el cuerpo, tanto más efectivo y espectacular es el resultado de la regresión. Estas sensaciones son tan vívidas, tan intensas, que la persona no tiene ninguna duda de lo que le está pasando, porque lo está viviendo. Recuerdo en este momento a un paciente que, durante la regresión, sintió que le clavaban una lanza en el estómago. Es frecuente sentir esos impactos. Pero además, en este caso, el paciente sintió que tocaba la lanza con las manos. Estaba clavado contra el piso, y con sus manos hizo el gesto de aferrar la lanza y exclamó: –¡Es impresionante! ¡La estoy tocando, y es de madera!

Tanto él como yo quedamos impresionados con su vivencia.

Al terminar la regresión, la mayoría de las personas señalan lo mismo: *"Yo nunca me hubiera imaginado una cosa así"*.

En el 99% de los casos, las escenas que surgen durante la regresión no tienen nada que ver con lo que se pensaba antes de ésta.

Y llegamos así a otro aspecto particular de la TVP. La vivencia es tan profunda que la regresión se convierte en una experiencia vital, en una experiencia de vida, en la cual la persona incorpora esto a su historia como si realmente lo hubiese vivido. Es como si algo nos hubiera pasado ayer, o antes de ayer o la semana pasada. Como si algo nos hubiera ocurrido recientemente y nos hubiera conmovido profundamente, y a la par que nos conmovió, nos enriqueció con un aprendizaje, con una toma de conciencia. De la misma manera, las vivencias durante la regresión a vidas pasadas se incorporan como experiencias realmente vividas. Por eso son tan movilizadoras. Por eso se producen esos cambios. Es como si en el lapso que dura la regresión, hubiéramos tenido una experiencia de vida. Es como si hubiéramos madurado de improviso.

Muchas veces, lo que no se aprendió en muchos años de vida, se aprende en la regresión. ¿Por qué? Porque esta experiencia conmueve profundamente todas las estructuras psíquicas y emocionales de la persona. Se produce esto que se llama *insight*, la visión interior. Se produce esta iluminación, este conocimiento, esta maduración imprevista que hace que lo que parecía una fantasía, ahora se convierte en una experiencia vital. Y esto no puede proporcionarlo ninguna historia que imaginemos o inventemos. Porque lo que inventamos o fantaseamos pronto se olvida. En cambio, la regresión pasa a integrarse a nuestra memoria como una experiencia real, como algo que se vivió y podrán pasar los años, pero los detalles no se olvidan. Ahora, esto es incorporado como un recuerdo, de allí el gran valor de integración que posee, porque es integrar una parte de nuestra personalidad, una parte de nuestra historia que teníamos olvidada.

¿Cuál es el mecanismo intrínseco por el cual funciona la regresión?

Es difícil decirlo. A través de la experiencia recogida con los pacientes, he comprobado que lo más importante durante la regresión es que el paciente sienta y experimente las sensaciones en su cuerpo. Que experimente en el cuerpo lo que está pasando en la escena del pasado, ya sea en esta vida, en la primera infancia, dentro del vientre materno o en una existencia anterior.

Lo más importante de todo es experimentar las sensaciones y las emociones, y rescatar los pensamientos y las reacciones mentales que surgen cuando se tienen esas emociones y sensaciones. Es allí donde se originan los miedos, las culpas, los mandatos, las creencias y las pautas de conducta. No interesa lo que se haga después. Si la persona experimenta y siente con el cuerpo, el trabajo está hecho, porque se movilizó una energía, porque algo se desprendió o se transmutó, porque algo cambió en la organización psíquica emocional de esa persona.

Es como si las emociones y las sensaciones estuvieran todavía ancladas en algún lugar del alma, y el alma necesitara del cuerpo para desprenderse de esa energía. Es como si el cuerpo fuera la cloaca del espíritu, como si el cuerpo fuera el drenaje, a través del cual, el espíritu desechara esta energía que lo está perturbando.

De alguna manera podríamos ilustrar esto con el modelo de las estructuras disipativas elaborado por Ilya Prigogine, premio Nobel de Química 1977.[1] Las estructuras disipativas son sistemas abiertos que intercambian energía, donde las formas y las estructuras son mantenidas por una disipación continua de energía. Las grandes fluctuaciones de energía producen una ruptura de la estructura antigua que se reorganiza entonces de una manera más compleja y elevada. De alguna manera, el sistema se escapa a un orden superior.

Parecería que con la estructura psíquica pasara algo similar. Durante la regresión, al traer un traumatismo antiguo a la conciencia y vivenciarlo en el cuerpo intensamente, se produce una gran catarsis emocional conocida como *abreacción*. Esta gran movilización de energía perturba la estructura correspondiente a este recuerdo y desencadena una reacción, creando una nueva estructura disipativa. Alcanzado el origen del trauma, la estructu-

---

[1] *Nous sommes tous inmortels* (Somos todos inmortales), Patrick Drouot, Le Rocher, Mónaco, 1987. Traducido y editado por Edaf, Madrid, 1989.

ra de éste se resquebraja, se desintegra y desaparece. Al desaparecer la estructura del trauma, se modifica todo el sistema psíquico y la persona alcanza un estado de comprensión diferente y superior.

El cambio se produce prácticamente en forma espontánea. La persona no tiene que elaborar nada ni pensar en lo que va a hacer de ahora en adelante. Simplemente actúa de una manera diferente porque ya no está condicionada por la estructura emocional antigua. Es frecuente que, tiempo después, las personas digan algo como: *"El cambio lo noto más por las cosas que dejé de hacer, que por lo que hago".*

Espontáneamente, la persona deja de hacer algunas cosas y puede hacer otras. Deja de tener ciertas reacciones porque ya no está la espina irritativa que, frente a determinados estímulos, provocaba esas reacciones.

"Ahora, puedo vivir el presente aquí y ahora, tal como es."

Capítulo V
Un poco de historia

Es probable que en la antigüedad se practicara la regresión de memoria. Tanto Patanjali como Buda hacen referencia a la posibilidad de recordar las existencias anteriores. Por otra parte, en el mundo antiguo estaba difundido el uso del sueño hipnótico con fines terapéuticos. Heródoto cita varios templos donde llevaban a los enfermos, a quienes se sumía en el sueño para obtener su curación.[1]

La primera experiencia de regresión documentada oficialmente fue realizada en España, en 1887, por Fernández Colavida. Ésta fue recién comunicada en público por Esteban Marata, en el Congreso Espírita de París de 1900, en la sesión del 25 de setiembre. Debe hacerse notar que dicha regresión fue llevada a cabo en un sensitivo.

Fernández Colavida decidió probar si era posible provocar en un médium, en estado de trance, el recuerdo de sus existencias anteriores. El médium fue magnetizado por él –luego explicaremos esto– le ordenó decir qué había hecho el día anterior, una semana, un mes, un año antes y lo hizo llegar así hasta su infancia. Ordenándole que fuera más atrás, el médium relató su vida en el espacio, la muerte de su última encarnación y llegó así a cuatro

---

[1] *Los nueve libros de la Historia*, Heródoto, Jackson, Buenos Aires, 1960.

existencias anteriores, la última de las cuales era una existencia totalmente salvaje. En cada existencia, los rasgos del médium se modificaban completamente. Luego lo hizo volver a su existencia presente y lo despertó. Para evitar la posibilidad de un engaño, unos días más tarde, hizo magnetizar al mismo médium por otro magnetizador, quien le sugirió que las existencias pasadas no eran verdaderas. A pesar de esta sugestión, el médium reprodujo nuevamente las cuatro existencias exactamente en la misma forma como lo había hecho antes. Según León Denis, esas experiencias fueron intentadas en varios centros de estudios, obteniéndose numerosas indicaciones sobre las vidas sucesivas del alma. A este fenómeno se lo llamó *renovación de la memoria*.[2]

Las experiencias del coronel Albert de Rochas

Nacido en 1837, Rochas no era un hombre vulgar. Coronel de ingenieros, administrador de la Escuela Politécnica de París, al retirarse en 1888 ya había escrito innumerables obras sobre temas militares, ciencias naturales, conducción técnica, historia y lingüística. Varias obras suyas fueron premiadas por la Academia de Besançon, la Sociedad Francesa de Arqueología, la Sociedad para el Estímulo de los Estudios Griegos y la Sociedad de Lenguas Románicas. No era, pues, un improvisado. Luego de su retiro, se dedicó al estudio de los estados profundos de la hipnosis, valiéndose para ello de la vieja hipnosis, el sueño magnético. Escribió una docena de libros al respecto, el último de los cuales, *Las vidas sucesivas*, publicado en 1911, es el que nos interesa.[3]

Recién en 1991 pude dar con el libro de Rochas. En una visita a Francia dos años antes, mi búsqueda había sido infructuosa. Fue gracias a la perseverancia y el oficio de mi hermana Claudia, conservadora de museos, que el libro de Rochas al fin llegó a mis manos.

Claudia lo rastreó en París y consiguió nada menos que un ejemplar de la edición original, celosamente custodiado por un viejo librero, quien accedió a desprenderse de él ante la sorpresa que le causó que ese libro fuera tan importante para un desconocido médico que habitaba en la Argentina.

[2] *El problema del ser y del destino*, León Denis, Kier, Buenos Aires, 1981. Publicado por primera vez en 1905.
[3] *Les vies successives* (Las vidas sucesivas), Albert de Rochas, Chacornac, París, 1911.

Leer a Rochas fue entrar en contacto con la fuente original. Ante su lectura, no se puede experimentar menos que sorpresa y admiración. Allí detalla paso a paso sus experiencias con la regresión realizadas en 19 personas entre los años 1893 y 1910. Algunas de ellas fueron seguidas durante varios años. Siempre tuvo testigos calificados presenciando las sesiones, y algunas de ellas fueron llevadas a cabo en la Facultad de Medicina de Grenoble.

Rochas fue el primero en utilizar el término *regresión de memoria*. Sus experiencias fueron llevadas a cabo como investigación, y no sabemos si se le ocurrió o no su uso terapéutico. Lo cierto es que, ya en aquel entonces, Rochas describió todos los pasos que hoy se investigan en una regresión. Las vidas pasadas, la muerte, el espacio entre vidas, la concepción, la vida fetal y el nacimiento.

Rochas se encontró por azar con el fenómeno de la regresión de memoria mientras estudiaba los estados profundos de la hipnosis provocada con la imposición de sus manos. Rochas trabajaba entonces con lo que se conoce como sueño magnético. Utilizaba su propia fuerza vital proyectándola con sus manos.

Sus primeras experiencias con regresión fueron publicadas en los Annales des Sciences Psychiques, en 1895. Allí relataba el caso de Laurent, un estudiante de letras de 20 años. Con Laurent descubre la regresión de memoria, pero sólo llega hasta la infancia. Habrían de pasar varios años antes de darse cuenta de que podía acceder al recuerdo de las vidas pasadas. Esto ocurre en 1904, cuando hipnotiza mediante pases con sus manos a Joséphine, una joven de 18 años, llevándola primero a la edad de siete y luego de cinco años. Allí decidió seguir ejerciendo su acción magnética, y al interrogarla nuevamente, Joséphine le hizo saber que todavía no había nacido, que el cuerpo en el que debía encarnar estaba en el vientre de su madre. Profundizando más aún el sueño magnético, Joséphine dio lugar a la aparición de un personaje que hablaba con voz de hombre y decía llamarse Jean Claude Bourdon, nacido en 1812 en Champvent. Así describe Rochas ese momento trascendental:

> Me encontré así lanzado en una investigación que estaba lejos de sospechar. Envejecía o rejuvenecía al sujeto en sus existencias anteriores, por medio de pases apropiados.[4]

[4] Se llama "pase" al acto de recorrer con las manos parte o todo el cuerpo del paciente para ejercer la acción magnética. (N. del A.)

gestáltica. El paciente está experimentando su pasado aquí y ahora. No es necesario creer en la reencarnación.

Muchos se preguntarán si esto no es más que una fantasía. En verdad, podría ser una fantasía. Pero aun así, el efecto terapéutico se cumple igual. Porque la fantasía es propia de cada uno. Para el subconsciente, la fantasía es real. Una vez le escuché decir a Ernesto Sabato que el inconsciente es la realidad más verdadera que existe. Los maestros tibetanos nos enseñan que la experiencia absoluta de la ilusión es, ella misma, la experiencia de la no ilusión. Porque al vivenciar la ilusión, desaparece la dualidad. Lo único real es lo que sentimos y experimentamos. Ésa es nuestra verdad.

El recuerdo de una vida pasada podría ser una ilusión, pero si experimento las sensaciones de esa ilusión, significa que, en algún lugar de mi subconsciente, esa ilusión está afectando mi vida actual.

Sin embargo, la experiencia demuestra que en una regresión, se podrá comenzar fantaseando o inventando una historia, pero en algún momento, la fantasía escapa al control de la persona, y los hechos, las imágenes y las sensaciones comienzan a producirse y a surgir independientemente de lo que la persona crea, piense o imagine. Suele suceder que algunas personas, que comenzaron fantaseando una historia, de pronto se encuentran vivenciando una situación que no se esperaban, y entonces exclaman algo así:

–*¡No puede ser que esto me esté pasando a mí!*
–*¡Esto es una locura!*
–*¡Esto no me puede estar pasando a mí!*

Y, sin embargo, está pasando.

Las sensaciones son muy profundas, y hablamos de sensaciones físicas; hablamos de dolor, de frío, de angustia, de pánico, de llantos incontenibles; emociones y pensamientos tan intensos que la persona los vivencia como si realmente estuvieran ocurriendo aquí y ahora.

Éste es uno de los aspectos más importantes de la terapia. Cuanto más sensaciones se experimentan en el cuerpo, tanto más efectivo y espectacular es el resultado de la regresión. Estas sensaciones son tan vívidas, tan intensas, que la persona no tiene ninguna duda de lo que le está pasando, porque lo está viviendo. Recuerdo en este momento a un paciente que, durante la regresión, sintió que le clavaban una lanza en el estómago. Es frecuente sentir esos impactos. Pero además, en este caso, el paciente sintió que malas, y que, cuando se convertían en hombres, se guardaban los instintos de aquello que se había sido como bestia. Retengan este concepto, porque más adelante asistirán a regresiones de pacientes que se vieron como animales.

También dijo que entre su estado de bandido y de simio había tenido varias encarnaciones sucesivas.

Rochas debe de haber tenido un gran sentido del humor, porque al comentar esta experiencia relata la siguiente anécdota de Alejandro Dumas, padre. Cierta vez le preguntaron al escritor si era cierto que su padre era negro. A Dumas no le gustaba que le preguntaran sobre su origen, y contestó de la siguiente manera: *"Perfectamente, y mi abuelo era simio. Mi familia comenzó donde terminó la suya"*.

En el afán por encontrar una prueba que confirmara los datos suministrados durante la regresión, Rochas investigó siempre que pudo cada caso en particular. En ocasiones, encontró evidencias significativas; en otras, no encontró nada. En el caso de Joséphine, no encontró trazas de Jean Claude Bourdon en el registro parroquial que le correspondería, pero ese nombre era común en una región vecina. Sin embargo, sí pudo confirmar algo. Jean Claude le dijo que había hecho el servicio militar en el séptimo de artillería en Besançon. Rochas constató que, efectivamente, el séptimo de artillería había tenido su guarnición en Besançon de 1832 a 1837. Es difícil de comprender de qué manera Joséphine, que en 1904 tenía 18 años, tuviera esa información tan precisa. Por otra parte, de acuerdo con estas fechas, Jean Claude tendría unos veinte años en el momento de cumplir su servicio militar, lo cual es perfectamente posible.

Una de las evidencias más significativas la tuvo Rochas con otra mujer, a quien le ordenó que avanzara en el tiempo. En lugar de hacer una regresión, hizo una progresión. Eugénie era viuda, y en 1904 tenía 35 años. La lleva a los 37 años y con mucha vergüenza, por cuanto no se había vuelto a casar, Eugénie dice que tiene un parto. Hasta aquí nada de extraordinario. La hace envejecer dos años más. Nuevos síntomas de parto, y dice que está sobre el agua. Ante esta respuesta, Rochas pensó que la mujer estaba divagando, y rápidamente la volvió al estado de vigilia normal. Sin embargo, dos años después, en 1906, tuvo un bebé de un hombre a quien no conocía al momento de hacer la experiencia, y en 1909 tuvo otro. Este nacimiento se produjo sobre uno de los puentes del río Isére, donde le sobrevinieron los dolores del parto. Allí estaba el agua que había visto durante la sesión con Rochas.

En la sexta sesión con Joséphine ocurre otro hecho importante. Esta vez, simplemente le tiene las manos y le pregunta qué es necesario hacer para que vaya hacia el pasado o al futuro. Ella le responde que es suficiente con desprender su cuerpo fluídico; luego irá hacia el lado que él desee. Esto es muy significativo, puesto que tiene que ver con la técnica que se utiliza actualmente. No es necesario recurrir ni al magnetismo, ni a la hipnosis moderna, ni a drogas, ni a hiperventilación. El mismo Rochas concluye que lo esencial es relajar los lazos que unen el cuerpo astral al cuerpo físico para permitirle al primero tomar la dirección que se le sugiere.

En su trabajo de investigación, Rochas encontró detalles que hoy son la base del trabajo terapéutico. Por ejemplo, al experimentar con la señorita Mayo, encontró que en tres encarnaciones sucesivas murió con trastornos respiratorios. La primera fue una muerte tísica, la segunda una muerte por enfriamiento con tos quintosa, y la tercera una asfixia por inmersión. En cada caso la mujer revivió esas muertes por asfixia, experimentando la falta de aire y la sofocación. La revivencia del hecho traumático constituye la base de la acción terapéutica de la TVP.

Otro caso que nos interesa es el de la Sra. Trinchant, mujer de 40 años que vivenció haber sido una joven árabe asesinada a los veinte años de una puñalada. Esta mujer le contó a su madre esta experiencia, como si fuera una ocurrencia disparatada. Cuál no fue su sorpresa, cuando su madre le dijo que de niña frecuentemente se quejaba de experimentar la sensación brusca de un golpe de cuchillo, sensación para la cual no había ningún motivo que la justificara.

Esto coincide con las experiencias de personas con enfermedades psicosomáticas, quienes relacionan los síntomas presentes con traumas físicos experimentados en vidas anteriores.

Una anécdota más de Rochas: su padre falleció a los 75 años de una embolia. Conservó la plenitud de sus facultades intelectuales y la visión bien nítida de su muerte inminente. Rochas asistió a sus últimos momentos, donde, recordando sus pláticas filosóficas, su padre le dijo con serenidad:

Mañana o pasado mañana sabré más que tú al respecto. Y no me desagrada pensar que bien pronto tendré la solución del problema que tanto me ha preocupado.

En sus conclusiones, Rochas nos dejó el siguiente mensaje:

La puerta está abierta; los señores sabios y psicólogos pueden desde ahora investigar qué hay de cierto o no en este dominio del pensamiento.

El nacimiento de la terapia de vidas pasadas

Es difícil establecer con exactitud quién fue el primero que siguió los pasos de Rochas. Es probable que mediante la hipnosis varios terapeutas hayan encontrado que sus pacientes les relataban sucesos de otras vidas. Más de uno debe de haber considerado que esto era una fantasía y nada más. Christie-Murray[6] dice que el primero sería el Dr. Mortis Stark, quien exploró esta posibilidad en 1906, pero no hay registro de sus experiencias. También cita al sueco John Björkhem (1910-1963), quien publicó un libro titulado *De Hypnotiska Hallucinationerna*. Finalmente dice que la Dra. Blanche Baker, de San Francisco, comenzó a usar en 1950 una técnica hipnótica ligera y de asociación libre, que permitía la regresión a vidas pasadas de sus pacientes.

Whitton cita el trabajo del psiquiatra inglés Alexander Cannon, quien hacia 1950 ya había inducido la regresión en 1382 voluntarios. Al principio, Cannon se resistía a aceptar la teoría de la reencarnación, y hasta discutió con sus sujetos en trance, afirmando que decían tonterías. Cannon se especializó en buscar los orígenes de los complejos y los temores en incidentes traumáticos de vidas anteriores.

En 1967, Joan Grant y Denis Kelsey, también ingleses, publican su libro *Many lifetimes* (Muchas vidas), donde relatan, entre otras cosas, sus experiencias con la regresión.[7]

Nacida en 1907, desde niña Joan tenía recuerdos vívidos de siete vidas anteriores, que abarcaban desde la primera dinastía en

---

[6] *Reencarnación*, David Christie-Murray, Robin Book, Barcelona, 1990.
[7] *Many lifetimes*, Joan Grant y Denis Kelsey, Ayer, 1994.

Egipto, 3.000 años a. C., hasta una vida entre los primitivos aborígenes de Norteamérica. Joan llamó a estos recuerdos *memoria lejana*, y sobre la base de ellos escribió doce libros que constituyen una autobiografía de sus vidas pasadas. El primero de esa serie se llamó *Winged Pharaoh* (El faraón alado), y fue publicado en 1937, mucho antes que otros libros que se hicieron más famosos. Para Joan, estas memorias eran parte de su experiencia personal, y siempre hablaba de *sus vidas*. Joan relata que en su primera vida en Egipto se llamaba Sekeeta, y había sido entrenada para recordar diez de sus muertes anteriores, requisito indispensable para poder asistir a otras personas. Durante el transcurso de la Segunda Guerra Mundial, Joan comenzó a apreciar que algunos problemas de los pacientes se originaban en sucesos de existencias anteriores.

Por su parte, Denis Kelsey, psiquiatra, comenzó a trabajar con hipnoanálisis en 1948, regresando a sus pacientes a la vida intrauterina y llevándolos incluso al momento de la concepción. Sin embargo, como no creía en la preexistencia del alma, nunca fue más allá, hasta que conoció a Joan, en 1958. A partir de allí comenzaron a trabajar juntos. Joan era una gran sensitiva y mientras Denis conducía la regresión, ella podía ver la escena que el paciente estaba vivenciando, y comprobar así la validez de la experiencia. El mismo Stanislav Grof, en su libro *La mente holotrópica*, relata una regresión que efectuó con ellos.

Denis Kelsey es el primero que llama la atención sobre la importancia del perdón a uno mismo. Encontró que a las personas les resulta más fácil castigarse que perdonarse a sí mismas.

Entre los años '60 y '70, la Terapia de Vidas Pasadas comienza a tomar forma. Ya sea por azar o intencionalmente, varios profesionales comienzan a aplicarla con sus pacientes. Aquí me referiré a los que más han contribuido en los aspectos técnicos.

En 1968, Thorwald Dethlefsen, trabajando con hipnosis con voluntarios, llevó a un joven a revivir la experiencia dentro del claustro materno. Se animó a retroceder un poco más y le ordenó que fuera todavía más atrás hacia el pasado. Tras una emocionante pausa surgió la historia de un hombre nacido en 1852, llamado Guy Lafarge. Vivía en Alsacia y murió en 1880, cuando trabajaba de mozo de cuadra. Pronto, Dethlefsen encontró que había relación entre los síntomas psíquicos de la vida presente y las experiencias traumatizantes de encarnaciones anteriores. El síntoma tenía como causa alguna experiencia desagradable que fue desplazada de la conciencia. Comprobó que si uno investiga de manera consecuente el verdadero origen de un síntoma, tropieza en forma casi automática con anteriores encarnaciones. Así desarrolla lo que él llama Terapia de la Reencarnación, afirmando que la causa de todo comportamiento y de toda actitud equivocada radica en el alma. El resultado de sus experiencias puede encontrarse en su libro *La reencarnación*, publicado en 1976, donde propone una psicología apoyada en la teoría de la reencarnación.

En 1973, la psicóloga Edith Fiore asiste a un seminario de fin de semana sobre autohipnosis, en el instituto Esalen. Al lunes siguiente decide poner en práctica esta técnica con uno de sus pacientes que sufría problemas sexuales. Ante su sorpresa, el hombre le dice que es un sacerdote católico en el siglo XVII. Edith Fiore no creía en la reencarnación y consideró el relato del paciente como una fantasía. La sorpresa fue aún mayor cuando a la sesión siguiente su paciente le dijo que se había curado. A partir de allí comenzó a estudiar seriamente el tema de la reencarnación, convirtiéndose en una de las pioneras de la TVP.

Otro caso notable es el del psiquiatra Brian Weiss. Su experiencia es otro ejemplo de cómo las circunstancias nos llevan a hacer lo que tenemos que hacer. Weiss desconfiaba de todo aquello que no se pudiera demostrar según métodos científicos tradicionales. Como ejemplo, hizo su tesis de investigación sobre la química del cerebro y el papel de los neurotransmisores. En 1980 conoció a Catherine, una mujer paralizada emocionalmente, dominada por la ansiedad, su fobia al agua, ataques de pánico y una pesadilla recurrente con un puente que se derrumbaba. Tras 18 meses de terapia convencional sin obtener resultado, Weiss decidió emplear hipnosis. Luego de darle la orden de volver a la época en que se habían iniciado los síntomas, Catherine comenzó a relatar una vida en Egipto, 1.800 años antes de Cristo. Ni Catherine ni Weiss creían en la reencarnación, pero una semana después, el miedo a ahogarse y la pesadilla del puente que se derrumbaba habían desaparecido.

A pesar de que para esa época ya había abundante literatura sobre vidas pasadas, como a Weiss no le interesaba el tema, no estaba al tanto de los trabajos anteriores. Esto resalta aún más el valor de su experiencia, porque no puede decirse que estuviera influido por lecturas previas. Su historia con Catherine está contenida en su libro *Muchas vidas, muchos sabios*.

He dejado para el final el comentario del trabajo de Morris Netherton, por considerarlo de vital importancia.

Al momento de publicarse la primera edición de este libro yo todavía no había conocido a Morris Netherton personalmente de modo que sólo tenía conocimiento de su trabajo a través de su obra y por referencias de terceros. Finalmente me encontré con él en ocasión del Primer Congreso Panamericano de Terapia de Vidas Pasadas que se llevó a cabo en Campinas, Brasil, en 1998. Allí tuve el privilegio de charlar a solas con él y saber de sus propios labios cómo fue que desarrolló la TVP. Fue trabajando en su propia terapia como se encontró de improviso en una vida pasada en la cual estaba el origen de sus malestares físicos. Al poco tiempo comenzó a trabajar en un centro de detención juvenil y fue allí donde comenzó a desarrollar la técnica de la TVP. *Terapia de Vidas Pasadas* es la denominación que él le dio a la terapia de regresión en 1978 al publicar su primer libro. Un detalle importante que pocos conocen es que desde hace varios años trabaja con la regresión a vidas pasadas en un hospital que pertenece a la orden religiosa de las carmelitas en la ciudad de Duarte, al este de Los Angeles. En el apéndice encontrarán el contenido de mi charla con Netherton.

La contribución fundamental de Netherton es que es el primero en darse cuenta de que no es necesaria la hipnosis para efectuar la regresión a vidas pasadas. Netherton descubrió que, simplemente con una entrevista cuidadosa, la experiencia de vida pasada puede ser traída más cerca de la superficie, hasta que su presencia se hace obvia para el observador entrenado. Pero Netherton avanza mucho más. Descubre que cuando el paciente entra en el consultorio ya está en regresión, y afirma que si uno está viviendo de acuerdo con condiciones de otra realidad, ya está parcialmente en trance. No es necesario provocar un estado de trance para efectuar la regresión, porque el trance se desarrolla como consecuencia de la regresión. Ésta es la diferencia básica entre la técnica de Netherton y la de los otros. La premisa de que la persona ya está en estado de trance y por lo tanto no es necesaria una inducción adicional.

Lo fundamental de esto es que el paciente no está perdido en un trance hipnótico y puede mirar hacia afuera y hacia adentro al mismo tiempo. Karl Schlotterbeck, discípulo de Netherton, es quien mejor explica su técnica. Enfatiza la necesidad de reconocer los síntomas de ansiedad, dolor, conducta o compulsión, como evidencia de que la regresión ya se ha producido.

La focalización en el síntoma profundiza el estado regresivo, y las imágenes y palabras asociadas al síntoma del pasado comienzan a aflorar libremente a la conciencia del paciente.[8]

La técnica de Netherton fue introducida en Brasil, en 1980, por la Dra. María Julia Moraes Prieto Peres. En 1986 la Dra. Prieto Peres dicta un seminario aquí en Buenos Aires, donde presenta su técnica mixta, combinación de las de Netherton y de Edith Fiore. En ese seminario la conocí, y a partir de allí me entrené con ella junto con otros profesionales. Para ser justo, debo decir que, en ese momento, ya había varios profesionales en Argentina que estaban trabajando con la técnica de la regresión. Por otra parte, un amigo me confió que, en la década del 50, un médico en Paraguay le había efectuado una regresión utilizando hipnosis. También es conocido el trabajo del Dr. Michel Maluf en Brasil, pionero en ese país, quien, también en los años 50, comenzó a trabajar con la regresión a vidas pasadas. De modo que ya en aquella época, por estas latitudes, había profesionales incursionando en las vidas pasadas.

De algún modo, éste es mi árbol genealógico en la TVP. A partir de aquí, lo que sigue es mi visión personal, nutrida por las enseñanzas de quienes me precedieron, y enriquecida por la experiencia adquirida con los pacientes.

---

[8] *Living your past lives* (Viviendo sus vidas pasadas), Karl Schlotterbeck, Ballantine, Nueva York, 1990.

Capítulo VI

Del sueño magnético al estado expandido de conciencia

Durante el verano de 1774 –relata Stefan Zweig–[1] un extranjero de paso por Viena, solicita al P. Hell, jesuita y astrónomo, que le confeccione un imán para calmar un súbito calambre de estómago de su esposa. El padre se limita a confeccionar el objeto en la forma solicitada, pero no deja de comunicar a su amigo, el sabio doctor Franz Mesmer (1733-1815) la curiosa ocurrencia. Mesmer no era ningún trasnochado ni embaucador, como todavía creen muchos. Doctor en filosofía, médico y abogado, en el teatro de jardín de su residencia se estrenó la ópera *Bastien y Bastienne*, de Mozart. Eximio ejecutante de la armónica de cristal, Mozart no sólo compondrá un quinteto para su instrumento, sino que además le dedicará unos versos en *Cosí fan tutte*.

Admirado de la inmediata mejoría provocada en la enferma por la aplicación del imán, Mesmer comienza sus experimentos. Al principio, cree que el secreto de la cura está en las propiedades del imán, por eso llama magnetismo a su tratamiento. Así, llega a construir la célebre "cuba de la salud". Era un gran recipiente de madera, en el cual dos hileras de botellas de agua magnetiza-

[1] *La curación por el espíritu*, Stefan Zweig, Anaconda, Buenos Aires, 1945.

da corrían convergentes a una barra de acero provista de puntas conductoras movibles, de las que el paciente podía aplicarse algunas en la región dolorida. Alrededor de esta batería magnética se situaban los enfermos, en contacto unos con otros por las puntas de los dedos. Mesmer sostenía en su mano una varita de hierro, en cuya punta concentraba el fluido magnético, intensificando así sus efectos. En poco tiempo logra curas espectaculares, cosechando fervientes seguidores y acérrimos enemigos entre sus colegas. Cinco veces intenta obtener en distintas facultades un examen atento de su sistema, solicitud que le fue siempre denegada. Emigra de Viena a París, donde su tratamiento causa furor, sobre todo entre la nobleza. Pronto Mesmer se da cuenta de que no es el imán lo que produce la cura, sino que son sus propias manos. Pero ya el término magnetismo está acuñado y no se puede volver atrás. Por ese motivo llama a este fenómeno *magnetismo animal*. No puede verlo, pero sabe que de sus manos se desprende algo que opera sobre los enfermos.

Mesmer ha provocado tal alboroto con sus curaciones que muy pronto su éxito se vuelve en su contra. Por todos lados surgen profanos que se ocupan del nuevo juego de sociedad, magnetizando animales, grutas, y se producen peleas entre partidarios y detractores. El problema de Mesmer es que hasta Lafayette y la misma reina María Antonieta son sus fervientes admiradores. A Luis XVI esto no le gustaba nada. Ordena a la corporación de médicos y a la Academia de Ciencias que abra una investigación oficial sobre el magnetismo. En la comisión investigadora se encuentran, entre otros, el doctor Guillotin, que unos años más tarde inventará la cura definitiva para todas las enfermedades: la guillotina. Lo acompañan Bailly, astrónomo, el químico Lavoisier y el botánico Jussieu. No saben que más adelante, Bailly, Lavoisier y el propio Guillotin perderán su cabeza con el remedio inventado por este último.

La comisión se toma su tiempo. Asiste a las sesiones de Mesmer con sus pacientes. Comprueban el fenómeno. Lo increíble es que el documento final en el cual proclaman la nulidad del magnetismo, comienza reconociendo los innegables efectos de la terapéutica magnética, y certifican la presencia de algo inexplicable, desconocido, a pesar de toda su ciencia. El mismo Bailly, pese a su profundo desdén por Mesmer, escribe:

Todos los enfermos están ciegamente sometidos al que los magnetiza; aun cuando se hallen sumidos en el más intenso sopor, basta la voz, la mirada o el gesto del magnetizador para sacarlos de él instantáneamente.[2]

En su informe, la comisión observa que *"...a la vista de estos efectos constantes no es posible negar la existencia de una fuerza que actúa sobre el hombre y lo domina y que está latente en el magnetizador"*. Allí está el quid de la cuestión. La presencia de esa fuerza. ¿Magnetismo? ¿Fluido? ¿Energía vital o fuerza psíquica? Cualquier nombre que se le dé es lo mismo.

El informe público se dio a conocer el 11 de agosto de 1784. La comisión concluyó que *"...no hay nada que demuestre la existencia de un fluido magnético-animal, y que en consecuencia este fluido imponderable no tiene utilidad alguna"*. En privado, la comisión señaló al rey los peligros que para las buenas costumbres encerraba la práctica de Mesmer. Tendrán que pasar todavía cien años, hasta que por fin en 1882, Charcot consigue que la Academia tome nota oficialmente de la hipnosis, nombre con el que se rebautizó el magnetismo.

La paradoja fue que en ese mismo año de 1784, en que la Academia dio por terminada la cuestión, un discípulo de Mesmer, el conde de Puysègur, descubre lo que nos interesa a nosotros: el sonambulismo o sueño magnético. Y con él nace la hipnosis y la psicología moderna.

Un día, un joven pastor llamado Víctor, en lugar de responder a la magnetización con la crisis característica, con espasmos y convulsiones, se queda dormido. Puysègur, asustado, lo llama, lo sacude, pero Víctor duerme profundamente. De pronto, al ordenarle que se levante, el muchacho se incorpora y, a pesar de tener sus párpados cerrados, se comporta como una persona que estuviese despierta, aunque sin cesar en su sueño. Se halla en estado de sonambulismo en pleno día. Puysègur, estupefacto, lo interroga y para su asombro, Víctor responde, en medio de su sopor, con absoluta claridad a sus preguntas, utilizando un lenguaje más pulcro que lo habitual. Sin saberlo, Puysègur ha redescubierto el sonambulismo o sueño magnético, que fue enseñado y practicado en los santuarios antiguos con fines terapéuticos y proféticos.

[2] *El arte de magnetizar*, David Perry, Kier, Buenos Aires, 1978.

Puysègur da un paso más y da órdenes posthipnóticas, es decir, ordena a la persona sumida en letargo que, al despertar, ejecute con toda puntualidad aquello que le ha sido indicado durante el sueño. Puysègur publica sus hallazgos y el fenómeno de la hipnosis queda establecido por primera vez en el mundo moderno.

Las consecuencias de este descubrimiento las sufre Mesmer. Es que, junto con los científicos y los investigadores que ven abiertas las puertas al dominio de la mente y del alma, se cuelan los curiosos y los charlatanes. No pasa mucho tiempo sin que florezca una nueva carrera: el sonambulismo profesional. Del magnetismo, todos pasan a hablar del mesmerismo. Mesmer es acusado de charlatán y debe huir una vez más. En Austria, una intriga política lo obliga a refugiarse en Suiza. Allí permanecerá hasta su muerte. En 1812, la Academia de Berlín, que en 1775 había rechazado su solicitud, se dispone a estudiar el magnetismo. Se lo invita a honrar a la Academia con su presencia. El mismo rey lo espera. Pero Mesmer declina, aduciendo que ya es demasiado viejo.

Las investigaciones continuaron entre los sucesores de Mesmer. En 1818, Wienholt, un magnetizador alemán, observa que su sonámbulo se dormía más rápidamente cuando vestía él una levita especial, provista de brillantes botones de vidrio. La idea de que la sugestión es uno de los principales factores en la producción del sueño provocado comienza a rondar las mentes de los investigadores. Y este proceso de dominio de la voluntad es demostrado por James Braid, un médico de Manchester, quien estudió el fenómeno en 1841, presenciando las sesiones del magnetizador suizo Charles Lafontaine. Braid es el primero que utiliza la técnica de cansar la mirada del sujeto, valiéndose de brillantes bolitas de cristal y, a continuación, procede a los pases magnéticos. En 1843 publica su *Neurohipnología*, donde rebautiza el magnetismo, palabra que sonaba mal a los sabios, con el nombre de hipnotismo, derivado del griego *hypnos*, que significa "sueño". De modo que la hipnosis tradicional no es otra cosa que el sueño magnético con el nombre cambiado.

Finalmente, a instancias de Charcot, en la sesión del 13 de febrero de 1882, la Academia de París reconoció que el hipnotismo, que antes se llamaba magnetismo, era un elemento terapéutico científico. A partir de allí, la hipnosis fue evolucionando lentamente a partir de la teoría de la sugestión, hasta llegar a nuestros días con la técnica de Milton Erickson, la sofrología de Raymond Abrezol y la programación neurolingüística.

La hipnosis de hoy no tiene nada que ver con la de Puysègur y Braid. Ni siquiera con la de Charcot. Pero todavía, la mayoría de las personas asocian hipnosis con pérdida del conocimiento y, por todo lo que hemos visto, tienen razón, por cuanto hipnosis sigue queriendo decir sueño. Hay una gran confusión, porque muchos profesionales que dicen utilizar hipnosis, en realidad lo que están haciendo es una relajación asociada a técnicas de sugestión, tal como la practico yo mismo cuando el paciente lo requiere.

La hipnosis evolucionó, es cierto, pero en el camino se perdió algo muy importante. Aquello de lo que se sirvió Rochas en sus experiencias: el sueño magnético.

¿Qué es el sueño magnético?

Bajo la acción del magnetizador, la persona entra en un estado de conciencia que no es ni el de la vigilia ni el del sueño natural. A este estado se lo denominó sonambulismo magnético por su semejanza con el sonambulismo natural. Es sabido que el sonámbulo puede caminar con los ojos cerrados, realizar alguna actividad a la perfección, sortear obstáculos sin dificultades y regresar a su lecho para continuar con el sueño normal. Al despertarse, no recuerda nada de lo sucedido. Si el sonámbulo tiene los ojos cerrados y puede evitar los obstáculos que se le presentan, es obvio que la percepción de los objetos no pasa por el sentido de la vista. Ahí ya tenemos una pista.

¿Qué ocurre en el sonambulismo provocado por el magnetizador? La respuesta se la dio Joséphine a Rochas. Se aflojan los lazos que sujetan el alma al cuerpo. Bajo la influencia magnética, los lazos que unen el cuerpo astral, alma o cuerpo energético, al cuerpo físico, se aflojan poco a poco. A medida que se profundiza la acción magnética, el alma se desprende más y se eleva. Al acentuarse el desprendimiento aparece un estado de conciencia diferente y las facultades psíquicas entran en juego. Los sentidos psíquicos sustituyen a los materiales. Aparece la clarividencia, la capacidad de profetizar, la habilidad para diagnosticar dolencias e indicar su tratamiento, como hacían las sibilas en los antiguos santuarios, o Edgar Cayce, llamado el *profeta durmiente*. Al mismo tiempo se ensancha el campo de la memoria. Los recuerdo lejanos se despiertan y el individuo puede revivir sus vidas pasadas.

Esto es lo que se conoce como *trance*. La palabra trance deriva del latín *transire*, y designa el momento culminante de un suceso. El estado de trance es el momento del sueño magnético en que el alma se desprende del cuerpo carnal, para vivir entonces la vida del espíritu y ejercer sus poderes.

León Denis denominó a este estado de la conciencia estado de desprendimiento psíquico.[3] Así lo explica él mismo:

> En el estado de desprendimiento psíquico, el círculo de nuestras percepciones puede ensancharse en proporciones incalculables; entramos en relación con la inmensa jerarquía de las almas y de las potestades celestes. El espíritu puede remontarse hasta la causa de las causas, hasta la inteligencia divina, para quien el pasado, el presente y el futuro se confunden en un todo.

¿No es esto mismo, acaso, el estado de éxtasis y trascendencia que nos enseñan los maestros espirituales?

Pero veamos cómo describe un profano esta experiencia. Ésta es la palabra de Mireille, una mujer magnetizada por Rochas:

> Cuando estoy despierta, mi alma está encadenada a mi cuerpo y soy como una persona que, encerrada en el piso inferior de una torre, no puede ver el mundo exterior más que a través de las cinco ventanas de sus sentidos, las cuales tienen, cada una, cristales de diferentes colores. Cuando usted me magnetiza, me libera poco a poco de mis cadenas, y mi alma comienza a ascender la escalera de la torre, escalera sin ventanas, y no veo otra cosa que a usted que me guía, hasta el momento en que desemboco en la plataforma superior. Allí mi vista se extiende en todas direcciones con un sentido único muy agudo que me coloca en relación con los objetos que no podía percibir a través de los vidrios de la torre. Entre esos objetos están los pensamientos de otros humanos que circulan en el espacio.

Bella y sencilla descripción, ¿no es así? Coincidente con lo que explicábamos antes. Pero, ¿cuál es la implicancia de todo esto?

[3] *En lo invisible*, León Denis, Edicomunicación, Barcelona, 1987. Publicado por primera vez en 1903.

Sencillamente que el estado de desprendimiento psíquico no es otra cosa que el estado expandido de conciencia, y lo más importante es que este estado de conciencia puede lograrse sin la intervención de agentes externos. No es necesaria la acción del magnetismo, ni de la hipnosis, ni del uso de drogas psicodélicas, ni de los sincroenergizadores cerebrales, ni siquiera de la hiperventilación.

El estado expandido de conciencia

¿Recuerdan que Rochas llegó finalmente a la conclusión de que todo lo que se precisa es aflojar los lazos que atan el alma al cuerpo físico? Cuando un magnetizador aplica su energía sobre una persona, está provocando una aceleración vibratoria en el campo energético de ella. El alma, cuerpo astral o cuerpo energético comienza a aumentar su frecuencia vibratoria. A medida que aumenta la frecuencia vibratoria, el alma comienza a desprenderse. Paralelamente, el campo de la conciencia se expande. La persona comienza a tener acceso a otros niveles de conciencia. Ahora puede sintonizar distintas bandas de frecuencia diferentes de la conciencia habitual. La conciencia cotidiana sería como un receptor de radio clavado siempre en la misma estación. A medida que voy recorriendo el dial, puedo recibir las señales de otras estaciones de radio que transmiten en frecuencias diferentes. Con la conciencia ocurre lo mismo. Al aumentar la frecuencia vibratoria, sintonizamos la frecuencia de otras dimensiones. Sintonizamos la frecuencia del mundo espiritual y allí tenemos acceso, entre otras cosas, a revisar los hechos de nuestras vidas pasadas.

Ahora, el siguiente paso es comprender que no necesitamos de un agente externo para alcanzar este estado de conciencia, porque todos tenemos la capacidad de acceder naturalmente a estados de conciencia diferentes. Cuando hacemos una relajación, estamos haciendo lo que decía Rochas. Estamos aflojando los lazos energéticos. Muchas personas que practican yoga, tienen experiencias espontáneas como visiones, imágenes de otras vidas o transportes a lugares distantes. Estas son manifestaciones de distintos niveles de desprendimiento psíquico.

La física cuántica nos explica que la expansión de la conciencia pasa por una modificación de tasas vibratorias que delimitan los diferentes niveles del ser, que accede así a otros universos que están simplemente situados en planos de conciencia diferentes, en otra banda de frecuencia. Cuando el pensamiento se concentra en la meditación, se convierte en un radar capaz de entrar en contacto con la conciencia del Universo.[4]

La mayoría de los autores habla de estados alterados de conciencia, de estados modificados o no ordinarios de conciencia. Personalmente, prefiero la expresión *estado expandido de conciencia*, ya que si hablamos de alteración o modificación seguimos atrapados en la idea de que no es algo normal o natural y, además, se trata de un concepto limitativo.

¿Cómo podemos definir el estado expandido de conciencia?

Podemos decir que es un estado en el cual tenemos conciencia de lo que está ocurriendo en otra dimensión, en otro espacio-tiempo diferente de nuestra realidad física cotidiana, al mismo tiempo que conservamos la conciencia del aquí y ahora y del lugar donde estamos. Sería como tener conciencia de lo que está sucediendo en el planeta Marte, en este preciso instante, sin perder la conciencia de lo que está sucediendo aquí, en este momento, a mi alrededor. Sería como pasar de un universo a otro, sin perder la conciencia en ningún momento. Por eso, es un estado expandido de conciencia. Porque no la estoy alterando, sino que simplemente estoy ampliando el campo de acción de mi conciencia.

El doctor Mario Percow, docente de farmacología, que atravesó por esta experiencia y la vivió intensamente, definió con sencillez este estado como un tiempo sin tiempo: *"Es atravesar el tiempo, como si todo el tiempo fuese un registro instantáneo"*. Se vivencia el espacio atemporal, un espacio-tiempo en el cual pocos minutos permiten vivenciar sucesos que en el plano físico llevarían años.

Ahora bien, en este estado expandido, pueden ocurrir todos los fenómenos que se dan en el sueño magnético, con la diferencia de que no es necesaria la acción de un magnetizador ni de ningún otro agente externo. Lo más importante de todo es que la persona no está sujeta a la voluntad de nadie. El terapeuta acompaña y guía a la persona a través de su vivencia y trabaja las escenas que se presentan con sentido terapéutico, pero no interviene en la experiencia en sí misma. El trabajo es exclusivo del paciente.

[4] Patrick Drouot, *op. cit.*

Hay otro detalle importante y es que no se necesita provocar el estado expandido, por la sencilla razón de que el estado expandido de conciencia se produce como consecuencia de la regresión. Recuerden que Netherton descubrió que el trance se desarrolla como consecuencia de la regresión. De la misma manera, durante la regresión, la persona va expandiendo su conciencia a medida que va progresando en ésta. Esto no quiere decir que todos lo logren. Hay distintos niveles, que dependen de la entrega y del compromiso individual en cada caso.

La vivencia de la regresión se asemeja a la experiencia del estado místico. El ego trasciende los límites del cuerpo y, súbitamente, se convierte en uno solo con todo lo que ha existido. Maurice Bucke llamó a esto *conciencia cósmica* y Stanislav Grof la llama *conciencia transpersonal*. Cuando se llega a este punto, la regresión es sólo una de las cosas que pueden ocurrir. Alcanzado este nivel de conciencia, la persona puede tener contactos con seres de otras dimensiones, puede recibir enseñanzas o mensajes de maestros espirituales, puede conectarse con todo el universo y, lo más trascendente de todo, es que puede alcanzar la reunificación con su yo superior, integrando todos sus niveles de conciencia. La regresión facilita este proceso y, resuelto el problema que originó la consulta, el fin último es que la persona alcance el estado de unificación con su conciencia superior.

Yo no tengo ninguna duda de esto, porque he tenido testimonios incontestables en mi consultorio. Y lo coincidente es que generalmente ocurren hacia el final de la regresión. En varias oportunidades, distintas personas me dijeron que estaban fuera de su cuerpo y que me veían desde el techo. Esto siempre ocurrió espontáneamente, sin buscarlo y como consecuencia de la regresión.

Una de las experiencias más notables fue la de Beatriz, una médica que durante su entrenamiento como terapeuta se desprendió de su cuerpo. La sesión la estaba conduciendo otro profesional, también en entrenamiento, mientras yo supervisaba su trabajo. La regresión ya estaba llegando a su fin, cuando de pronto Beatriz dijo:

–*José Luis, te estoy mirando desde el techo.*

Yo miré hacia arriba y la saludé con la mano. Ella estaba con los ojos cerrados, sin embargo se sonrió con mi ocurrencia. Y entonces habló así:

–José Luis, esto es increíble. Estoy viendo dentro de tu cuerpo. ¿Sabes cuál es tu problema? Tenés una inflamación del esfínter de Oddi. Eso es lo que te pasa. Y a tu lado hay un maestro que está trabajando con vos. Hay un rayo de luz que entra por tu cabeza y que recorre tu interior.

La verdad es que Beatriz deseaba seguir un buen rato en ese estado. Me sorprendí con su diagnóstico, porque por aquella época yo tenía un malestar digestivo, cuya sintomatología coincidía con lo que había dicho Beatriz.

De todos modos lo importante aquí es lo que vivenció Beatriz, que es lo mismo que sucede durante el sueño magnético, con la diferencia de que Beatriz estaba consciente en todo momento y no dependía de la voluntad de nadie.

Todo esto no es una fantasía, porque la física cuántica nos demuestra claramente que esto es posible. No sé mucho de física, pero puedo explicarles en unas líneas cómo lo entendí yo mismo.

En 1935, en la Universidad de Princeton, Einstein, Podolsky y Rosen, intentando refutar la teoría cuántica, terminan confirmándola y describen lo que se llamó Efecto EPR por sus iniciales:

> Dos partículas, separadas por un cuasi-espacio, se encuentran en comunicación de manera inexplicable.

Un cuasi-espacio es un espacio tal que no hay tiempo suficiente entre las partículas para que una señal luminosa las conecte. Por lo tanto, debe haber una conexión cuántica entre ellas y esto implica que la información debería ser comunicada a velocidades superiores a la de la luz.

En 1964, Bell perfecciona esta teoría con su teorema:

> Cuando dos partículas gemelas separadas se alejan una de otra a la velocidad de la luz, un cambio provocado en una de ellas producirá un cambio simultáneo en la otra.

Como si una información pudiese circular entre ellas a velocidad supralumínica. Posteriormente, Gary Zukav, otro físico, dice que una de las consecuencias del teorema de Bell es que las distintas partes del universo estarían a nivel más profundo y más fundamental relacionadas entre ellas de manera íntima e inmediata.

En 1975, Jack Scarfati llega a la conclusión de que las partículas están conectadas íntimamente de una manera que trasciende el tiempo y el espacio. Quien desee profundizar en el tema, puede leer el famoso libro de Fritjof Capra, *El Tao de la física*.

Para nosotros, esto es suficiente. Si todas las partículas están conectadas íntimamente más allá del tiempo y del espacio, esto quiere decir que tenemos la capacidad de conectarnos al instante con todo el universo, sólo que todavía no sabemos cómo hacerlo. El estado expandido de conciencia sería una forma de lograrlo, porque en ese estado nos movemos en un espacio-tiempo diferente, donde estamos fuera de las limitaciones de la velocidad de la luz o del tiempo lineal. Entonces, como decía León Denis, el espíritu puede remontarse hasta la causa de las causas, hasta la inteligencia divina, para quien el pasado, el presente y el futuro se confunden en un todo.

Capítulo VII
El plan de trabajo

Como terapeuta mi objetivo es conducir y ayudar al paciente a tomar contacto con la experiencia responsable de los síntomas actuales. Una vez logrado esto el paciente tiene que reproducir la experiencia original como si estuviese efectivamente allí. Esto significa que si en una vida pasada una persona se ahogó en el mar, en la regresión debe reproducir y vivenciar todo el proceso desde el contacto inicial con el agua y las primeras sensaciones, hasta sentir el agua entrando en su garganta y en sus pulmones, experimentando la falta de aire y el ahogo hasta llegar al punto en que la muerte se hace efectiva y deja ese cuerpo. Si la persona fue atravesada por una lanza o una espada en una batalla, tiene que sentir el momento en que la lanza se clava en su cuerpo para luego sentir el desgarro de los músculos y de los órganos internos a medida que la lanza va penetrando, experimentando a la vez todas las emociones e identificando todos los pensamientos en esos momentos. Éste es el secreto del trabajo terapéutico. Todo lo que el paciente necesita para sanarse es revivir aquí y ahora la experiencia responsable de sus síntomas actuales. Es en ese momento en el cual el paciente tiene que hacer todo lo necesario para agotar todas las sensaciones y emociones vinculadas a esa experiencia y, al mismo tiempo, identificar todos los mandatos o formas de pensamiento que están afectando su vida actual. Todo lo que hago antes, no importa la técnica que emplee, es para lograr que el paciente reviva la experiencia traumática original.

¿Cómo se logra todo esto? ¿Cómo se llega al núcleo del trauma donde se originó el problema actual?

La técnica básica fue desarrollada por Netherton y yo la aprendí de mi maestra, la doctora María Julia Prieto Peres, quien la sistematizó en un esquema de trabajo.[1] Más tarde, a medida que fui comprendiendo mejor qué era lo que sucedía durante la regresión, fui introduciendo modificaciones a la técnica original. A continuación vamos a ver este plan de trabajo, tal como yo lo practico hoy. Algunos de estos detalles no están en las historias de este libro ya que éstas pertenecen al período previo a algunas de las modificaciones. No obstante, la técnica continúa siendo la misma.

Conceptos básicos

En primer lugar necesito comprender cabalmente qué es lo que está pasando cuando una persona viene a consultarme por un síntoma. Para entender esto debo saber que aunque hablemos de vidas pasadas la realidad es que para el alma las vidas pasadas no existen como tales. Para el alma se trata de una sola vida que transcurre alternativamente en dos planos, ora en el plano físico, ora en el plano espiritual. Como nosotros desarrollamos nuestra vida consciente en el cuerpo físico nos hemos identificado de tal manera con éste que creemos que somos el cuerpo. Como además, a este cuerpo le hemos dado un nombre para identificarlo de los demás, la muerte de este cuerpo físico nos da la sensación de una vida pasada. Pero para el alma se trata de una sola vida y los distintos cuerpos que utiliza sólo son instrumentos o vehículos para llevar a cabo las experiencias que necesita para efectuar su evolución. Para acentuar aún más nuestra confusión nosotros nos guiamos por el tiempo físico que es lineal. Así, cuando nos referimos a un cuerpo conocido, hablamos de una vida que transcurrió hace cincuenta, cien o mil años, por ejemplo. Pero para el alma el tiempo no existe. Todo está aquí, ahora, al mismo tiempo, y esa vida o ese cuerpo que para nosotros se extinguió hace mil años,

---

[1] *Apostila para cursos de TRVP*, María Julia Prieto Peres, San Pablo, 1989.

para el alma es como si acabara de acontecer o quizás esté aconteciendo todavía. Por lo tanto, aunque sigamos hablando de vidas pasadas porque así es como lo entendemos y como ya está establecido, sería más propio denominar a esta terapia como "Terapia de Experiencias en Cuerpos Pasados".

El siguiente concepto a aprender deriva del anterior. Para el alma los distintos cuerpos que utiliza son como ropajes. De la misma manera en que yo me cambio de ropa sin dejar de ser quien soy, de igual forma, al cambiar de cuerpo, el alma sigue con su identidad original. Igualmente, si estoy triste o deprimido por alguna situación, aunque me compre ropa nueva, fina y elegante, mis problemas no se resolverán por el sólo hecho de cambiarme de traje. Con el alma sucede algo similar. Por cambiar de cuerpo no se terminan los conflictos y las experiencias traumáticas que quedaron sin resolver. Al volver a encarnar en un nuevo cuerpo el alma trae consigo todas las emociones y sensaciones que no fueron resueltas y, de una u otra manera, reproducirá en su nuevo cuerpo las condiciones físicas, emocionales y mentales de la experiencia original. Esto significa que, en ocasiones, algunas enfermedades orgánicas incluyendo el cáncer son una forma de reproducir una situación que no fue resuelta por el alma.

El próximo concepto es muy importante y está ligado a las premisas anteriores. Se trata del atrapamiento de la conciencia. Generalmente esto ocurre cuando la muerte en una vida anterior tuvo lugar en circunstancias muy dolorosas, terriblemente insoportables y especialmente si la muerte fue precedida por una larga agonía. Imaginemos a una persona que está siendo torturada hasta morir en la Edad Media. Sus verdugos quieren arrancarle alguna confesión, pero ella se resiste y la agresión al cuerpo físico y la presión sobre la psiquis van en aumento hasta que finalmente se produce la muerte. Durante la tortura el dolor físico y psíquico son extremadamente insoportables. Mientras está siendo torturada, la persona experimenta dolor, pánico, desesperación, rabia, odio, injusticia, impotencia, indefensión. Al mismo tiempo está pensando: "No voy a hablar", "No voy a decir nada", "No puedo salir de esto", "Tengo que esperar a morirme", "No me muero nunca", "Me voy a vengar", "Me las van a pagar". En una circunstancia así la muerte se produce coincidentemente con el pico de todas estas sensaciones y emociones. En el momento en que el alma abandona el cuerpo físico, la conciencia está tan inmersa y tan absorbida por todas estas sensaciones que ni siquiera se da cuenta de que el cuerpo se murió. Esto se ve agravado por la lucha de la conciencia por sobrevivir, y la forma de hacerlo es permanecer en la mente separándose del cuerpo para no sentir el dolor, o bien todo lo contrario, aferrarse al dolor porque mientras siente el dolor está viva. En ambos casos el resultado es el mismo. La conciencia no se da cuenta de que el cuerpo físico se murió y queda atrapada en ese instante del tiempo y del espacio. El resultado de esto es que mientras la persona está aquí, viviendo esta vida, una parte de su conciencia está atrapada en otro tiempo y en otro lugar.

Entonces, aquí viene el concepto más importante que es consecuencia directa de todo esto que hemos visto. Lo que yo debo comprender y debo aprender a reconocer como terapeuta es que cuando una persona me consulta por un síntoma bien definido ya está en regresión. Por lo tanto, no tengo que hacer nada para enviar a esta persona al pasado por la sencilla razón de que ella ya está allí, todo el tiempo, aunque no tenga conciencia de ello. Si una persona me consulta porque cada vez que tiene que tomar un ascensor se ahoga y siente que se va a morir, yo tengo que saber que las sensaciones de ahogo, asfixia, pánico y sensación de muerte inminente son la manifestación física de un evento que está ocurriendo en el plano subconsciente y que la persona, más bien una parte de su conciencia, todavía no terminó de morir en esa experiencia. Tal vez quedó atrapada en el derrumbe de una mina o en un terremoto o fue enterrada viva. No lo sé, pero lo que sí sé es que todo lo que tengo que hacer es ayudar a esa persona a traer esa experiencia al plano de la conciencia cotidiana y completar la muerte de ese cuerpo aquí y ahora para que, finalmente, pueda liberarse el fragmento de conciencia que allí quedó atrapado.

Una cosa más. Ahora que sabemos que hay partes de nuestra conciencia que están viviendo en otro tiempo y en otra realidad podemos entender también que aunque sigamos hablando de regresión, tampoco se trata de una verdadera regresión dado que la persona no regresa a ningún lado sino que ha estado allí todo el tiempo. Personalmente, cuando hablo de regresión me estoy refiriendo a la experiencia terapéutica en sí misma.

Resumiendo los conceptos anteriores:

1. Para el alma el tiempo no existe. Todo está aquí, al mismo tiempo.
2. Al reencarnar el alma trae consigo todas las situaciones que no fueron resueltas.
3. En ocasiones la conciencia puede quedar atrapada en un instante del tiempo y del espacio.
4. Cuando el paciente experimenta el síntoma ya está en regresión.

¿Cómo llevo a la persona a revivir el trauma original?

Una vez que he aprendido a reconocer que cuando el paciente está en frente de mí ya está en regresión, todo se simplifica. Si tomo el síntoma que presenta la persona que consulta como sinónimo de una experiencia excluida de la conciencia nunca fallaré. Es muy fácil; un síntoma, una experiencia. Entonces, en la mayoría de los casos parto directamente del síntoma que presenta el paciente. Aquí no hay necesidad de hacer nada, ni siquiera una relajación. Si yo me doy cuenta de que el paciente está en regresión y, si la persona confía y se entrega al trabajo, la experiencia de vida pasada puede surgir en uno o dos minutos a más tardar y a veces puede ocurrir en forma instantánea. La forma de acceder a la experiencia de vida pasada por esta vía la veremos en el capítulo X al explicar lo que yo llamo la técnica del *Samyama*.

Cuando no es posible acceder a la experiencia de vida pasada a través del síntoma, sea porque la persona no está en contacto con sus sensaciones y emociones, sea porque no tiene bien claro lo que necesita trabajar o porque no puede salir del plano racional, debo recurrir entonces a una inducción. Una inducción es cualquier técnica que emplee para traer a la conciencia lo que está oculto en el subconsciente. Es un puente entre la conciencia cotidiana y la experiencia del alma. Básicamente se trata de un ejercicio de relajación asociado a técnicas de sugestión. Recuerden que todo lo que se necesita es aflojar los lazos que atan el alma al cuerpo físico.

Al terminar la relajación puedo sugerirle al paciente diferentes vías de acceso para encontrarse con la experiencia responsable de su problema actual. Por ejemplo, puedo sugerirle la idea de que va a retroceder en el tiempo a medida que recorre un túnel, o viaja en una máquina del tiempo, o desciende por una escalera, o hace un viaje en tren o en globo, o que un guía lo lleva de la mano, o que una nube viene a buscarlo. Cada uno puede crear su propia inducción o preguntarle al paciente cómo le gustaría hacerlo. Por ejemplo, en uno de los cursos de profesionales, la Dra. Mirta Glustron elaboró una inducción basada en el espejo de *Alicia en el país de las maravillas*. Ella le pide al paciente que se imagine frente a un espejo mágico y se vea claramente reflejado en él. Luego le indica que se acerque al espejo hasta pasar una mano a través de éste, luego el brazo, y así hasta pasar totalmente del otro lado. Al atravesar el espejo el paciente entra en una dimensión diferente y desde allí ella lo guía hasta encontrarse con la experiencia que tiene que trabajar.

En el caso de que usemos la figura del viaje en el tiempo, no olviden de que en realidad no existe tal cosa, porque no viajamos a ningún lado. La sugerencia del viaje en el tiempo sólo es un puente para ayudar al paciente a conectarse con la experiencia que ya está en el subconsciente. Esto es importante que lo tengan presente porque muchas personas tienen la fantasía y el temor de que al hacer la regresión pueden quedarse en el pasado. Ahora ustedes saben la verdad. Esto es imposible porque en realidad la persona no viaja a ningún lado. Por el contrario, ya está allí. En realidad ha estado atrapada en el pasado todo el tiempo sin siquiera saberlo. Por eso le pasa lo que le pasa. Volviendo a la inducción, en el siguiente capítulo les enseñaré una de mis inducciones favoritas y, en el apéndice, encontrarán otras variantes.

Regresión propiamente dicha

Una vez que el paciente ya está en una vida pasada debo guiarlo hasta que se encuentre con la experiencia responsable de su problema actual. En ocasiones, la persona aparecerá directamente en la experiencia traumática. Generalmente esto sucede cuando el paciente entró en regresión a través del síntoma. El síntoma me lleva directamente a la experiencia traumática porque, como dijimos antes, el paciente ya está allí. Cuando utilizo una inducción, lo más probable es que el paciente comience la regresión antes o después de la vivencia más importante.

¿Qué es lo que vamos a buscar en la regresión? Esto es fundamental. No se trata de hacer una regresión porque sí, sin saber qué es lo que se va a hacer una vez allí. Una cosa es hacer una regresión y otra cosa es saber qué hacer con lo que aparece en la regresión. Las escenas deben ser trabajadas como corresponde para obtener el máximo de provecho de la experiencia y que ésta no sea un mero acto de curiosidad banal. Si una persona tiene un conflicto, seguramente saldrá beneficiada de la regresión, pero si quien la conduce no es un profesional entrenado y la practica para satisfacer la curiosidad de sí mismo y de otros, puede dejar una herida abierta o traer a la superficie un síntoma que estaba reprimido y que ahora necesitará del trabajo de un verdadero profesional. Es posible que no pase nada, pero también es posible que surja una situación dramática y que no se sepa qué hacer con ella. En los cursos de entrenamiento es frecuente que al principio algunos profesionales entren en pánico frente a experiencias que no se imaginaban que pudieran acontecer. De modo que **si usted no es un profesional entrenado, por favor no lo intente**. Hecha esta advertencia, sigamos adelante.

El momento más traumático

El paciente tiene que ir a la experiencia responsable de sus síntomas y revivirla como si estuviese allí. Todo lo que hago durante la regresión es conducir al paciente para que reviva el hecho marcante responsable de su problema actual. Es allí donde se llega al momento cumbre de la regresión, el momento trascendental de la terapia donde está el secreto y la alquimia de la sanación. Una vez que el paciente está en la escena traumática tiene que revivirla en forma completa desde el principio hasta el final de ésta. Si piloteaba un avión y lo derribaron, tiene que reproducir toda la situación desde el instante mismo del impacto pasando por la caída hasta el momento en que el avión se desintegra o se estrella contra el suelo. Si lo enterraron vivo, tiene que reproducir toda la experiencia desde el momento en que lo entierran hasta que se produce la muerte y abandona el cuerpo. Si lo castigaron o lo torturaron o lo encerraron en un sótano, tiene que revivir toda la escena hasta salir de allí. Una vez que el paciente revivió en forma completa la experiencia responsable de sus síntomas tiene que identificar el momento más terrible o más traumático de esta experiencia. Para esto sólo es necesario una pregunta bien precisa:

—¿Cuál fue el momento más traumático o más terrible de esta experiencia?

Aquí, en este momento, está el centro del centro, el núcleo del núcleo. Una vez que el paciente llegó a este punto sólo resta identificar tres cosas:

—¿Cuáles son las reacciones físicas, las reacciones emocionales y las reacciones mentales en ese momento?

Ahora sí, llegué a la raíz del problema actual. Porque son estas reacciones físicas y emocionales las que experimenta la persona en su vida presente y son los pensamientos surgidos en esas circunstancias los que originan los patrones de comportamiento. Éste es el origen de los *samskáras* y de los *vâsanâs*, de las impresiones pasadas y de las tendencias latentes. Aquí se originan los miedos, las fobias, los bloqueos, las incapacidades, las culpas, los conflictos sexuales y también el rencor, la violencia o el deseo de venganza. Y es aquí también donde suele estar el atrapamiento de la conciencia. Éste es el momento durante el cual, al liberarse estas emociones y sensaciones, se produce el drenaje, la limpieza y la liberación del fragmento del alma que estaba atrapado. Es el momento donde la salida impetuosa de energía reprimida provoca la ruptura de la estructura del trauma. Inmediatamente sobreviene el alivio y la desaparición del síntoma.

Para facilitar y completar el *insight*, la toma de conciencia de cómo estas emociones están afectando a la persona en su vida actual, formulo dos preguntas más,* siempre dentro de la regresión:

—Ahora vea, ¿de qué manera, todas estas sensaciones están afectando su vida como... (nombre actual del paciente)? Todas estas sensaciones (nombro las sensaciones), ¿qué le hacen hacer?

—Y todo esto, ¿qué le impide hacer?

Con estas dos sencillas preguntas el paciente completa el trabajo terapéutico de la experiencia responsable de sus síntomas y efectúa su proceso de elaboración y de darse cuenta en el instante mismo de la experiencia. A propósito, no hay necesidad de formular preguntas inteligentes durante la regresión. No hay premios por hacer preguntas sofisticadas. Todo lo que necesita el paciente es revivir la experiencia traumática y salir definitivamente de allí. A través de los años, lo sencillo ha probado ser lo más efectivo.

* Estas preguntas no están en las sesiones de regresión de este libro. (N. del A.)

Veremos ahora en un ejemplo práctico cómo se trabaja la experiencia traumática. Marcos tiene dificultades para comunicarse y transmitir lo que siente, sobre todo con aquéllos con los que está involucrado afectivamente. Pero además, experimenta una gran traba para expresarse en público y en su ámbito de trabajo. En la regresión, se encuentra en una vida pasada en la cual él estaba a cargo de la custodia de un rey. Alguien lo traiciona, le tienden una trampa y lo juzgan por algo que él no hizo. Finalmente es condenado y muere decapitado. Veamos la secuencia traumática.

Terapeuta: *¿Cuál es el momento más terrible de toda esta experiencia?*
Marcos: Cuando me van a cortar la cabeza.
T: Muy bien, ahora fíjate. En ese momento, cuando te van a cortar la cabeza, ¿cuáles son tus reacciones físicas?
M: Tengo miedo, me pongo duro, tiemblo. Veo los ojos de mi mujer que me mira con duda. Ella no me cree.
T: Muy bien, y en ese momento, cuando te van a cortar la cabeza y ves los ojos de tu mujer que no te cree, ¿cuáles son tus reacciones emocionales?
M: Miedo, impotencia, tristeza. Todos están mirando y nadie me cree.
T: Y en ese momento, cuando te van a cortar la cabeza y sientes la impotencia y nadie te cree, ¿cuáles son tus reacciones mentales?
M: Nadie me escucha. No sé cómo hacer para que esto no pase.
T: Muy bien, ahora fíjate. ¿De qué manera, todas estas sensaciones, están afectando tu vida como Marcos? Todo esto, "tengo miedo", "todos están mirando y nadie me cree", "la impotencia", "nadie me escucha", "no sé cómo hacer para que esto no pase"; todo esto, ¿qué te hace hacer en tu vida como Marcos?
M: Me quedo en silencio. Me encierro en mi mundo y no quiero escuchar lo que me dicen. Me pongo del otro lado y soy yo el que juzga a los demás y no digo lo que siento.
T: Y todo esto, ¿qué te impide hacer en tu vida como Marcos?
M: No puedo hablar, no puedo decir lo que siento. No puedo decir las cosas que no me gustan. Tengo miedo de que me juzguen.
T: Ahora fíjate una cosa más; ¿qué es lo último que recuerdas antes de dejar ese cuerpo?
M: La impotencia en la garganta. Nadie me escuchó.

Observen de qué manera precisa y sencilla aparece en la secuencia traumática el problema básico por el que consultaba Marcos y cómo él mismo se da cuenta de la forma en que las sensaciones en los instantes previos a la muerte estaban condicionando su vida de relación. Vean también la relación entre la presencia de su mujer y el público en el momento de la muerte y su dificultad para comunicarse con aquéllos a quienes amaba y la traba para expresarse en público. El último recuerdo antes de dejar el cuerpo también es muy importante porque allí quedó la impronta de la impotencia en la garganta que es justamente el órgano de la expresión. Si la experiencia traumática lleva a la muerte como en este caso, hay que acompañar al paciente hasta que su conciencia deje ese cuerpo para terminar así definitivamente con esas sensaciones. Puede suceder que la escena traumática no sea la causa de la muerte en vida pasada. En ese caso hay que conducir al paciente hasta llegar al momento de la muerte en esa existencia. La experiencia de la muerte es fundamental en el proceso terapéutico. Es lo que permite darle un corte definitivo a esa historia y liberar a la conciencia si hay un atrapamiento. La sola visión del cuerpo muerto en una vida pasada puede ser todo lo que necesite una persona para desprenderse de esa historia al tomar conciencia de que ya nada de eso le pertenece. Al vivenciar la muerte profundamente le damos la oportunidad al cuerpo para que experimente todo lo que necesita hacer para agotar las sensaciones del pasado. Y aun cuando se crea que todo esto es producto de la imaginación si el paciente termina su historia con la experiencia de la muerte también habrá terminado con el personaje de la fantasía.

Otro aspecto positivo de la experiencia de la muerte es que al dejar atrás el dolor y desprenderse del cuerpo físico es posible comprender el sentido total de esa vida y de esa experiencia. En ocasiones podremos ver que nos fue necesario vivir determinadas situaciones para aprender algún aspecto en particular. Un paciente que se vio en una vida pasada como discapacitado dijo que necesitó esa experiencia para aprender que todos somos iguales. En una vida más lejana, había sido muy soberbio y despreciaba a todo el mundo, y se dio cuenta de que, todavía hoy, le quedaban restos de esa soberbia para seguir trabajando.

Volviendo al principio, si estoy conduciendo la sesión con un objetivo terapéutico, mi trabajo consiste en ayudar al paciente a revivir el hecho responsable de su problema actual. La historia en sí es anecdótica. Lo que yo debo encontrar son las vivencias traumáticas, significativas o marcantes, sea en una vida pasada, sea en la vida actual. Estas vivencias traumáticas pueden ocurrir durante el transcurso de una existencia anterior, en el momento de la muerte en dicha existencia o bien en la vida actual, durante la etapa intrauterina, en el momento del nacimiento o en la primera infancia. Como regla general, las situaciones traumáticas de esta vida actúan como disparador reactivando las emociones del pasado. Por ejemplo, la asfixia que se experimenta al nacer con una circular de cordón puede reactivar las sensaciones y el recuerdo de una muerte en la horca. Así, se instalan en la vida presente todas las emociones y pensamientos experimentados en el momento de la muerte precedente. Netherton afirma que ningún incidente de vida pasada está totalmente apagado si no se investiga el trauma que lo reactivó. Sea en la misma sesión, sea en una sesión posterior, debo buscar en la vida presente la situación que reactivó la experiencia traumática de vida pasada y trabajarla de igual manera como ya lo hemos puntualizado.

Armonización

Una vez que han sido trabajadas todas las experiencias traumáticas surgidas durante la regresión llegamos al final de la sesión. El paciente debe volver a su estado de conciencia habitual. En realidad puede hacerlo en cualquier momento. Tengan presente que con esta técnica el paciente no está bajo hipnosis; simplemente está en un estado expandido de conciencia. De hecho, hay personas que abren sus ojos espontáneamente cuando consideran que ya han trabajado lo suficiente; claro está que esto también puede ser una forma de escaparse. Pero suponiendo que tanto el paciente como el terapeuta han cumplido con su trabajo es bueno terminar la sesión con un cierre armónico y renovador. Ahora que el paciente se ha desprendido de su carga emocional está en condiciones de crear un nuevo modelo interior, una nueva concepción y valorización de sí mismo. Para ello utilizo un sencillo ejercicio de visualización.

Primeramente le pido al paciente que elija un color de su agrado para introducir una nueva vibración en su vida. Luego le pido que visualice o que piense en ese color y que se envuelva completamente en él. A continuación, le pido que cree en su interior una nueva imagen de sí mismo, donde se verá en la forma en la que le gustaría verse de hoy en adelante. Esta imagen es una creación del paciente, no es un invento del terapeuta. Esto es algo muy sutil porque si el paciente no consigue crear una nueva imagen eso me estará indicando que aún hay algo sin resolver que está impidiendo esa creación interior. Una vez que el paciente ha concretado su nueva imagen, lentamente podemos pedirle que abra sus ojos y retorne a su conciencia física habitual. Al hacerlo, es bueno situar al paciente en la fecha actual. En rigor de verdad se podría obviar todo este paso, pero para alguien que viene de vivenciar una experiencia fuerte, dramática y en ocasiones agotadora, es bueno concluir con un ejercicio de armonización, no importa el que sea. Al abrir los ojos el paciente estará aquí, tranquilo y sereno, listo para reintegrarse a su actividad habitual.

Repasando, veamos los pasos principales de la regresión:

1. **Inducción**
   Recordar que si el paciente ya está en regresión no hay necesidad de inducción.
2. **Regresión propiamente dicha**
   * Vivencias traumáticas en vidas pasadas
   * Experiencia de la muerte en vida pasada
   * Vida fetal y nacimiento
   * Primera infancia
3. **Experiencia responsable de los síntomas**
   * Momento más traumático o más difícil
   * Reacciones físicas, emocionales y mentales
   * Las dos preguntas claves:
     ¿Qué te hace hacer?
     ¿Qué te impide hacer?
4. **Armonización**
   Ejercicio de visualización.

Mandatos

En el transcurso de una regresión una persona puede enunciar innumerables mandatos que están condicionando su vida actual.

Habitualmente éstos aparecen cuando preguntamos por las reacciones físicas, emocionales y mentales, pero también suelen ser expresados espontáneamente como consecuencia de las situaciones vividas. ¿Y qué es un mandato? Es una forma mental con una energía emocional tremenda insertada en nuestra memoria subconsciente, cuya presencia ignoramos y cuyos efectos condicionan y rigen nuestras actitudes y comportamiento. Un mandato es nuestra programación subconsciente que viene del pasado.

El mandato se origina espontáneamente, sin pensar siquiera en él. Es una conclusión no verbal del subconsciente como reacción a una situación límite. Ni siquiera es necesario pensar. Basta con una reacción emocional para originarlo y de allí puede surgir todo el sistema de creencias inconsciente de una persona. Así se originan determinados tipos de comportamiento o actitudes que funcionan en contra de una persona. El mandato es como una maldición en contra de uno mismo. A lo largo de las historias de los pacientes tendremos oportunidad de identificar diferentes tipos de mandatos. Habitualmente se expresan como afirmaciones positivas o negativas, en forma tan absoluta que no permiten otra alternativa. Muchas veces no basta con trabajar la experiencia traumática. Es necesario que la persona por su propia voluntad rompa y anule el mandato identificado.

Aquí van algunos ejemplos:

- No merezco ser feliz.
- Merezco ser castigado.
- La vida es para sufrir.
- Hay que obedecer porque si no me matan.
- Hay que estar triste para ser como los demás.
- No importa lo que haga, nadie me va a querer.
- No merezco el perdón.
- Si no me castigan, no voy a poder ser perdonado.
- Ningún sufrimiento es suficiente para pagar todo el daño que hice.
- El mínimo daño que pueda hacer necesita ser castigado.
- No quiero recordar nada.
- No quiero saber nada.
- Quiero olvidarme de todo.
- Quiero perder la memoria.

Y la lista podría llenar un libro entero. Tomen cualquiera de estos mandatos y luego imagínense cómo puede llegar a ser la vida de una persona con tan sólo uno de estos mandatos. Realmente funcionan como una maldición y deben ser identificados para ser desactivados y perder su poder sobre la vida del paciente.

Víctima y victimizador o verdugo

A todos nos resulta muy fácil vernos en el rol de la víctima. Lo duro y difícil es verse como el victimizador o verdugo. Sin embargo, el secreto último de la sanación es tomar contacto con el lado oscuro del alma, reconocerlo como propio, aceptarlo y abrazarlo perdonándolo y perdonándonos a nosotros mismos. Muchos de los mandatos que hemos listado tienen su origen en vidas como victimizador. Tal vez esa experiencia ocurrió hace miles de años, pero la culpa fue tan grande al darse cuenta del daño provocado que la persona en cuestión sintió que para ella no había perdón. Como para el alma el tiempo no existe, ese mandato está vigente todavía como si recién se acabara de emitir. Sin embargo, la persona puede llevar ya en su cuenta varias vidas de sufrimiento como víctima, incluyendo la vida presente, por haber sido el verdugo allá lejos y hace tiempo. Tomemos por ejemplo este mandato: *"Ningún sufrimiento es suficiente para pagar todo el daño que hice"*. Éste fue el pensamiento final de una mujer en el momento de morir en una vida en la que había abusado de su poder causando dolor y muerte a muchos de sus semejantes. Ahora bien, no fue fácil llegar a ese punto. Esto le llevó un buen tiempo y varias regresiones hasta que finalmente la experiencia surgió espontáneamente. Fue muy duro encontrarse a sí misma en ese papel, pero el alivio fue inmediato. Al permitirse vivenciar ese personaje pudo identificar y desactivar ese mandato terrible que la había colocado en situaciones de abuso y de sufrimiento en su vida actual.

Siempre que un paciente aparezca como víctima en una vida pasada hay que procurar que reviva la acción original que lo llevó a pasar por esa experiencia. Lo ideal es lograr esto en la misma sesión aunque no siempre esto es posible, en cuyo caso habrá que esperar la oportunidad propicia. Pero yo debo saber que el trabajo terapéutico y la sanación no estarán completos hasta que no se experimenten ambos lados de la moneda.

Veamos un ejemplo sencillo. Un hombre joven consulta porque en determinadas situaciones siente un profundo dolor en el estómago como si le clavaran un puñal. Generalmente esto ocurre cuando tiene un altercado con amigos o compañeros de trabajo con quienes discute acaloradamente o cuando su novia sale sola de vacaciones. En la primera experiencia de vida pasada se ve en una taberna en la que discute con un conocido por causa de una mujer. Los dos están ebrios y, de repente, el otro saca un cuchillo y se lo clava en el estómago. El hombre se desploma al piso con el cuchillo clavado en su estómago al mismo tiempo que siente dolor, sorpresa, rabia, impotencia y muere desangrado sintiendo que ha sido traicionado por la mujer y por el amigo. Aquí ya tenemos el porqué de su dolor de estómago cuando discute y cuando su novia sale sola. Terminada la experiencia de la muerte simplemente le pido al paciente:

–*Contaré hasta tres y, al llegar a tres, irás al verdadero origen de esta experiencia. Al contar hasta tres irás al hecho original que te llevó a pasar por esta situación. Uno... dos... tres.*

Entonces el paciente aparece de improviso en una vida en la que él es un señor feudal, y como codicia a la mujer de uno de sus vasallos lo manda matar a éste para quedarse con ella. Ahora el paciente puede entender toda la historia y comprender que no es una simple víctima del infortunio. Él ha creado con su propio accionar el escenario para la vida en la que fue muerto en la taberna. También comprende la desconfianza cuando su novia tiene que viajar sola porque él tiene experiencia en codiciar a la mujer del prójimo. Al vivenciar ambas existencias el paciente pudo desprenderse totalmente de las sensaciones y malestares involucrados en ambas experiencias.

Éste es un ejemplo breve y sencillo que además nos permite comprender que muchas de las dificultades y enfermedades que padecemos en esta vida no son kármicas, sino que son la consecuencia emocional del karma. Siguiendo con este ejemplo, la vida que originó el karma fue la vida en la que el paciente mandó matar a su vasallo. La vida en la que fue asesinado en la taberna es la vida kármica. Allí terminó con el karma generado en la vida anterior, pero se quedó con todas las reacciones físicas y emocionales en el momento de la muerte. Su dolor y sus emociones en su vida actual no son kármicos; son la secuela emocional de la vida kármica. Esto es muy importante porque muchas personas que padecen alguna enfermedad grave piensan o creen que están pagando un karma. Puede que sea así, pero también es posible que se trate de las secuelas emocionales de la vida en la que saldaron el karma por una acción anterior. Volveremos sobre el karma más adelante.

Algunas precisiones en cuanto al manejo de la regresión

En primer lugar, personalmente aplico la terapia de regresión en forma estrictamente individual. No es aconsejable efectuarla en forma grupal por la sencilla razón de que el terapeuta no puede saber lo que está pasando con veinte o más personas al mismo tiempo. Es posible hacer regresiones grupales, pero el terapeuta no puede trabajar las vivencias traumáticas de dos o más personas a un mismo tiempo. Imagínense que de pronto una persona se está ahogando en el mar, otra se está muriendo en la horca, una tercera está siendo quemada por bruja y una cuarta está enroscada en el cordón umbilical en su nacimiento. ¿Cómo hago para que cada una de ellas pueda hacer su experiencia hasta agotar todas las emociones? Una cosa es hacer una regresión y otra es hacer una terapia de vidas pasadas. Por otro lado, como verán en las historias a seguir, el paciente requiere un acompañamiento y un contacto constante con el terapeuta para poder atravesar por estas experiencias dramáticas. No es posible atender a dos personas al mismo tiempo, como podrán comprobarlo. El único ejercicio que conduzco en forma grupal es el del espacio entre vidas antes de nacer que encontrarán en el apéndice.

En segundo lugar, la TVP es una excelente técnica terapéutica, pero no es un buen método para probar la reencarnación ni para saber si se ha existido antes. No funciona así. Los datos históricos, nombres y fechas son propios de la identificación con el cuerpo físico, pero son irrelevantes para el alma que ha atravesado por miles de existencias. No obstante, en ocasiones, algunas personas han encontrado evidencias sorprendentes.

En tercer lugar, ¿cuánto dura una sesión de TVP? No menos de dos horas, si se trabaja a conciencia. El tiempo promedio de una regresión bien trabajada varía entre sesenta y noventa minutos y a veces más. Agreguen el tiempo necesario para hablar con el paciente antes y después y verán que no es posible trabajar en menos de dos horas. Por otra parte no se puede terminar la sesión al cumplirse la hora. Si el paciente está vivenciando una escena traumática no se puede cortar la sesión hasta terminar de trabajar esa escena y efectuar la armonización. Es como estar en un quirófano con un paciente con la herida abierta. La operación no termina hasta que la herida no ha sido suturada. Por lo tanto, hay que estar preparado por si la sesión se extiende más allá de las dos horas y esto suele ocurrir de vez en cuando.

Ahora pasemos a la parte práctica.

Capítulo VIII
El anciano archivero

Lo prometido es deuda. Veremos ahora mi inducción favorita, pero recuerden que en la mayoría de los casos no hago inducción. La desarrollé a partir de la idea de Whitton del *celestial sanctum* y la meditación del arco iris que utilizan otros autores.[1]

La verdad es que nunca hago una misma inducción dos veces. Siempre hay alguna variante, según las circunstancias. Lo que quiero decir con esto es que lo mejor es dejarse llevar por la inspiración del momento y permitirse crear continuamente. Vamos a aprovechar esta inducción para conocer la historia de Alicia y de su insomnio.

Alicia es una mujer joven con hijos de ocho y diez años, que cuando me consulta llevaba diez años pendiente de una medicación para poder dormir. Todo comenzó cuando nació la nena, su primer hijo. Se sentía incapaz de cuidarla. Inmediatamente se instaló en Alicia una profunda depresión y ya no pudo disfrutar de la vida como antes. Los primeros meses no dormía más de una hora por día. Luego, asistida con medicación psiquiátrica, llegó a dormir tres o cuatro horas diarias, pero siempre con interrupciones. Una vez llegó a estar tres días seguidos sin dormir. Fácil es

---

[1] *Meditaciones sobre el color*, S. G. J. Ouseley, Sirio, Málaga, 1992. Primera edición, 1949.

imaginarse el deterioro que produce en una persona semejante situación. En los últimos tiempos dormía gracias a la administración de un hipnótico, pero nunca más de tres o cuatro horas, y siempre se levantaba dos o tres veces por noche. Al levantarse, controlaba si los chicos respiraban y volvía a acostarse.

Alicia comenzó a trabajar con TVP en forma espaciada. A veces cada quince días, otras una vez por mes. Resolvió primero la depresión; luego superó su miedo a conducir automóviles y al mismo tiempo fue disminuyendo la dosis del hipnótico para dormir. Ya habían aparecido dos vidas pasadas relacionadas con el insomnio, pero todavía faltaba algo más. Así fue como a los seis meses de su primera visita, en su regresión número 11, Alicia llegó al núcleo de su problema de insomnio. A continuación veremos, entonces, primero la inducción y luego el desarrollo de esta regresión.

Viernes 23 de abril de 1993

Inducción:

Terapeuta: *Muy bien, Alicia... ahora... cierra suavemente tus ojos y deja que tu cuerpo se acomode por sí mismo a la alfombra... siente cómo tu cuerpo entra en contacto con el piso... siente el contacto íntimo del piso con tu cuerpo... el piso te sostiene y absorbe el peso de tu cuerpo... el piso te sostiene y te recibe incondicionalmente y no te pide nada a cambio... y entonces... podrías entregarle el peso de tu cuerpo al piso... y tu cuerpo... se afloja y descansa... y mientras tu cuerpo se afloja y descansa... podrías imaginar una pirámide de energía plateada cubriendo este lugar donde te encuentras acostada sobre el piso... Imagínate dentro de esta pirámide de energía plateada... y mientras estas allí... dentro de la pirámide de energía plateada... te enseñaré la meditación del arco iris... Toma una inspiración profunda... bien profunda... y al exhalar... imagina que por el vértice de la pirámide... ingresa el rayo del color rojo... imagina el color rojo descendiendo en efluvios... expandiéndose... llenando el interior de la pirámide... envolviéndote... rodeándote completamente... y a medida que el color rojo te va envolviendo... va irradiando su energía vibratoria... y ahora... absorbe profundamente la energía vibratoria que* emana del color rojo... envuélvete en el color rojo... Continúa ahora con el color naranja... ahora... el rayo del color naranja... ingresa por el vértice de la pirámide... y se expande... y te envuelve completamente... ahora... la vibración del color naranja va impregnando todos tus átomos... todas tus partículas... absorbe profundamente la vibración que emana del color naranja... Y continúa con el color amarillo... ahora... el rayo del color amarillo ingresa por el vértice de la pirámide... lentamente... el rayo amarillo te va envolviendo... interpenetrándose con todo tu ser... envolviéndote en la energía vibratoria que emana del centro del color amarillo... envuélvete profundamente en el color... amarillo... Y continúa ahora con el color verde... observa cómo el color verde va ingresando por el vértice de la pirámide... descendiendo en efluvios espiralados... ahora el color verde te va envolviendo lentamente... respirando profundamente el color verde... absorbiendo el color verde con todo tu ser... envuélvete en el color verde... y prosigue ahora con el color azul... ahora... el color azul va ingresando en la pirámide... el rayo azul va descendiendo... impregnando todos tus átomos... imantando todas tus partículas con la vibración radiante del color azul... envuélvete... en el color... azul... y... continúa ahora con el rayo del color índigo... ahora... el color índigo está ingresando en la pirámide... expandiéndose... rodeándote... envolviéndote... absorbiendo profundamente la energía que emana del color índigo... envuélvete en el color índigo... y... ahora... llega el rayo del color violeta... ahora... el color violeta desciende desde el vértice de la pirámide... sus efluvios te rodean y te envuelven... respira profundamente la energía vibratoria del color violeta... imantando todos tus átomos al color violeta... envuélvete en el color violeta... y finalmente... envuélvete en la luz blanca... radiante... brillante... y luminosa... y envuelta en la luz blanca... imagina una escalera de luz... con pasamanos también de luz... que partiendo desde el centro de la pirámide... se eleva hacia el espacio... ahora... podrías imaginar que dejas tu cuerpo físico aquí... protegido por la pirámide y por los colores del arco iris... y... lentamente... comienza a ascender por esa escalera de luz... tomándote del pasamanos... Lentamente... comienza a ascender escalón por escalón... esa escalera... te llevará hacia una estrella... sigue ascendiendo en dirección a esa estrella... un poco más... Allí, en esa estrella... se encuentra el Archivo Universal... En ese Archivo Universal... se encuentran registrados todos los hechos... todas las historias de las personas que habitan este planeta... Allí también están registrados todos los hechos que tienen que ver con tu problema de insomnio... Sigue ascendiendo y al acercarte a la estrella... verás el Archivo Universal... Es un edificio majestuoso... observa su estructura... su contorno... y dirígete hacia la puerta de entrada... Allí... te está esperando el Anciano Archivero... El Anciano Archivero te ayudará en la búsqueda que has emprendido... Al llegar... salúdalo y dile mentalmente: Venerable anciano... hoy... he llegado hasta aquí... porque quiero resolver mi problema de insomnio. Amablemente, el Anciano Archivero te conduce al interior del Archivo y... recorriendo largos corredores te lleva a la biblioteca central... Allí están los archivos... miles de estantes repletos de libros... manuscritos... rollos... pergaminos... todo está allí... El anciano te lleva a recorrer esos archivos... hasta que se detiene frente a un estante... De ese estante... el anciano toma un libro y te lo entrega... Observa atentamente ese libro... Mira cómo son sus tapas... cómo son sus hojas. Obsérvalo detenidamente... Ése es el libro de tu vida... Ve a la sala de lectura y siéntate con el libro en tus manos... Ábrelo cuidadosamente... En ese libro están registrados todos los hechos relacionados con tu problema de insomnio... Cada página de ese libro puede ser un día o una semana o un año... Cada capítulo puede ser una existencia diferente... Ahora... concéntrate en cualquiera de sus páginas... En breve... al contar de uno a diez... tu inconsciente... traducirá en imágenes... en sensaciones y en emociones... lo que allí está registrado... Al contar de uno a diez, retrocederás al hecho... al acontecimiento... que originó tu problema de insomnio... Uno... concéntrate en esa página... dos... tres... retrocediendo a la raíz de tu problema actual... cuatro... cinco... sigue retrocediendo... seis... pronto estarás allí... siete... ocho... nueve... diez. Di lo primero que te venga a la mente. ¿Qué está pasando? ¿Qué estás experimentando?

Alicia: .... (*No responde, pero levanta la mano y el antebrazo izquierdos y los mueve haciendo círculos.*)
T: ¿Qué estás haciendo?
A: Estoy acariciando algo... la cabeza de una nena de pelo largo.
T: ¿Dónde te encuentras?
A: No sé, veo todo negro.

T: ¿Y si supieras?
A: Puede ser un sótano y hace frío ahí dentro.
T: ¿Y qué estás haciendo allí dentro?
A: Estoy cuidando a esta nena, porque tiene miedo a ese lugar oscuro.
T: ¿A qué se debe que estén allí?
A: Nos estamos escondiendo de algo. Nos escondimos ahí para escapar de alguien.
T: ¿De quién se están escapando?
A: Afuera es como que habría soldados.
T: Sigue, ¿qué más?
A: Hay gente que está corriendo... escapando... como si fuera tiempo de guerra... Nosotras seguimos ahí escondidas... Por arriba pasan soldados con botas negras... es como si estuviéramos debajo de algo de madera... No es un sótano... puedo ver las piernas, pero no se ven las caras.
T: Muy bien, ahora cuento hasta tres y retrocederás un poco antes de estar ahí. Al contar hasta tres, todo se hará claro como el cristal. Uno... dos... tres; retrocede un poco antes de entrar a ese lugar. ¿Que está pasando?
A: Hay soldados golpeando puertas con las armas... se llevan a la gente...
T: ¿Cómo son esos soldados?
A: Están vestidos de verde y negro... llevan casco verde, botas negras hasta la rodilla... son altos...
T: Continúa, no te detengas.
A: Golpean las puertas con la parte de atrás de armas largas... hacen subir a la gente a un camión...
T: Sigue.
A: Hay una nenita chiquita rubia que sale corriendo sola... yo la veo a través de una ventana... está como perdida... cuando pasan los soldados, salgo, agarro a la nena y me meto en el sótano.
T: ¿Y dónde crees que es esto?
A: Es un lugar chico, humilde, una casita al lado de la otra... Las calles están llenas de soldados; vienen a echar a la gente de sus casas... la nena está perdida... trato de ayudarla...
T: Avanza un poco más.
A: Ahora se fueron todos... levanto a la nena y la llevo a mi casa, justo enfrente de ese lugar... ¡Tengo que cuidar a la nena y

cuidarme! (*¡Atención! De pronto, Alicia dejó deslizar su preocupación en ese momento. Esto puede estar relacionado con su problema de insomnio. Ahora hay que rescatar los pensamientos de esos momentos y obtendremos el mandato que está provocando el insomnio.*)
T: Muy bien. Ahora, esto es muy importante. Quiero que veas cuáles son los pensamientos que te vienen a la mente en esos momentos cuando tienes que cuidar a la nena.
A: ¡Tengo que estar atenta a cualquier ruido! ¡No puedo dormirme! ¡Tengo que estar atenta por si nos vienen a buscar! (*¡Ahí está! Así se origina un mandato. Bajo la presión del momento esa idea o ese pensamiento, que tal vez nunca fue enunciado, queda grabado a fuego en la memoria subconsciente. Así nace un samskára o un vâsâna. Allí se inicia la tendencia, la fuerza que se trasladará intacta a la vida siguiente y que desde el subconsciente mantendrá a Alicia despierta para estar atenta a cualquier ruido. Sigamos adelante.*)
T: Muy bien, ¿qué más?
A: Estoy muy agotada... no puedo salir de la casa... no tengo comida y yo sigo cuidándola y la nena sigue durmiendo. No como ni duermo... estoy agotada. (*A esta altura, yo sospechaba que la nena no estaba durmiendo, pero hay que preguntar de modo de no influir sobre el paciente.*)
T: Ahora fíjate una cosa: ¿la nena, está durmiendo o le pasa algo?
A: Me parece que la nena está muerta. No me había dado cuenta... no se mueve... está fría... no quedó nadie... quedamos las dos solas.
T: Sigue adelante.
A: Me tengo que quedar ahí... no puedo salir de la casa tampoco...
T: Sigue avanzando hasta el momento de tu muerte.
A: No tengo manera de sobrevivir... estoy agotada... siento un dolor fuerte en el pecho... estoy débil...
T: Sigue un poco más.
A: Me acuesto al lado de la nena... la sigo acariciando y sé que yo también me voy a morir...
T: Sigue un poco más.
A: Es como que de a poco me voy quedando dormida, abrazada a ella...
T: Sigue adelante.

A: Ya no siento nada... me quedé dormida abrazada a la nena.
T: *Y ahora fíjate. ¿Cuál fue el momento más difícil de esta experiencia?*
A: Cuando me doy cuenta de que no puedo hacer nada por la nena.
T: *¿Y cuáles son tus reacciones físicas en esos momentos?*
A: Angustia, dolor en el pecho, frío.
T: *¿Cúales son tus reacciones emocionales en esos momentos?*
A: Dejar que llegue la muerte.
T: *¿Y cuáles son tus reacciones mentales en esos momentos?*
A: ¡No me podía dormir por una responsabilidad! (*Una vez más se va reforzando la idea central.*)
T: *Ahora fíjate. ¿Cómo se relaciona esto con tu problema de insomnio?*
A: El insomnio comenzó con el nacimiento de la nena. (*Más claro, imposible.*)
T: *Muy bien; ahora, llegó el momento de desprenderte de ese cuerpo.*
A: Lo veo desde arriba...
T: *Eso es. ¿Cómo está el cuerpo?*
A: Está acostado, abrazado a la nena.
T: *Muy bien. Ahora ya puedes alejarte de allí, tomando conciencia de que ese cuerpo se murió y al morir ese cuerpo terminaron todas esas sensaciones. Ya nada de eso te pertenece. Ya no estás más allí. Todo eso se acabó y al morir ese cuerpo terminaron todas las sensaciones y todos los hechos de esa vida. Ahora te vas a desvincular para siempre de todo eso. El pasado es pasado y tú ya no estás allí.* (A continuación, investigamos la vida fetal, el nacimiento y la primera infancia, sin encontrar ningún incidente allí. En el momento del nacimiento de su hija, lloró y sintió angustia en el pecho. Tal vez allí se reactivó la memoria del pasado, despertando un pensamiento: "La tengo que cuidar".)
T: *Pregúntale al Anciano Archivero si hay algo más para tratar.*
A: Mi mano izquierda se mueve. Dice que ya está.
T: *Elige entonces un color de tu agrado para dormir profundamente.*
A: Verde suave.
T: *Muy bien, ¿cómo te gustaría dormir de ahora en más?*
A: Bien relajada, profundamente.
T: *Ahora envuélvete profundamente en el color verde. Siente cómo el color verde te va rodeando, interpenetrándose en cada uno de tus átomos... y a medida que el color verde se va procesando en tu interior, va removiendo los residuos de las experiencias pasadas,*

apagando las sensaciones, borrando las imágenes, desvinculándote para siempre del pasado, desprendiéndote de los hechos vivenciados. Ahora, envuelta en el color verde, proyecta una imagen de cómo te gustaría dormir de ahora en adelante. Mírate a ti misma durmiendo, descansando profundamente, relajada, tranquila y serena. Y lentamente, envuelta en el color verde, cierra el libro que estabas leyendo. Entrégaselo al anciano y agradécele por haberte asistido en esta experiencia. Salúdalo y lentamente comenzarás a regresar descendiendo por la escalera de luz, volviendo a este lugar, donde está tu cuerpo protegido por los colores del arco iris, tomando una respiración profunda y, cuando abras los ojos, eso hará que regreses aquí, a tu conciencia física habitual, en este día viernes 23 de abril de 1993, sintiéndote calma, tranquila, serena y en profundo bienestar.

Es interesante volver a señalar que el problema de Alicia se desencadenó luego del nacimiento de la nena. Esa misma noche, tuvo miedo a lo que venía. Sintió que se le venía el mundo abajo. "Y ahora, ¿qué hago?", se preguntó Alicia. Ahora sabemos qué fue lo que pasó. El nacimiento de la nena no hizo más que remover en la memoria subconsciente la impronta del pasado. Una vez que ese recuerdo fue traído a la conciencia y se agotaron las emociones experimentadas en esos momentos de angustia, Alicia se liberó de su influencia. Actualmente, no necesita el hipnótico para dormir, sólo toma un miorrelajante de vez en cuando y duerme entre seis y siete horas diarias, lo cual para ella es mucho.

En el desarrollo de la regresión quiero que tomen nota de la forma cómo se interroga al paciente. No debe preguntarse nada que pueda influir o sugestionar a la persona. Las preguntas están formuladas de tal manera para que el paciente descubra lo que tiene que descubrir, sin interferencias de parte del terapeuta. Las preguntas dirigidas, o por sí o por no, le restan validez a la experiencia.

Por otra parte, como habrán podido observar, las referencias históricas son innecesarias. Lo único que nos puede hacer presumir que se trata de este siglo es la referencia a un camión. Por lo demás, no hay ninguna precisión ni de lugar ni de tiempo.

Con respecto a la inducción, la figura del anciano archivero es un valioso auxiliar. Actúa como acompañante y en ocasiones se puede recurrir a él cuando el paciente se encuentra bloqueado por alguna razón. No crean que es sólo una figura sugerida. Muchas personas lo ven antes de que yo pueda decir algo. La mayoría lo ve como un anciano, algunos dicen que no es un viejito y otros ven a algún familiar ya desencarnado. Crea un vínculo de confianza y brinda seguridad al paciente.

Se pueden utilizar distintas variantes en la inducción, pero si la persona se siente más a gusto con una determinada, conviene utilizarla siempre. De alguna manera se crea un reflejo condicionado. Recuerdo a un adolescente de quince años que, a la segunda sesión, cuando le dije que se preparara para subir la escalera me dijo: *"Ya estoy ahí con el viejito"*. Ni me dio tiempo a acomodarme en mi almohadón.

Capítulo IX

El karma

Clásicamente, se ha considerado al karma con una visión fatalista. Se lo ha visto como algo inexorable, ineludible, que el hombre debía aceptar con resignación. Sin embargo, a medida que vamos adquiriendo una nueva conciencia, podemos entender el karma de una manera totalmente diferente.

Ahora podemos ver el karma como una oportunidad de aprendizaje y no de castigo. Es necesario volver a los orígenes de esta palabra para comprender su verdadera dimensión.

La palabra *karma* es de origen sánscrito y en realidad se pronuncia *kárman* y está compuesta por dos sílabas: *kar* y *man*.[1] La sílaba *man* significa *pensador* y es el origen de la palabra inglesa *man* para hombre. La sílaba *kar* es la raíz del verbo hacer y, por extensión, quiere decir acción, actividad. De donde *kárman* significa, entonces, la acción, la actividad del pensador. Y la actividad fundamental y característica del pensador es pensar.

La acción del pensador es pensar, y su resultado son los pensamientos. Ahora bien: cada pensamiento es una fuerza, una energía que se pone en movimiento. Por el principio de acción y reacción, sabemos que la acción de una fuerza genera otra de la misma intensidad y en sentido contrario.

[1] *La ley del karma*, José Luis Martín, Orión, México, 1983.

Y llegamos así al concepto básico y fundamental del karma:

Todo pensamiento o acción generado por el hombre-pensador vuelve sobre sí mismo.

Igual que un boomerang, las fuerzas que nosotros mismos ponemos en movimiento, ya sea con el pensamiento o con nuestras acciones, tarde o temprano vuelven sobre nosotros mismos. Aquí no hay castigo, aquí no hay fatalidad. De hecho, estamos disfrutando o padeciendo por nuestras acciones del pasado, ya sea de ésta o de otra vida. Todo pensamiento produce efectos que recaen sobre nosotros, ya sea como bendiciones, como golpes o como pérdidas, dependiendo del móvil causativo del pensamiento original. En la medida en que comenzamos a comprender las cosas que nos suceden, como viniendo de nosotros mismos, aceptando la responsabilidad que nos toca en el origen de ellas, comenzamos a tener un mayor control sobre nuestro destino. Si seguimos creyendo que las cosas simplemente nos pasan por azar o por mala suerte; si seguimos viendo a los otros como los causantes de nuestras desgracias, el karma seguirá actuando en contra de nosotros. Aceptar la posibilidad de que, en algún momento del pasado, yo fui el generador de lo que me está sucediendo, hace que la fuerza se equilibre y se detenga en su accionar.

Los grandes maestros enseñan que la sabiduría borra el karma. El karma sigue actuando en tanto y en cuanto se siga repitiendo la misma actitud, sin pensar, sin despertar. En el momento en que acepto mi responsabilidad, comienzo a ser dueño de mi karma. Si estoy viviendo una situación difícil y dolorosa, si dentro del dolor puedo preguntarme: ¿qué estoy tratando de aprender con esto? o ¿qué habré hecho antes para estar pasando por esta situación?, si comprendo para qué estoy atravesando por esta experiencia, a partir de allí, mi vida se modificará.

En realidad, desde el punto de vista kármico, lo que ocurre no es importante, es anecdótico. Lo esencial es cómo reaccionamos frente a lo que nos pasa. Eso es lo que indica el nivel de conciencia alcanzado. Al aceptar la responsabilidad de mis acciones pasadas, comienzo a generar un karma diferente, comienzo a manejar mi destino más libremente.

Aquí conviene introducir un nuevo concepto: la idea de la reparación o de la rectificación de acciones.

No hay castigo. El castigo no trae provecho a nadie. Dios, o la Energía Creadora, no se benefician en absoluto con nuestro dolor y sufrimiento. Lo que se espera de nosotros es que rectifiquemos o reparemos nuestras acciones pasadas. Si alguna vez ocasionamos algún dolor o algún perjuicio a alguien, no es necesario pasar por lo mismo. Ser maltratados no borrará el dolor a la persona que se lo causamos. Pero lo que sí podemos hacer, es reparar el resultado de nuestra acción. Si hemos hecho sufrir, podemos reparar ese sufrimiento contrarrestándolo con una actitud de servicio, ayudando o sirviendo a quienes hemos perjudicado. Si una persona fue un criminal en otra vida y mató a varios individuos, ¿cuántas veces tendría que ser matada para pagar su deuda kármica? Necesitaría muchas vidas inútiles para ello. Sin embargo, puede llevar a cabo una vida digna y provechosa, si acepta realizar acciones de servicio en favor de aquéllos a quienes mató en otra vida. El sufrimiento y el dolor aparecen cuando nos negamos a aceptar nuestra responsabilidad y a ayudar a aquéllos a quienes hemos perjudicado en una vida anterior. Es ahí, entonces, cuando las fuerzas del karma entran en acción y nos empujan a situaciones similares a las cometidas por nosotros mismos, para que experimentemos el dolor en carne propia y así no volvamos a repetirlo con nuestros semejantes. Todo es aprendizaje. Las situaciones las vivimos como castigo cuando nos negamos a aprender. Entonces aparecen el dolor y el sufrimiento.

Recuerdo que en su visita a nuestro país, Su Santidad el XIV Dalai Lama, dijo en una de sus charlas: *"El propósito de la vida humana es la felicidad y la alegría"*. Y así es. En realidad podemos ser felices, el sufrimiento no es obligatorio. Si no somos felices es porque nosotros mismos, con nuestras acciones, con nuestro empecinamiento, nos quitamos la posibilidad de serlo.

Edgar Cayce decía que el alma siempre dispone de una alternativa: la Ley de la Gracia. Puede liberarse de las deudas acumuladas, dedicándose generosamente a hacer el bien a quienes son todavía más desgraciados.[2]

[2] *Edgar Cayce, sobre la reencarnación*, Noel Langley, Mirach, Madrid, 1994. Primera edición en inglés, 1967.

También encontramos el concepto de reparación en la cabalá hebrea. En hebreo existe un término equivalente a karma: *tikún*.[3] El tikún es el trabajo de corrección que debe hacer un alma encarnada sobre sus acciones pasadas. Cada uno viene a la vida física con un tikún determinado. Cada uno viene a realizar su trabajo de corrección de acciones pasadas. A veces, este trabajo suele ser un poco pesado, pero también tenemos a nuestro alrededor seres que nos acompañan y nos ayudan en este trabajo de corrección. Nuestros padres, abuelos, maestros amigos o pareja están para ayudarnos y nosotros para ayudarlos a ellos, en este trabajo de corrección de nuestros errores del pasado. De modo que cada uno está cumpliendo su tikún o su karma, como se prefiera.

Corregir, reparar el efecto de nuestras acciones pasadas. De eso se trata. No hay castigo, no hay nadie allá arriba señalándonos con el dedo. Todo lo que se nos pide es que corrijamos nuestros errores, que reparemos el dolor o la ofensa causada a un semejante. Somos tan responsables de nuestro sufrimiento como de nuestra felicidad. Si aceptamos efectuar tareas de servicio en favor de aquéllos a quienes hemos lastimado, podremos ser felices. Si, por el contrario, por orgullo, por soberbia, nos negamos a dicha tarea, no tendremos más remedio que sufrir, por cuanto nuestros ofendidos de ayer querrán cobrarse su deuda hoy. Y no lo hacen por maldad. Simplemente es la reacción a la fuerza que nosotros mismos pusimos en movimiento con nuestra acción primitiva. Así funciona el karma. Es una concatenación de causas y efectos. Si a la ofensa se responde con la ofensa, sobrevendrá una ofensa mayor, y así sucesivamente, hasta que uno de los contendientes reaccione, despierte, tome conciencia, pida disculpas y perdone. En ese preciso instante se detiene la rueda del karma. Por eso Jesús enseñaba: *"Si te dan una bofetada, pon la otra mejilla"*. Porque reaccionar a la ofensa significa entrar en la rueda del karma con todas sus dolorosas consecuencias. Y en este momento, me viene a la mente otra coincidencia de la cabalá, por cuanto en hebreo, el término correspondiente para reencarnación es *guilgul neshamot*, que significa *ruedas de un alma*, y no es otra cosa que la rueda del karma de los hindúes.

---

[3] *Las ruedas de un alma*, Philip S. Berg, Centro de Investigación de la Cabalá, Ciudad Vieja, Jerusalén, 1991.

"El príncipe de hoy es el mendigo de mañana, y el mendigo de hoy será el príncipe de mañana." Son las idas y venidas de un alma, hasta alcanzar la comprensión que le permita detener el giro incesante de la rueda y salirse de ella.

Quiero compartir con ustedes mi experiencia personal al respecto. Esto lo comprendí tras varios años de trabajo con la TVP y luego de haber pasado yo mismo por la experiencia de la regresión.

En mis regresiones al pasado, muchas veces me vi empuñando lanzas, cuchillos y espadas. Ya fuera en batallas, como gladiador o en acciones personales, herí, mutilé y maté a muchos de mis semejantes. En mi vida presente fui cirujano durante catorce años. Con la evolución, la espada se transmutó y terminé empuñando el bisturí. Ahora puedo ver, claramente, que la cirugía me permitió limpiar mi karma, aliviando el dolor de los demás, utilizando el mismo elemento con el cual yo había provocado ese dolor. Así como el refrán dice: *"El que a hierro mata a hierro muere"*, yo puedo decir: *"El que a hierro hiere, a hierro cura"*. Pero hay algo más. Como cirujano, nunca gané dinero y eso que fui cirujano plástico. Recién comencé a disfrutar de un buen pasar cuando me desarrollé como terapeuta de vidas pasadas. Quiere decir, entonces, que mi etapa de cirujano fue totalmente una acción de servicio, dedicada a reparar mis acciones pasadas. Y aún más; como para que no queden dudas al respecto, durante diez años trabajé en tres hospitales diferentes, en forma totalmente "ad honorem". De modo que la cirugía me dio la oportunidad de cumplir con mi tikún. Pude hacer, así, mi trabajo de corrección con una tarea de servicio, reparando el perjuicio que había provocado con mis acciones pasadas.

Y hablando de reparación, por coincidencia (que ahora sé que no es coincidencia), como cirujano plástico me dediqué fundamentalmente a la cirugía reparadora. Creo que no hace falta decir nada más.

Capítulo X
La técnica del Samyama

En la India, se atribuye al dios Shiva una técnica milenaria para trascender nuestro nivel habitual de conciencia. En el *Vijñâna Bhairava Tantra*, Shiva responde a través de ciento doce consejos a su compañera Parvati, quien desea conocer la esencia que expresa al universo entero.[1] En uno de esos consejos, invita a posar la atención sobre cualquier acontecimiento del pasado y donde nuestra propia forma pierde sus características actuales y se transforma. A partir de ese momento, otros incidentes antiguos, que se creían olvidados, se encuentran intactos, tan fuertes como si fueran actuales. La memoria se desliza y puede remontar el tiempo hasta la primera infancia, el nacimiento, la vida fetal y sobrepasar la existencia uterina, para reunirse con el recuerdo de una vida precedente. Aquí se origina el adhyatma yoga, cuya práctica es justamente la regresión.

Patanjali nos abre la puerta a este conocimiento, cuando nos dice en los Yoga Sutras: *"Practicando el samyama sobre los residuos subconscientes (samskáras), el yogui conoce sus existencias precedentes"* (III-18).[2]

---

[1] *La memoire des vies antérieures* (La memoria de vidas anteriores), Denise Desjardins, La Table Ronde, París, 1980.
[2] *Sabiduría hindú*, Lin Yutang, Biblioteca Nueva, Buenos Aires, 1946.

Samyama significa la concentración perfecta y su técnica es la meditación hindú clásica.[3] Consiste en tres pasos aplicables a cualquier objeto de meditación. Los tres pasos de Samyama son:

1. Fijación de la atención en un objeto.
2. Mantenimiento de la observación en el objeto hasta que éste ocupe íntegramente todo el campo de la conciencia, con exclusión de cualquier otro objeto.
3. Fusión con el objeto, en la cual éste deja de ser percibido como objeto para, en cambio, aparecer en su significado.

La fusión entre observador y objeto de observación hace que desaparezca la dicotomía entre externo e interno, sujeto y objeto o yo y tú para, en cambio, alcanzar la unidad entre ambos.
El objeto de meditación puede ser también una emoción, una sensación o un pensamiento. Los tres pasos de Samyama, adaptados ahora a nuestra investigación, son:

1. Concentrar la atención en una sensación o emoción. Localizarla en el lugar del cuerpo donde más se sienta. (Esto es fundamental.)
2. Profundizar la sensación hasta asemejarla a algo que pudiera producirla o que aparezca una imagen.
3. Fusión. Vivenciar la sensación y la imagen como experiencia real. En este momento, las imágenes, las sensaciones y las emociones dejan de ser percibidas como algo separado. Ahora se está allí, vivenciando el hecho que está provocando las sensaciones.

Veamos un ejemplo sencillo. Se trata de una mujer implacable consigo misma y con los demás. No le permite a nadie que se equivoque. Tiene discusiones frecuentes y es muy hiriente, hace callar al otro. En una discusión es muy fácil rescatar sensaciones. Le pido que me cuente su última discusión y que identifique la sensación dominante.

Terapeuta: *Fíjese, en el momento más álgido de la discusión, ¿cuál es la sensación dominante?*
Paciente: Bronca; siento mucha bronca.

[3] *Técnicas de meditación trascendente*, Jacobo Grinberg-Zylberbaum, Heptada, Madrid, 1990.

T: Eso es; ahora, cierre los ojos... y sienta esa bronca... eso es. ¿Dónde la siente? Localícela en el cuerpo.
P: Acá. (Señala el estómago.)
T: Muy bien. Ahora, sienta esa bronca más profundamente y vea... ¿cómo es esa bronca?, ¿a qué se parece?
P: Siento un puño que me aprieta acá. (Señala el mismo lugar.)
T: ¿Qué más?
P: Es como una caldera que explota. (¡Atención! Esto es muy fuerte, ya está surgiendo la memoria del pasado.)
T: Sienta todo eso. ¿Qué más?
P: Siento que estoy traspirada... siento bronca en el cuello... siento que me ahogo...
T: Eso es, sienta todo eso. ¿Qué más?
P: Me siento apretada... (comienza a agitarse) no puedo respirar...
T: Y si estuviera en un lugar, ¿dónde estaría?
P: Es como que estoy encerrada en algún lado... me traspiran las manos y los pies.
T: Muy bien. Ahora, retenga todas estas sensaciones y al contar de uno a tres, irá directamente al hecho que está provocando estas sensaciones. Uno... dos... tres. ¿Qué está pasando?
P: La caldera de un barco. (¡Ahí está!) Es todo sucio, no se puede respirar... no quiero estar más acá... voy a producir mucho humo...
T: Siga; ¿qué más?
P: Explotó la caldera... yo lo hice. ¡Qué idiota!
T: Y esto, ¿cómo se relaciona con su problema con las discusiones?
P: Yo soy responsable. Yo le echo fuego a la situación.

Vean qué interesante. Al principio, asemejó la sensación de bronca a una caldera que explota. La mayoría de las veces, la definición que el paciente le da a una sensación tiene que ver con una situación del pasado. Hay que estar atento a estas expresiones, porque a través de ellas habla el subconsciente. Interesante también la definición del final: *"yo le echo fuego a la situación"*. Ahora puede hacerse cargo de su responsabilidad y también comprender por qué no le permite a nadie que se equivoque.

A continuación, vamos a ver el desarrollo completo de una regresión que comenzó utilizando la técnica de samyama. Ésta es la técnica que empleo en la mayoría de los casos.

El miedo de Penélope

Hacía ya más de un año que Penélope (50) venía trabajando con TVP, para resolver diversos problemas. El motivo que la trajo a la consulta ya había quedado atrás. En el transcurso de ese año Penélope introdujo profundos cambios en su vida, concurriendo a la terapia dos veces al mes. Pero había algo que todavía no podía resolver: la relación con su madre o, mejor dicho, la influencia que su madre aún ejercía en su vida. Más aún, no podía concretar en un buen trabajo todo lo que había avanzado en la terapia.

Esa mañana, Penélope entró con fastidio y muy molesta. Ya en el ascensor me dijo: *"Me siento mal"*. Apenas se sentó, lo primero que dijo fue: *"Me siento una pelotuda. En mi vida nunca pasa nada. Estoy empantanada"*.

En lugar de dejarla hablar como otras veces, sin darle tiempo a nada, sin siquiera pedirle que se extendiera sobre la alfombra, le pedí que cerrara los ojos y que sintiera lo que estaba sintiendo en ese momento. Penélope estaba sentada sobre la alfombra, la espalda apoyada contra la pared, y así (esto es lo que quiero mostrar), sin ninguna preparación previa, simplemente haciendo contacto con sus sensaciones, practicando el Samyama, comenzó a revivir escenas de su pasado, de su primera infancia primero y de dos existencias anteriores después. Observen atentamente, sobre todo el proceso inicial. Cómo se formulan las preguntas para que la persona entre en contacto con su memoria subconsciente.

Martes 10 de agosto de 1993

Terapeuta: *...Y dígame, ¿qué siente cuando se siente empantanada?*
Penélope: Siento que todo me cuesta mucho.
T: *¿Y cuál es su sensación íntima? ¿Qué siente dentro de usted cuando pasa todo esto?*
P: Siento bronca.
T: *Eso es. Ahora, cierre los ojos... eso es... y sienta esa bronca.*
P: Es como una angustia.
T: *¿Y dónde siente esa angustia? Localícela en alguna parte de su cuerpo... ¿dónde la siente?*
P: En la panza.

T: *Muy bien, ahora sienta esa angustia en la panza... ¿Qué más siente?*
P: Siento que no puedo crecer.
T: *¿Qué más está sintiendo?*
P: Frío... y miedo.
T: *Eso es; experimente ahora ese miedo.*
P: Me siento como metida en un cubo. (*Ya está asociando la sensación a una imagen.*)
T: *¿Qué más? Siga...*
P: Me siento como cuando me encerraban de chica. (*Ya está en regresión.*)
T: *Siga... ¿qué más?*
P: Me siento como cuando me encerraban en el dormitorio... (*Ya está, la sensación es clara, ahora simplemente hay que pedirle que viva esa experiencia en el dormitorio. Eso hará que se reactualice una emoción más profunda y eso permitirá la asociación con otra vida.*)
T: *Ahora cuento hasta tres y vaya a ese momento cuando la encerraban en el dormitorio, cuando era chica. Uno... dos... tres... ¿Qué está pasando? ¿Qué está experimentando?*
P: Tengo que estar sentada en una silla.
T: *¿Qué edad tiene allí?*
P: Cinco años; me encerraban siempre.
T: *Muy bien, siéntase con cinco años y experimente lo que allí está sucediendo. ¿Qué está pasando?*
P: No me puedo mover de allí. Siento mucho miedo porque me van a pegar.
T: *Eso es; sienta ese miedo ahora, siéntalo profundamente... y vea cuáles son sus reacciones físicas ante ese miedo.*
P: Me achico. (*Exactamente lo que pasa hoy.*)
T: *¿Cuáles son sus reacciones emocionales en ese momento?*
P: ¡Tengo miedo de que mi mamá me mate! (*¡Atención! Aquí está la creencia que condiciona toda su actitud de vida y la llave para el pasado.*)
T: *Muy bien; sienta ese momento cuando tiene miedo de que su mamá la mate. Sienta ese miedo... eso es... siéntalo profundamente y al contar hasta tres, retrocederá aún más, a otra existencia anterior a ésta, a una escena similar a ésta, a un hecho relacionado con esta situación. Uno... dos... tres... ¿Qué está pasando?*

P: ... Soy nena, pero más grande; doce años. Soy muy rubia... tengo el pelo largo... estoy gritando.
T: ¿Qué está pasando?
P: Es una escena horrible; hay fuego, se está incendiando algo.
T: ¿Qué cosa se está incendiando?
P: ... Espere que lo vea... hay mucha confusión... somos muchos los que estamos ahí... es como una barraca que se está quemando...
T: Siga; ¿qué más?
P: Yo me subí a los techos y me encontré con una mujer. Yo llamaba a mi mamá, pero esa mujer no es mi mamá. Tiene una mirada muy dura y yo tengo frío en el medio del fuego...
T: Siga.
P: ... Le pido que me ayude, pero cuando se acerca, veo en sus ojos que no me va a ayudar. Tiene piel fría, como mi mamá en esta vida. (*¡Atención!*) En lugar de darme la mano... me... empuja para atrás y me tira a las llamas...
T: Siga.
P: Me veo caer como si fuera una muñeca de trapo... me mareo...
T: Siga.
P: ... No puedo seguir; se me congeló la imagen.
T: ¿En qué momento?
P: Cuando estoy cayendo. (*Algo fuerte hay aquí que debe ser trabajado. Por eso no puede seguir. Veamos cómo se resuelve.*)
T: Hasta aquí, ¿cuál es el momento más difícil de todo esto?
P: Tengo mucho miedo cuando veo la mirada de esta mujer.
T: *Vuelva entonces a ese momento. ¿Qué está sintiendo en ese momento?*
P: Miedo; frío. ¡Siento que esta mujer me quiere matar! (*¡Ahí está! Igual que en la escena del principio, cuando dijo: "¡Tengo miedo de que mi mamá me mate!".*)
T: *Vea cuáles son sus reacciones físicas en ese momento.*
P: Me muero de frío, me paralizo, me quedo dura.
T: *¿Cuáles son sus reacciones emocionales?*
P.: No puedo reaccionar.
T: *¿Cuáles son sus reacciones mentales?*
P: Ya ni hablo, ni grito, ni nada.
T: *¿Y cuál es el pensamiento dominante que está afectando su vida actual?*

P: ¡La vida es un infierno! Siempre lo tiran a uno a las llamas.
T: *Y esto ¿de qué manera la está afectando?*
P: ¡No hay que pedir ayuda a nadie, porque te pueden tirar a las llamas! (*Otro mandato. Ahora sí, ya puede seguir adelante con la escena.*)
T: *Ahora vaya al momento de la caída y experimente esa caída.*
P: Estoy cayendo... todo me da vueltas... como que me sacaron el piso... me estrello contra las llamas... me ahogo...
T: *¿Dónde siente ese ahogo?*
P: Se me cierra acá. (*Se toma la garganta.*)
T: *Ahora sienta ese ahogo para agotar toda esta energía.*
P: Me lleno de humo... me duelen los brazos... me arden... me queman...
T: *Siga.*
P: Los pies los tengo fríos, no los siento... los pelos quemados...
T: *Siga.*
P: Los oídos revientan...
T: *Siga.*
P: Me sale algo por los oídos (*se toca los oídos*)... sangre o líquido.
T: *Siga.*
P: Estoy ahí tirada... me estoy muriendo... pero pienso que eso me pasó porque...
T: *Diga.*
P: Yo era una chica linda y feliz que tenía todo. Tal vez... en ese momento... pienso...
T: *Diga lo que crea.*
P: Para salvarse de una muerte así no hay que tener tantas cosas. Esa mujer me mató por envidia y por celos...
T: *Siga.*
P: Por eso en esta vida, tenía miedo de que mi mamá me matara. Ya sé por qué. Siempre sentí que en esta vida mi mamá me tenía envidia. De chica tenía la fantasía de que me iba a matar.
T: *Y entonces, ¿qué determinación tomó?*
P: ¡Decidí afearme, no destacarme, no conseguir cosas, para no despertar más sus celos y envidia, y que terminara matándome! (*Ahí está todo: no adelgazar, no vestirse bien, no arreglarse, no sobresalir, no desarrollar su potencial creativo, no sea cosa de que la madre la mate*). ¡Qué horror que una crea que la persona que la puede matar es la madre!

T: Ahora vaya al momento en que se desprende de ese cuerpo. Vea bien cómo se desprende.
P: Estoy saliendo... no entiendo mucho lo que pasa. ¡Creo que terminé así en castigo por ser feliz! (*Otra vuelta de tuerca, reforzando lo anterior.*)
T: Avance un poco más.
P: No estoy sola acá. Somos varios los que morimos y no entendemos dónde estamos. Todavía estamos muy bajo.
T: ¿Dónde se encuentra?
P: Estoy a la altura de las llamas, pero ya no me quemo, ni siento calor. (*Presten atención, porque espontáneamente está describiendo la confusión post-mortem y los primeros pasos en el espacio entre vidas.*)
T: Siga.
P: Pero es un instante de mucha confusión... hay gente que no está confundida, está enojada. Son como sombras de distintos colores...
T: Siga.
P: El error de esa vida fue no haber sufrido. No haber hecho un culto del sufrimiento. A lo mejor, si hubiera sufrido, no terminaba así. (*Ésta es la creencia dominante que queda fijada en el momento en que deja el cuerpo y que va a constituirse en su programación de vida.*)
T: Y frente a esta situación, ¿qué decisión toma?
P: Si me vuelvo a encontrar con una persona así (*la madre*) ¡no provocarla para que no me mate! (*otra vez*). ¡La forma de provocarla sería ser feliz!
T: Ahora vea cómo esto está afectando su vida actual.
P: Y... yo en esta vida hice siempre las cosas para no provocar a mi mamá. Me portaba bien, no me ensuciaba, iba bien en la escuela, no cuestionaba cosas, pero mi mamá igual me pegaba. Ahora me doy cuenta de que a mi mamá no le molestaba lo que yo hacía...
T: ¿Síííí?
P: Le molestaba lo que yo era. (*Tengan en cuenta que así como se comporta frente a la madre, esta conducta se repite en todas las relaciones, fundamentalmente en el trabajo y con la pareja*).
T: Siga.
P: ... Tengo miedo de haberla conocido antes a mi mamá... y en el

momento en que lo pensé sentí hambre y vacío en el estómago. (*Ahí está presente otra sensación que puede hacer el nexo con otra existencia. Nuevamente le pido que se concentre en esa sensación.*)

T: *Muy bien, ahora sienta ese hambre y ese vacío en el estómago; siéntalos profundamente.*

P: Tengo hambre, como si hiciera mucho que no comiera... siento dolor, la boca seca...

T: *Sienta ese dolor y vaya al hecho que lo está provocando. ¿Qué está pasando?*

P: ...Estoy... en otra vida...

T: *¿Síííí?*

P: ... Estoy encerrada...

T: *Siga.*

P: ... En un sótano... como una cueva... es todo de tierra... hace mucho frío acá adentro... tengo mucha hambre... estoy castigada acá...

T: *Y... ¿a qué se debe que esté castigada allí?*

P: Me metieron acá para sacarme del medio... la idea fue de una mujer. Es mi tía... mi madre se murió...

T: *Siga.*

P: Me querían casar y mandar lejos para que no molestara... Esta mujer quiere todo para sus hijos, pero yo me rebelé y no quise y entonces me tiró acá, hasta que cambie de idea o me muera.

T: *Ahora vea a esa mujer. ¿Cómo es su mirada? Mírela a los ojos. ¿La ha visto en otro lugar?*

P: Me empieza a doler mucho la cabeza; siento mareos. Si no es mi mamá de ahora, siento que es la misma energía.

T: *¿Cómo es esa energía?*

P: Es una energía muy fuerte; me da dolor de cabeza... es oscura, fuerte... es como que me persiguiera siempre.

T: *¿Cómo es esto?* (*Atención, porque la historia ahora va por otro carril.*)

P: A ver, a veces a mi mamá, en esta vida, la veo débil y en otros momentos la veo poseída de esta energía que me asusta tanto y es lo que me puede matar.

T: *Muy bien, ahora... al contar hasta tres... vaya al origen de esa energía. Uno... dos... tres...*

P: Va apareciendo cada tanto... en distintas vidas... como si fuera una nube de hollín... alguna vez debe de haber sido alguien que vivió conmigo.

T: *Muy bien, ahora haga un esfuerzo más y al contar hasta tres vaya al origen del vínculo con esa energía. Uno... dos... tres...*
P: Veo un paisaje muy lindo... mucho sol... como una pradera... veo pastores... veo una piedra muy grande...
T: *Siga adelante.*
P: ... Ahí me van a abrir la cabeza...
T: *Retroceda un poco y vea cómo llega a esa situación.*
P: Yo soy un pastorcito... estoy con mi padre... tenemos ovejas... escucho voces. (*Se toca el oído izquierdo.*)
T: *¿Qué voces?*
P: Voces en otro idioma, pero no lo puedo reproducir.
T: *¿A qué idioma se parece?*
P: ... Se me ocurrió fenicio, pero no tengo la menor idea.
T: *Siga adelante.*
P: Tengo cinco años y soy el preferido de mi padre; el menor. Me quiere mucho. Mis hermanos me odian, sobre todo uno. Es un ser muy malo, me pega a escondidas de mi padre. Ése es el que me va a matar.
T: *Vaya a ese momento.*
P: ... Ahora entiendo...
T: *¿Qué es lo que entiende?*
P: Cuando mi mamá en esta vida me agarraba la cabeza y me pegaba contra la pared, tenía la fantasía de que mi cabeza se iba a abrir en dos y me iba a matar, porque en esa vida me mataron así.
T: *Experimente esa muerte ahora.*
P: Yo tenía rulitos... me tomaron así y me aplastaron contra la piedra. Se me reventó la cabeza...
T: *Sienta el momento del impacto.*
P: Mi hermano me toma así (*se toma el cabello de un costado*) y me aplasta contra la piedra...
T: *Siga.*
P: Se me rompe la cabeza...
T: *¿Cómo es esa muerte?*
P: Es fulminante, instantánea, siento que salgo y me desprendo...
T: *Siga.*
P: Mientras yo estoy saliendo, llega mi papá y lo mata a mi hermano con una piedra afilada por la espalda.

T: Vea atentamente lo que pasa.
P: Mi papá está llorando y mi hermano es una energía negra, muy oscura, que se quiere fundir conmigo, pero no puede.
T: ¿Cómo es esto?
P: Le explico. Se pueden unir las energías de un mismo color. Él se va a poder fundir con otras energías, pero conmigo no.
T: Y entonces ¿qué sucede?
P: Esto acrecienta el odio de mi hermano. Esto no sirvió para nada bueno, sino para aumentar su odio hacia mí. Me dice que no me va a dejar en paz. Yo me voy y él se queda.
T: ¿Y cómo la está afectando esa energía ahora?
P: Pienso que a través de mi mamá.
T: ¿De qué manera?
P: La veo como algo enorme, aplastante, dominante. La tengo encima, no me puedo desprender, la tengo pegada a mí.
T: ¿Su mamá o la energía?
P: Es esta energía, es como una gelatina. (*Acá hay que hacer otro trabajo. Esta energía está funcionando como un alma perdida. Lo importante aquí es llevar a ambos al perdón.*)
T: Muy bien. Todo eso pasó hace ya mucho tiempo y ambos han sufrido demasiado. Ya es hora de terminar con el pasado. Dígale ahora a su hermano, mentalmente, que usted ya lo perdonó. Dígale que la felicidad, la luz y el amor también son posibles para él. Envíele un pensamiento de amor y luz. Envuelva esa energía en el color rosado y perdone esa experiencia y dígale que ahora puede ir hacia la luz.
P: Siento como si se me hubiera salido una nube de la cabeza, como una tela, como si viera las cosas más claras.
T: ¿Cómo ve las cosas ahora?
P: Y... pienso que a lo mejor no necesito buscar el sufrimiento para evitar que me maten.
T: ¿Cómo le gustaría ser?
P: Quisiera ser segura, tranquila, serena y feliz.
T: Muy bien, elija un color para envolverse.
P: Rosa.
T: Eso es. Ahora envuélvase en el color rosa y sienta cómo el color rosa se va interpenetrando con todos sus átomos, limpiando los residuos de las pasadas experiencias, desprendiéndose del pasado, perdonando y, envuelta en la energía del color rosa, grabe profun-

damente en todo su ser esta nueva imagen suya, segura, tranquila, feliz y valiente. Véase a sí misma viviendo feliz, siendo feliz. Vea su rostro, su mirada cuando es feliz y así, con esta imagen, envuelta en el color rosa, regresará aquí, a este día, martes 10 de agosto de 1993, tomando una respiración profunda y, al abrir los ojos, regresará aquí, a su conciencia física habitual.

Al abrir los ojos, Penélope dijo:
—Me pasó algo raro. Yo vine acá con mucha bronca y ahora no tengo nada. Me siento "planchada", agotada, como si me hubieran sacado una energía, como si hubiera hecho un esfuerzo muy grande. Pero cuando llegué hoy aquí, hubiera matado a alguien.
—¿Y de qué se dio cuenta?
—Me di cuenta de que le tengo miedo a mi mamá. ¡Por favor! A esta altura tenerle miedo a una mujer de 72 años. ¡Si no me puede hacer nada!

Y este miedo era el que no le permitía sobresalir, destacarse, mejorar sus condiciones de trabajo, cuidar su presencia, no fuera cosa que, por ser feliz, por estar bien, provocara la envidia de los otros y terminaran matándola.

Hemos visto de qué manera, haciendo contacto con una sensación de bronca, tan sólo sintiendo esa bronca y esa angustia, inmediatamente surgieron las imágenes del pasado y no sólo eso, sino que, además, la paciente vivenció tres situaciones traumáticas relacionadas entre sí y la aparición de esa energía que venía del pasado. Simplemente siguiendo el hilo de la emoción. Dejando deslizar la memoria, como aconsejaba Shiva.

Capítulo XI
Otra variante técnica

La fobia de Aída

Éste es un abordaje diferente, inspirado en la técnica de Robert Young,[1] la cual simplifiqué de acuerdo con mi experiencia. Yo parto del concepto de Morris Netherton, que sostiene que cuando una persona está relatando su conflicto, ya está en regresión, puesto que está reviviendo, sin saberlo, una situación anterior. Partiendo del momento actual y sin necesidad de ninguna preparación, vamos retrocediendo, reactualizando la emoción a través de cuatro situaciones básicas que nos llevarán al origen del conflicto en una vida pasada.

Estas cuatro situaciones son:

1. La última vez en que se experimentó el problema.
2. La ocasión más fuerte en esta vida en que se experimentaron las emociones surgidas.
3. La primera vez en que se experimentaron estas emociones.
4. El momento del nacimiento.

[1] *Reincarnation Handbook* (Manual de la reencarnación), Robert y Loy Young, Reincarnation Research and Education Foundation, Santa Mónica, CA, 1980.

A partir de allí, la persona está en condiciones de ir al origen del problema. Suele suceder que, al pedirle a la persona que vaya a la primera vez, aparezca directamente en una vida pasada. Más aún, si la emoción es intensa, la escena del pasado surgirá espontáneamente en cualquier momento.

Veamos ahora una historia típica de fobia en la cual procedí de esta manera.[2]

Aída es una terapeuta que me consultó por su miedo a hablar en público. Tenía oportunidad de dar charlas y conferencias, pero era imposible para ella enfrentarse a la gente. Una vez tuvo que preparar una clase en la facultad. Cuando se encontró en el estrado, sintió que le faltaba el aire y que no podía respirar. Una oleada de terror y pánico la envolvió. No podía hablar, temblaba como una hoja y estaba totalmente paralizada. Había perdido el control absoluto sobre sí misma. Nunca más pudo enfrentarse a un público.

Miércoles 7 de setiembre de 1994

Terapeuta: *Muy bien, Aída; ahora cierra los ojos, toma una profunda inspiración y cuando cuente hasta tres, ve a la última vez en que experimentaste esta sensación de pánico y terror. Uno... dos... tres...*
Aída: La semana pasada, en el hospital.
T: *Muy bien, ¿qué está pasando?*
A: Tengo que dar un informe de un paciente. Están los familiares. Tengo que explicar de qué se trata.
T: *¿Y entonces?*
A: Comienzo a hablar y el miedo me invade. Quiero hablar y no puedo.
T: *¿Qué estás sintiendo en ese momento?*
A: Siento algo que me aprieta el pecho... siento calor... siento que me ahogo...
T: *¿Qué más?*

---

[2] Esta historia fue publicada en la revista Secretos, Nº 1, noviembre de 1994.

A: Siento las palpitaciones como golpes.
T: *¿Cuál es el momento más difícil, más traumático de esta situación?*
A: Cuando me observan en silencio, esperando que yo diga lo que pasa. (*Atención con esto.*)
T: *¿Cuáles son tus reacciones físicas en esos momentos?* (Esto es importante para comenzar a despertar las emociones.)
A: Bajar la mirada.
T: *¿Cuáles son tus reacciones emocionales?*
A: Me estoy mirando el corazón.
T: *¿Qué estás sintiendo en esos momentos?*
A: Siento el corazón destruido. Siento dolor.
T: *Siente ese dolor... y al contar hasta tres irás a la ocasión más fuerte en esta vida, en la que experimentaste este mismo dolor. Uno... dos... tres... ¿qué está pasando?*
A: Es el dolor que sentí siempre.
T: *¿Cuál dolor?*
A: El dolor de no ser querida por mi padre. (*Comienza a llorar.*)
T: *¿Cómo es este dolor?*
A: Es un dolor muy profundo. Es un vacío.
T: *Quiero que retengas esta sensación y al contar hasta tres irás a la primera vez en que experimentaste este dolor. Uno... dos... tres.*
A: Tengo unos cuatro años, estoy en la cocina de casa, en un banco.
T: *¿Qué está pasando?*
A: Yo estaba pidiendo algo... quería que mi mamá me escuchara y me retó... lo tomó como una exigencia.
T: *¿Y qué estás sintiendo en ese momento?*
A: No me escuchan, no importa lo que yo diga ni lo que piense.
T: *Ahora... cuando cuente hasta tres... retrocederás un poco más. Al contar hasta tres, irás al momento de tu nacimiento. Un instante antes de tu nacimiento. Cuento hasta tres y estarás allí. Uno... dos... tres. ¿Qué estás sintiendo?*
A: ¡Ahggg! ¡Me ahogo ahí dentro! ¡Tengo ganas de vomitar!
T: *Sigue, ¿qué más?*
A: ¡No quiero estar ahí dentro! ¡Quiero salir!
T: *Sigue.*
A: Pero, a la vez, no quiero salir. ¡Quiero y no quiero!

T: ¿Cómo es esto? ¿Qué está pasando?
A: ¡No quiero que vean lo que soy! ¡No me están esperando a mí! ¡Quieren a otro! (*llorando*) ¡No me quieren a mí!
T: ¿Y a quién quieren?
A: ¡Quieren a un varón!
T: ¿Y qué piensas cuando te das cuenta de que quieren un varón?
A: ¡Yo les voy a demostrar que voy a ser mejor que otro. Yo me tengo que ganar el cariño de ellos. (*Ya están los mandatos que van a originar una vida de exigencias.*)
T: Y esto, ¿qué te lleva a hacer?
A: Me lleva a hacer todo lo que ellos quieran y mucho más.
T: Ahora ve al momento en que naces.
A: ¡Ay! ¡La cabeza! ¡No puedo respirar! ¡Me falta el aire! ¡Me quiero quedar! ¡No quiero que me vean! (*Allí están; las mismas sensaciones que frente al público.*) ¡Ay! ¡La cara de desilusión que tienen! ¿Qué es esto? (*Llorando y gritando al mismo tiempo.*)
T: Y... fíjate, ¿cuáles son tus reacciones físicas en esos momentos?
A: ¡No quiero respirar! (*Veremos la importancia de esto más tarde.*)
T: ¿Cuáles son tus reacciones emocionales?
A: ¡Me equivoqué! ¡Acá no! ¿Qué hago acá? ¡Me quiero ir! (*El nivel emocional es ahora intenso. No es necesario decir nada más. Aída está lista para ir a la raíz de su problema.*)
T: Muy bien. Ahora, al contar hasta tres, retrocederás un poco más. Al contar hasta tres irás directamente al origen de estas sensaciones. Cuento hasta tres y dirás lo primero que venga a tu mente. Uno... dos... tres. Di lo primero que te venga a la mente.
A: Veo el Partenón... afuera está lleno de gente... No quiero que me vean. (*¡Allí está! Otra vez lo mismo.*)
T: ¿Qué está pasando?
A: Hay un defecto... en mí... No quiero que lo vean.
T: ¿Y cuál es ese defecto?
A: Soy débil... soy mujer... y no soy inteligente y capaz. (*Igual que en el momento del nacimiento, cuando esperaban un varón.*)
T: Sigue adelante, ¿qué más?
A: Me están observando todos. Hay mucha gente y están esperando que yo cante o actúe. (*Recuerden la escena del hospital, cuando la observan y están esperando que ella diga algo.*)
T: Sigue, no te detengas.

A: Yo los miro y me doy cuenta de que no sé hacer nada. Me pregunto qué estoy haciendo ahí. Se equivocaron o me equivoqué yo.
T: *Ahora fíjate, ¿cuál es el momento más difícil de esta experiencia?*
A: Cuando están esperando que yo haga algo y yo no sé hacer nada y dejo que me miren.
T: *¿Qué está pasando en esos momentos?*
A: No es lo que ellos quieren ver. (*Igual que en el momento del nacimiento.*) Tengo que explicarles que yo no sé hacer nada... pero yo tengo que demostrar algo (*mandato que generará exigencia*), pero yo no sé hacer nada. (*Vean qué contradicción, qué lucha interior debe de desarrollarse entre la exigencia y el no saber nada.*)
T: *Sigue adelante, ¿qué más?*
A: Lo externo no sirve para nada. No sirvo para nada. No les puedo explicar nada.
T: *Ahora fíjate, ¿cuáles son tus reacciones físicas en esos momentos?*
A: Me pongo colorada... siento calor... se me cierra la garganta... quiero respirar y no puedo. (*Comienzan a surgir las mismas reacciones que experimenta en la actualidad.*)
T: *¿Cuáles son tus reacciones emocionales en esos momentos?*
A: No hay reacción... se paraliza el pensamiento... pierdo el control y yo no puedo manejarme así.
T: *Sigue adelante ahora, ¿qué está pasando?*
A: ... Me estoy ahogando otra vez... me estoy muriendo... frente a todos ellos me estoy muriendo... Siento que me mataron mirándome. Me "pudieron". Consiguieron lo que querían. (*Ahí está el punto crucial. ¿Cómo va a hablar en público si su subconsciente cree que puede morir? Ahora es el momento de revisar esta situación.*)
T: *Quiero que veas esta situación nuevamente. ¿Cómo es que te mataron mirándote?*
A: No, no me mataron ellos. Soy yo la que no quiero respirar. (*Ahora puede discriminar y hacerse cargo de sí misma.*)
T: *¿Y qué es lo que te lleva a no respirar?*
A: Me estoy castigando y no quiero respirar. (*Allí está la cuestión. La exigencia dio paso a la culpa.*)
T: *Ahora completa la experiencia de tu muerte.*
A: El corazón se agota de tanto latir... se para...

T: *Sigue.*
A: ... Hay paz... ya no hace falta el corazón para vivir ni el aire para respirar.
T: *¿Y qué estás pensando cuando ves ese cuerpo?*
A: Pobre estúpida, morirse así. Ahogada, sin respirar. Morirse de miedo. Morirse de susto. Pobre tarada.
T: *¿Te gustaría cambiar esta historia ahora?*
A: Sí.
T: *Elige entonces un color de tu agrado para introducir una nueva vibración en tu vida. ¿Qué color elegirías?*
A: Celeste. (*Hacemos la desprogramación y la armonización como siempre.*)
T: *Ahora, envuelta en el color celeste, proyecta una imagen de cómo te gustaría ser de ahora en más.*
A: Más segura, más fuerte, serena, relajada y firme.
T: *Muy bien, graba profundamente esta imagen y cuando tú quieras, al abrir los ojos, regresarás aquí, a este día miércoles 7 de septiembre de 1994, sintiéndote bien, profundamente bien.*

Al incorporarse, Aída dijo:
—Estoy sorprendida, siento paz. No parece todo tan grave. Siento menos culpa y proyecto menos culpa en el resto.

Ésta es otra variante técnica que suelo utilizar frecuentemente. No requiere preparación previa, ni inducción, ni relajación. Casi sin darse cuenta, como si fuera una charla, la persona va tomando contacto con sus emociones. A medida que las sensaciones comienzan a aflorar, el recuerdo del hecho traumático se va acercando al plano de la conciencia, hasta que, llegado un punto, es suficiente con un empujón más y la vivencia pasada se instala en el presente. A medida que progresa la experiencia, la conciencia se va expandiendo hasta entrar en un espacio-tiempo diferente.

Con respecto a Aída, vean cuántas creencias y mandatos asociados a su fobia surgieron durante la regresión. Como suele suceder, en este caso la fobia estaba originada en una presunción errónea: la creencia de que la gente la había matado mirándola. Muchos conflictos se originan así, en falsas creencias. Agotada la emoción del momento traumático, Aída pudo darse cuenta de que, en realidad, la gente no tenía nada que ver con su muerte. Fue su propia exigencia y su sentimiento de culpa lo que la mató en esa vida. El autocastigo. Hay que estar atento a este tipo de situaciones para resolverlas en el momento. Conocer la verdad puede ser suficiente para terminar con un conflicto, una fobia en este caso. Si la gente no la mató, la fobia ya no tiene sustento. Aparecen, en cambio, la exigencia y la culpa como responsables de su angustiante final y de muchos de los inconvenientes de su vida actual. Y aquí quiero deslizar una pregunta: ¿a cuántos de nosotros nos sucederá en esta vida algo similar a lo que le ocurrió a Aída? ¿A qué situaciones extremas nos pueden arrastrar la exigencia y la culpa?

Capítulo XII

El espacio entre vidas

Se denomina *espacio entre vidas* al espacio comprendido entre una muerte y el nacimiento siguiente. Es lo que corresponde al *bardo thodol* de los tibetanos, y que la mayoría llama simplemente *bardo*. En realidad hay diferentes bardos. Sin embargo, no me voy a extender en este concepto porque precisaría todo un libro para ello. Mi propósito aquí es mostrar cómo se trabaja este período en la TVP, pero quiero dejar en claro que la palabra *bardo* comprende mucho más de lo que habitualmente se conoce.

Asimismo, cuando hablo de espacio entre vidas, lo estoy haciendo para identificar el período que vamos a trabajar. Lo que llamamos espacio entre vidas es la dimensión en la que transcurre nuestra verdadera vida, la vida espiritual. De la misma manera, el alma podría llamar espacio entre vidas a nuestra vida en la tierra dentro de un cuerpo físico.

Veamos cómo se debe trabajar este período. Como terapeuta, no debo perder de vista en todo momento que la persona necesita extraer el máximo provecho de esta experiencia. No se trata de explorar este espacio porque sí, sin un sentido claro y preciso. Una vez trabajada la escena de la muerte, se pueden seguir varios cursos de acción:

1) Se puede llevar al paciente a otra vida relacionada con el problema que se está trabajando. En ocasiones, esto sucede espontáneamente.

2) Seguir con la vida fetal, nacimiento o primera infancia en su vida actual.

3) Continuar el curso espontáneo luego de la muerte y entrar en el espacio entre vidas.

El camino a seguir depende, en primer lugar, del tiempo que nos resta de sesión. Si no hay tiempo suficiente para seguir trabajando, es mejor terminar la regresión y continuar en la siguiente sesión comenzando en el punto que se alcanzó la vez anterior. Si disponemos del tiempo necesario, ahora todo depende del problema que se está tratando, de lo que surja espontáneamente y de la intuición o *feeling* del terapeuta.

Si se está trabajando una fobia, la regla es investigar la vida fetal, el nacimiento y la primera infancia, buscando el trauma que reactivó la memoria del pasado. En este caso, lo ideal es hacer toda la vuelta en una misma sesión.

Si el tema que se está tratando tiene que ver con conductas de la persona, con actitudes o lecciones no aprendidas, la experiencia del espacio entre vidas puede completar ese aprendizaje y llevar a la persona a otro nivel de conciencia.

En ocasiones, el paciente puede deslizarse espontáneamente y con suma facilidad en el territorio del bardo. Otras veces, alcanzará un punto más allá del cual no puede progresar. Cuando es así, no debe forzarse la situación. Hay que tener presente que la experiencia en el espacio entre vidas depende del grado de evolución de la persona en ese momento. Depende también de cómo se produjo la muerte. A veces suele existir un estado de confusión post-mortem. No todos tienen conciencia de lo que sucede del otro lado.

Algunas personas llegan a presenciar su funeral, luego entran en un estado de somnolencia y al despertar se encuentran en otra vida o dentro del vientre de una mujer que no es su madre de esta vida. Más que nunca, hay que evitar sugestionar a la persona con las creencias del terapeuta. Hay que ser muy cuidadoso con la forma de preguntar, para que el paciente descubra por sí mismo el territorio que está explorando.

Existe la creencia difundida de que hay un tribunal del espacio que evalúa nuestras acciones. Pues bien; yo no he encontrado tal cosa más que un par de veces. En mi experiencia, la mayoría de las personas que han vivenciado el espacio entre vidas, o bien evalúan sus acciones por sí mismas, o bien se encuentran con un guía, o un ser de luz que les señala sus errores y les aconseja el camino a seguir.

Se puede abordar el espacio entre vidas de dos maneras. Una es hacerlo luego de la experiencia de la muerte en una vida pasada. La otra es investigarlo antes de esta vida. Esta segunda modalidad le dará a la persona la oportunidad de rescatar su anteproyecto de vida y de comprender el sentido de las circunstancias que le ha tocado vivir.

Seguidamente, veremos una secuencia interesante, que comprende todo un ciclo de muerte-reencarnación-muerte y regreso al espacio, y, en el siguiente capítulo, abordaremos el espacio entre vidas antes de nacer.

La psoriasis de Roberto

Roberto es un hombre de 56 años, con una historia de psoriasis en sus manos, de larga data. Cuando atravesaba una situación de estrés, sus manos se volvían rojas como un tomate.

Trabajando con sus vidas pasadas, sus manos siempre estuvieron involucradas, a veces sanando y otras, abusando de su poder. En su novena regresión, Roberto comienza con una vida pasada y fácilmente sigue con el espacio entre vidas y la existencia subsiguiente.

Jueves 25 de octubre de 1990

Roberto: Me veo como un negro alto, pegando a unos esclavos que arrastran algo. Tengo un taparrabos y hace mucho calor.
Terapeuta: *Fíjate cómo eres allí.*
R: Soy corpulento, moreno, ojos ligeramente rasgados. Llevo un cinturón con algo dorado como el sol. Me veo pegándole a la gente con un látigo. Llevan una piedra cuadrada, grandota. Hay dos filas de tipos y yo estoy en el medio. Pasan por debajo de mí y les pego a uno y otro lado y me río.
T: *¿Cómo es el lugar donde te encuentras?*
R: Es un lugar desértico, hay unas sierras bajas, hace mucho calor

y yo traspiro. Tengo una vincha blanca en el pelo y me llamo Oxala. Soy un esclavo con más autoridad que los otros. Soy engreído. No comprendo que yo fui como ellos. Me hago el malo con ellos y después me achico con los otros.

T: *Avanza un poco más.*

R: Me veo acostado en una choza, como un cono. Tengo un perrito blanco al lado. Estamos construyendo un edificio muy grande. Es cuadrado, como un fuerte. Se ponen piedras, una encima de otra.

T: *¿Cómo las mueven?*

R: Las mueven con palancas. Se hacen caer de un lugar más alto al más bajo. Ahí, yo "fajo" con el látigo de vuelta. Una piedra aplastó a varios. Yo me río y les pego con el látigo.

T: *Sigue avanzando.*

R: Veo una ceremonia. Hay gente de blanco adorando al sol. Se oyen cánticos. Yo sé que soy inferior a ellos.

T: *¿Qué sientes en esos momentos?*

R: Me siento omnipotente. Me precio de mi fuerza bruta. Siento placer y rabia al pegarles. Los miro como bichos.

T: *Avanza ahora en el tiempo hasta un poco antes de tu muerte.*

R: Me veo viejo, decrépito, abandonado. Nadie me quiere. Sé que toda la gente me tiene rabia. Comienzo a comprender que lo único que hice fue cosechar enemigos. Pobres y ricos me tienen bronca.

T: *Avanza al momento de tu muerte.*

R: Estoy solo. Me muero con gran tristeza. Estoy enfermo de los pulmones o del corazón.

T: *¿Cuáles son tus reacciones en esos momentos?*

R: Siento bronca, tristeza y depresión. Veo mi cuerpo solo, tirado ahí abajo. Miro sorprendido.

T: *¿Qué sientes cuando miras tu cuerpo?*

R: Arrepentimiento de todas las macanas que hice.

T: *¿Y cómo se relaciona esto con tu problema de psoriasis?*

R: Está muy claro. Castigar a la gente.

T: *Avanza un poco más luego de tu muerte.* (Aquí entra en el espacio entre vidas).

R: Es todo negro, feo, desagradable. Hay llantos y lamentos alrededor de mí. Yo estoy muerto de miedo. Quiero preguntar y nadie escucha. Es un lugar triste, gris, feo. Algunos pasan vomitando algo verde. Gente mala.

T: *¿Y qué haces allí?*

R: Me corresponde por lo que hice.
T: *Avanza un poco hasta que ocurra un cambio en tu situación.* (Observen cómo hay que guiar al paciente para que salga de ese estado, sin influirlo con nuestros pensamientos.)
R: Hay un lugar más clarito. Hay seres con hábitos blancos. Me miran con conmiseración. Uno me dice: "No te preocupes que todo va a pasar". Me pongo a llorar. Por todos los males que he hecho me pasa esto. Me parece terrible lo que he hecho antes.
T: *Avanza un poco más*
R: Floto como en un estado latente. Una voz me dice: "Cuando vuelvas tendrás oportunidad de hacer el bien y no el mal". Lentamente me voy tranquilizando.
T: *Avanza al próximo cambio.*
R: Hay un remolino que me envuelve, me levanta para arriba. Gozo con eso. Parece que subo y subo. Como por un agujero parece que entro en otra cosa, color verde.
T: *Sigue adelante.*
R: Hay un viejito.
 –Te estaba esperando –me dice–. Te tengo que mostrar unas cosas. Mirá todo lo mal que has hecho –y me muestra un libro.
 –¿Y qué quiere que hiciera? –le digo.
 – Podrías haber optado por no castigar a la gente.
 –¡Pero me castigaban a mí!
 –Peor el castigo que tuviste.
 –¿Qué castigo?
 –El vivir en ese lugar gris. Ahora tendrás que volver a vivir para reparar el daño que hiciste.
 –¿Cómo?
 –Haciendo el bien –me dice.
 –¡Denme posibilidades!
 –Todos las tienen. Hay que saberlas aprovechar. Has hecho sufrir, vas a sufrir.
 –¡Pero para tanto no es!
 –Pero vos tenías una vida muy buena. (*Se refiere a encarnaciones anteriores positivas.*) La arruinaste en esta etapa. Tienes que recuperar.
 –¿Cuándo?
 –Ahora –me dice, y me quedo solo. Desaparece de golpe. Otra vez me envuelve un torbellino y me quedo dormido.

T: *Avanza al momento en que despiertas.*
R: Me veo dentro de un útero. Me veo feto, envuelto por líquido amniótico. Es feo estar ahí. No es placentero. Mi madre sufre y yo recibo todo el sufrimiento. Parece que mi padre es muy malo. Le pega a mi madre. Le pegó en la panza. Me asusté.
T: *Sigue un poco más.*
R: Veo el momento del parto. No es agradable pasar por ese tubo. Presiento en mi cuerpo algo distinto. Me pegan en la cola y lloro. ¡Oh sorpresa! Es un hospital. Ha pasado mucho tiempo. Hay mujeres con vestidos largos, monjas, sombreros grandotes. Es en un convento o monasterio. Mi madre es muy bonita, tez blanca, trenza larga. Parece que está enferma. Está en una cama con techo y cuatro columnas.
T: *Sigue.*
R: Entra un tipo de barba gris. Es malo y es mi padre. En realidad no sé si es malo o bruto. No me gusta. Me alza en brazos con risotadas. Está borracho. Debe de ser muy importante. Pero me parece que no es mi padre.
T: *¿Qué quieres decir?*
R: El piensa que es mi padre, pero mi madre sabe que no lo es.
T: *Avanza un poco más.*
R: Estamos solos mi madre y yo. Mi madre toma una copa de metal y... ¡paf!, se cae muerta. Se envenenó ella.
T: *¿Qué sientes en esos momentos?*
R: Soledad, extrañeza, lloro.
T: *Sigue un poco más.*
R: Pasé la noche con mi madre muerta. Es de día. Entra una mujer y pega un alarido. Ahora el cuerpo de mi madre está sobre géneros blancos. Hay otro hombre, de nariz finita, ojos celestes. No sé por qué pero presiento que ése es mi padre. Parecería que esto es en algún lugar de España. Mi padre se ríe. Terminó una situación. No era un hijo deseado.
T: *¿Y qué piensas en esos momentos?*
R: Iba embalado a pagar mis culpas.

Hasta aquí, hizo toda la regresión sentado en una silla, con los ojos abiertos, clavados en el piso, como si estuviera viendo una pantalla de cine. Yo no tuve más que empujarlo suavemente para que progresara en su experiencia, siempre cuidando de no sugerir ninguna idea que pudiera contaminar su vivencia. Espontáneamente apareció dentro del vientre de una mujer en una existencia pasada. Y vean qué notable la capacidad para discernir quién era su verdadero padre.

Esta experiencia se completó en la sesión siguiente, donde simplemente le pedí que volviera al punto donde había dejado la vez anterior.

Jueves 1º de noviembre de 1990

Terapeuta: *Cuento hasta tres y vuelves al momento en que muere tu madre. Uno... dos... tres...*
Roberto: Vuelvo a ver el entierro. No entiendo lo que pasa. Estoy como desubicado. Hay una monja que me cuida.
T: Avanza un poco en el tiempo.
R: Debo de tener cinco o seis años. Me veo rezando frente a una imagen de un Cristo crucificado. Vivo en un convento. Mi padre me recluyó ahí, pero yo estoy muy contento. Llevo una vida muy mística allí.
T: Avanza un poco más.
R: Tengo unos dieciséis años. Visto un hábito franciscano, con sandalias. No soy monje, soy aprendiz. Me gustan los pájaros, los pobres, los animales. Disfruto de la naturaleza. Soy alegre y feliz.
T: Avanza a un hecho significativo.
R: Me avisan que murió mi padre. Voy a verlo después de mucho tiempo. Me reciben como a alguien muy importante. Soy heredero de sus bienes. Lo veo muerto y ni me preocupa. Rezo por él y me vuelvo. Todos me miran asombrados. No hay nada que me ate. Dicen que hay mucha fortuna. Yo me doy vuelta y me voy.
T: Sigue, ¿qué más?
R: Me recibe el superior. Él esperaba que yo reaccionara así. Se me ocurre hacer otro monasterio. El superior me dice que soy muy jovencito. Que lo tengo que hacer en el momento oportuno.
T: Avanza, entonces, al próximo hecho significativo en esa existencia.
R: Tengo cuarenta años y estoy dirigiendo una orden de sacerdotes. Salimos a la calle a darles de comer a los pobres. Me rebela la injusticia. Siento mucha bronca. Somos siete sacerdotes.

Trabajamos la huerta en ese castillo que era de mi padre. La gente de la corte se pone muy "chinchuda". Los cortesanos se quedaron sin palacio porque hice una orden allí.

T: *Avanza un poco más.*

R: Estaba muy feliz ahí con los sacerdotes. Aparece una peste. Ayudo a curar las heridas. Una mañana, veo que mis manos tienen la peste; también los pies. Sufro mucho. Son heridas purulentas. Es repugnante. Me siento mal porque no puedo ayudar a nadie. Me la paso rezando. No puedo ni moverme ni comer.

T: *Fíjate cómo están tus manos.*

R: Las tengo muy hinchadas. Color violeta, igual que los pies. Se parece a cuando tuve el primer brote de psoriasis.

T: *Muy bien; avanza ahora al momento de tu muerte.*

R: Me veo tirado en mi camastro, en esa celda de sacerdote. Otros hermanos me vienen a dar de comer. Tengo mucha fiebre. Se me aparece una imagen. Parece la Virgen María. Me mira con ojos dulces y me dice: "Te vas a venir conmigo. Ya has hecho bastante". Me entra un sopor, un sueño. Muy plácidamente me voy muriendo. Mi cuerpo astral se desprende de la mano de esa imagen.

T: *Sigue un poco más.*

R: Veo a muchos sacerdotes y gente reunida llorando por mí. Mucha gente (¡qué diferencia con la muerte anterior!). Eso me emociona mucho. La imagen me dice: "¿Viste que hiciste mucho bien?". Y yo le digo que me gustaría quedarme para hacer más bien. "Ahora estás pecando de orgulloso. Tu etapa se ha cumplido". Veo mi cuerpo muerto. Ya no tiene llagas. Es como si hubieran desaparecido. "Tu fe te ha curado, dice la imagen, pero ya no estás más en ese mundo". Ella me lleva de la mano y dejo el pueblito, alejándome de allí.

T: *¿Qué evaluación haces de esta experiencia?*

R: La relaciono mucho con esta vida. Me quedó la imagen de las pústulas en las manos. La tomo como una prueba de Dios. Es algo que tengo que pasar.

A pesar de esto, el tema de las manos no era fácil para Roberto. Estaba mejor, pero la bronca y la impotencia frente a determinadas situaciones reactivaban la psoriasis. No es fácil lidiar con las pasiones del alma. La prueba está en la alternancia de vidas positivas y vidas en las cuales tenía algún desliz o cometía algún abuso de poder. Se puede venir con grandes intenciones, pero mientras el orgullo y la soberbia estén latentes en el alma, podemos equivocarnos y tendremos que comenzar de nuevo. Vamos a seguir a Roberto en su ultima regresión, que es muy ilustrativa al respecto.

Jueves 6 de diciembre de 1990

Roberto: Me veo caminando con una túnica blanca, barba también blanca. Llevo un cayado en la mano derecha. Tengo mirada penetrante, ojos celeste-grisáceos. Me siguen tres discípulos. Estoy enojado. Siento mucha furia, rabia. Los discípulos están asustados.

Terapeuta: *¿Qué es lo que ocasiona tu rabia?*

R: Veo una choza, hay una nenita descuartizada. Me pongo más furioso y enojado. Eso lo hizo un discípulo mío y yo lo ando buscando.

T: *Sigue adelante.*

R: Los otros tres que me siguen están asustados. Estoy muy furioso. Tengo ganas de destrozar al tipo que hizo eso.

T: *Sigue.*

R: Se hace de noche y no lo puedo encontrar. Es una zona de montañas bajas. Sabe que lo estoy siguiendo. Es la segunda vez que lo hace. Pero no está enfermo; es perverso. La mató y la descuartizó y era un discípulo que yo quería mucho. ¡Cómo me engañó!

T: *Avanza al momento en que te encuentras con él.*

R: Está contra una pared de roca. Tiene nariz aguileña, bigotes finos, cejas anchas, ojos marrones y labios gruesos. Tiene un aro en la oreja izquierda. Me mira aterrorizado y yo lo insulto en otro idioma.

T: *¿Qué idioma?*

R: No sé, no es castellano.

T: *Sigue adelante.*

R: Levanto el cayado y le pego en el cuerpo con toda mi bronca, pero no tengo mucha fuerza. Es como si no le hiciera nada. Pierdo el control y le sigo pegando. El me saca el cayado y lo rompe. Entonces veo que sale de mis ojos como una energía, y pienso: "Te tengo que destruir".

T: *Sigue adelante, ¿qué más?*

R: No sé cómo, pero le quemo las manos. (*Otra vez las manos.*) El tipo se revuelve en el piso. Entonces agarro una piedra y le pego en la cabeza y se desmaya. Aprovecho y le clavo en el estómago el extremo del cayado, con todo el peso de mi cuerpo. Sale la sangre. Sigo muy furioso, no me importa nada...

T: *Sigue, no te detengas.*

R: Sufro un fuerte dolor en el pecho por el esfuerzo y caigo al lado de él. Estoy solo con el otro, que se está muriendo a mi lado. Me sigue la furia. No puedo permitir que ese degenerado siga haciendo lo mismo. Toda una vida enseñándole el amor a los demás para que haga eso.

T: *Sigue.*

R: Noto que mi vida se me escapa. Siento una gran paz. La bronca se transformó en paz. Me veo como siempre, atraído por la luz. Me acerco a esa luz.

T: *Sigue.*

R: Pero al acercarme a esa luz siento convulsiones. Me encuentro con un viejito.

A continuación se suscita el siguiente diálogo entre el viejito y Roberto:

V: ¡Alto! ¿Hacia dónde vas? (El viejito también habla a través de Roberto.)

R: Voy hacia la luz.

V: *No puedes pasar. Mataste a un hermano y antes lo torturaste. Cometiste una injusticia. La justicia no está en ti. Se te envió a la Tierra para algo superior. Te has erigido en justiciero y tú tenías que enseñar a sanar y curar. Usaste la energía que se te dio para matar a una persona. A tus noventa años no podías recoger esa piedra como lo hiciste. Tomaste justicia en tus manos. ¡Afuera! No puedes pasar.*

R: Estoy con bronca, desconcertado. Yo siempre iba con la luz blanca. ¿Adónde voy ahora?

V: *Tú sabes que tienes que ir a purgar tus culpas. Ya fuiste una vez por algo menor.*

T: *Y entonces, ¿qué pasa?*

R: Entonces me encuentro en una zona gris, con energías que pasan a mi lado. Nadie habla y yo siento furia, rabia y enojo. La misma que sentí abajo.
T: *Continúa, ¿qué más?*
R: Me pregunto, al final, estoy acá sintiendo lo mismo que abajo. Una voz me contesta: "Hasta que no dejes de sentirla, de acá no vas a salir". Se pone todo más negro y estoy solo.
T: *Sigue.*
R: Entro en un estado de letargo en ese lugar. Hay puntos brillantes sobre el negro, como el cielo de noche. Se me acerca el viejito, que viene de nuevo. ¿Por qué lo veo como viejito? Se ríe.
V: *¿Qué tal, no tienes más rabia, más furia?*
R: No, estoy cómodo.
V: *Mucho tiempo pasarás aquí, hasta que te vayas a otro renglón.*
R: ¿Qué renglón?
V: *Tendrías que saberlo. Cuando estés bien, te irás allí a purificar.*
T: *Pregúntale al viejito qué pasa con tus manos.* (Decidí aprovechar la presencia del viejito para resolver este enigma.)
V: *Es por lo que has hecho. Tendrías que saberlo, tú que eres tan evolucionado o fuiste. Eras orgulloso, te creíste superior a los demás. Te erigiste en Dios.*
R: Pero yo hacía el bien.
V: *Sí, pero no para gracia de Dios. Por dentro eras muy orgulloso.*
R: Y ahora escucho una voz que me dice:
Voz: *Calfaz o Califaz. Tú has sido preparado para una misión, pero la harás cuando te saques el orgullo y la omnipotencia dentro de ti. Te gusta mucho la vida. No te gusta venir aquí.*
R: Pero yo soy austero.
Voz: *No digas que eres austero. Te gustan los placeres terrenales. Tiembla por lo que te pasará.*
R: ¿Qué me va a pasar?
Voz: *Acá nada; allá, mucho.*
R: ¿Qué es ese mucho?
Voz: *Ya lo verás.*
R: Pido perdón por haberme equivocado.
Voz: *Tú estabas preparado para otras cosas. Arruinaste el plan. No eras una energía común. Comenzarás de abajo de nuevo. Los pasos serán más cortos; dependerá de ti. Has hecho muchas vidas y harás muchas más.*

R: Aparece una energía dorada que me envuelve y otra azul violácea que envuelve la dorada. Toda esa energía me rodea y ahora aparece una central blanca. Se mezclan las tres energías. Como si fuera mi propia energía y ahora todo se hace puro blanco.
T: ¿Qué evaluación haces de esta experiencia?
R: No debo dejarme llevar por la furia. He sido formado para hacer otras cosas. A lo mejor, por establecerme en justiciero me pasan las injusticias. (*En su vida presente, Roberto había sufrido una larga serie de injusticias.*)
T: ¿Qué podrías aprender de todo esto?
R: Tengo que reconocer que me puedo equivocar.

Ésta fue la última regresión de Roberto. Efectuó en total doce regresiones. Sus manos estuvieron siempre involucradas. A veces haciendo el bien; otras, equivocándose, como lo acabamos de ver. Es notable cómo, cuando se encontraba con el viejito en el espacio entre vidas, Roberto procuraba minimizar sus deslices, como cuando dijo: "Bueno, para tanto no es". Pero el viejito conocía más a Roberto de lo que él mismo se imaginaba.

Quisiera que prestaran especial atención a la última parte, cuando habla la Voz. Allí está la clave del problema de Roberto y hay, además, una enseñanza de hondo contenido ético y evolutivo.

Sus manos mejoraron, pero la psoriasis no desapareció totalmente. Tal parece que, en su caso, funcionara como una señal o advertencia para recordarle su punto débil. Personalmente, creo que Roberto podría haber trabajado un poco más, pero hay que respetar los límites hasta donde una persona puede y quiere llegar.

Quiero agregar también, que en ningún momento hablamos con Roberto sobre el karma. La idea de una vida de reparación apareció espontáneamente en el curso de la experiencia, sin ninguna sugerencia de mi parte.

Capítulo XIII
El propósito de vida

Uno de los aspectos más trascendentales del trabajo en el espacio entre vidas, lo constituye la posibilidad de rescatar y rever el anteproyecto o el propósito que uno trae para esta vida.

Esta experiencia suele ser esclarecedora y de vital importancia, sobre todo para personas que no le encuentran sentido a su vida, que no saben para qué están aquí y que se sienten perdidas como en un océano, navegando con rumbo incierto.

El trabajo en sí es sencillo y sumamente gratificante. No obstante, he podido comprobar que para lograrlo se requieren ciertas condiciones. Si bien es posible contactarse con el propósito de vida en una primera regresión, esto no es lo habitual. Como regla general, este momento puede ser recuperado hacia el final del proceso terapéutico o cuando la persona ha trabajado, en profundidad, determinados aspectos de su personalidad. Es como si se necesitara una limpieza previa, una purificación emocional para poder vivenciar ese momento sublime del alma. Si la persona lo hace por simple curiosidad, lo más probable es que no encuentre nada, o que se engañe a sí misma. Parecería que es necesaria cierta preparación y una disposición especial, como si se tratara de una iniciación. Es un momento que requiere entrega y humildad para poder reconocer que se viene a aprender y no a realizar sueños de grandeza. También existe un momento adecuado para cada persona en particular.

En una oportunidad, Raquel, a quien conocerán en su regresión como animal, quiso buscar la respuesta a la pregunta clásica: *"¿Para qué estoy? ¿Qué tengo que hacer?"*. Raquel llevaba trabajando bastante tiempo con TVP. Ésta era su regresión número treinta y cinco y, sin embargo, vean lo que sucedió:

Raquel: Estoy en un lugar lleno de libros. Hay un anciano que me mira con rostro indefinido. No me quiere mostrar los libros. Me dice que no es el momento.
Terapeuta: *¿Cómo es este anciano?*
R: Es una persona de rostro muy dulce, pero no es el momento para hacer la pregunta. Tengo que seguir trabajando. Me dice que no deje de volver, pero que éste no es el momento. Es como que no sería bueno para mí. Es muy astuto el viejito. Tiene una sonrisa pícara. Me mira como diciéndome: "¿Para qué me preguntas si tú sabes que éste no es el momento?". Él sabe que, en realidad, esto es por curiosidad. En el fondo, es como si no hubiera un compromiso real. Es como una actitud infantil de querer manejar cosas que no puedo. Me dice que siga trabajando y que vuelva más adelante.

Como ven, no se puede engañar al anciano. Así y todo, no se desanimen. Algunas personas lo lograron en su primera regresión. Pero recuerden que es fundamental la motivación y la humildad con que se encara esta búsqueda y que cada persona tiene su momento evolutivo adecuado para hacerla.

La experiencia de Nadia

Nadia es médica y trabaja con técnicas alternativas de avanzada, de modo que cuando me dijo que quería comenzar el año '95 haciendo una regresión al espacio entre vidas antes de nacer, accedí gustosamente a ello. Ahora, quiero compartir con ustedes su experiencia, que es una de las más maravillosas e impactantes en todo sentido. Por la vivencia intensa de sus emociones –imposible de reproducir en el papel–, por las enseñanzas que contiene y por la definición clara y sencilla de conceptos difíciles de comprender. Como para confirmar lo que les decía antes, Nadia alcanzó este punto luego de haber efectuado quince regresiones y casi un año después de su última experiencia con vidas pasadas. En el momento justo y adecuado para ella.

Para situarlos en la atmósfera en que transcurrió esta regresión, les cuento que, salvo los momentos de explosión emocional, la voz de Nadia era un susurro apenas audible. La sesión fue grabada y necesité varios días para poder descifrarla. Aun así, hay un pasaje que es totalmente ininteligible. Ni siquiera Nadia pudo descifrar su propia voz. Ahora... tomen una inspiración profunda y acompáñenme en la experiencia.

Domingo 1º de enero de 1995

Tras una brevísima relajación, la guié hacia el espacio entre vidas antes de nacer, de la siguiente manera:

Terapeuta: Y ahora... imagina o siente que una nube de energía luminosa va envolviendo lentamente todo tu cuerpo... Como si formara un aura protectora a tu alrededor... y lentamente... muy lentamente, podrías imaginar que te desprendes suavemente de tu cuerpo... apenas unos centímetros... un poco más... un poco más... y ahora observa tu cuerpo protegido por la nube de energía luminosa... Todo está bien... Tu cuerpo está protegido y seguro... y lentamente... comienza a elevarte... flotando hacia el espacio... alejándote de esta ciudad... alejándote de este país... como un globo que se suelta de la mano que lo retiene... atravesando la atmósfera terrestre... alejándote de la Tierra... elevándote hacia el espacio infinito... Y a medida que te alejas... la Tierra se va haciendo cada vez más pequeña... más pequeña... hasta convertirse en un punto luminoso... Ahora... te encuentras en el espacio infinito... Toma conciencia de tu pertenencia al Universo Infinito... sintiéndote parte de ese Universo... sintiendo cómo el Universo late en tu chispa interior... sintiéndote una estrella más en el espacio infinito... Ahora... en ese espacio en el que te encuentras puedes moverte libremente... ahora puedes moverte en el espacio sin tiempo... Ahora puedes moverte hasta encontrar el punto del espacio donde te hallabas cuando estabas preparando tu descenso para esta existencia... antes de nacer... antes de tu concepción física... En breve... al contar de uno a diez... te moverás a través del espacio sin tiempo... hacia el punto donde te encontrabas antes de tomar cuerpo... hacia el punto donde se diagramaba esta existencia física... Cuento hasta diez y te moverás hacia ese punto del tiempo y del espacio... Uno... moviéndote por el espacio sin tiempo... dos... antes de esta vida... tres... hacia el punto donde te encontrabas antes de tu concepción... cuatro... moviéndote por el espacio sin tiempo... cinco... seis... siete... un poco más... ocho... nueve... diez... ¿Dónde te encuentras? ¿Qué está pasando?

Nadia: Es como si fuera una nave... es como el interior de una nave...

T: *Sigue adelante, muy bien.*

N: Hay mucha luz... y es como que estoy con gente que yo ya conocí.

T: *¿Qué está pasando allí?*

N: Estamos recordando y al mismo tiempo olvidando...

T: *¿Qué más?*

N: Como que estamos hablando y somos todos hombres...

T: *Sigue.*

N: Pero al mismo tiempo... tengo la sensación de que estamos dejando de serlo.

T: *¿Cómo es eso?*

N: Es muy raro... porque lo que hasta ese momento somos...

T: *¿Sí?*

N: Es como que se disuelve...

T: *¿Y qué es lo que son?*

N: Me da la sensación de ser hombre... la sensación de haber hecho cosas...

T: *Sigue.*

N: Ahora es como que estamos en un tubo largo... que da vueltas...

T: *Sigue.*

N: Ahí no nos reímos... nos miramos muy seriamente...

T: *¿Qué está sucediendo?*

N: Yo estoy sintiendo un cambio...

T: *¿Cómo es ese cambio?*

N: Siento que algo se está moviendo... me vienen ideas... conceptos...

T: *Sigue.*

N: Como un reconocimiento vertiginoso de todo lo que hice... y me viene como un temblor...

T: *Sigue.*

N: Y yo busco... busco en la cara de ellos... y a ellos les debe de estar pasando lo mismo... porque es como que sus miradas ya no miran... están para dentro...

T: *¿Quiénes son ellos?*

N: Mis compañeros...

T: *¿Hay alguien más?*

N: ...Hay un ser de mucha luz... muy magnánimo... un ser de mucho amor y mucha paz... ya no nos reímos más...

T: *Sigue adelante, ¿qué está pasando?*

N: ... Siento que estoy entrando por una especie de metal muy raro...

T: *Sigue.*

N: ... Hay cosas que no me gustan... Veo cosas de mí que no me gustan...

T: *Sigue.*

N: Sé que estoy siendo preparada para partir... y yo no quiero partir.

T: *Sigue adelante.*

N: Siento como que me rodean... y yo sé que tiene que ser así... y sé que...

T: *¿Sí?*

N: Sé que estoy siendo diferente... estoy siendo diferente... estoy cambiando cosas... y siento como que me acompaña un ser...

T: *Sigue.*

N: Tiene mucha luz alrededor............ (*Lo que sigue es ininteligible.*)... Hay cosas que tengo que cambiar...

T: *¿Cómo es este ser?*

N: Es un ser de mucha luz... muy magnánimo... siento que es muy tibio, que es muy protector...

T: *Sigue.*

N: Siento como que apoyara una mano sobre mi hombro... y me dejo llevar... y yo siento algo muy fuerte...

T: *¿Qué sientes?*

N: Siento algo en el pecho... ¡Ay, no! (*Nadia comienza a agitarse progresivamente.*)

T: *¿Qué está pasando?*

N: ¡Ahhh! ¡Ahhh! ¡Ahhh! ¡Ay!

T: *¿Qué está pasando?*

N: ¡Siento que algo me atraviesa! ¡Ah! ¡Ah! ¡Ah! ¡Ay! ¡Es muy fuerte!

T: *¿Qué cosa es?*
N: ¡Es una luz muy fuerte! ¡Ah! ¡Ah! ¡Ah!
T: *Sigue adelante; no importa lo que sea, sigue adelante.*
N: ¡Ayyy! ¡No voy a salir como soy! Yo quiero que me expliquen! (*A medida que va progresando, su agitación es cada vez más fuerte.*)
T: *Sigue adelante.*
N: ¿Por qué tengo que ser diferente? ¿Por qué? ¡Ay, no! No estoy acostumbrada a este cuerpo! ¡No! ¡No! (*Ahora comienza a llorar.*)
T: *Sigue adelante.*
N: ¡No quiero! ¡No! ¡No voy a poder! ¡No voy a poder con esto! (*Entre quejidos y gemidos, comienza a recorrer su cuerpo con sus manos, como si estuviera descubriendo algo nuevo. Primero palpa sus pechos, descendiendo luego hacia sus genitales.*) ¡Ah! ¡Ah! ¡Ah! ¡Ah! ¡Ah! ¡Ah! ¡Ah! (*Lentamente se va acercando a sus genitales. Cuando llega allí, suelta un alarido mezcla de terror, desazón y desconsuelo profundo y se ahoga en un llanto incontenible*). ¡Ay! ¡No! ¡No! ¡No! ¡No! ¡AAAYYY!
T: *¿Qué ocurrió?*
N: ¡Voy a nacer como una mujer! ¡No estoy acostumbrada a ser mujer! ¡En el futuro voy a ser mujer! ¿Por qué yo? ¡Si ellos siguen igual y yo no! ¡Ay! ¡Me da mucho miedo! ¡Ay! ¿Qué puedo hacer así? ¿Qué puedo hacer así? ¿Qué puedo hacer así?
T: *Y... fíjate, ¿para qué vas a necesitar esta experiencia de ser mujer?* (*Luego de esta pregunta, Nadia se va calmando y su voz vuelve a ser un susurro.*)
N: ... Ahora entiendo... como hombre... tenía mucho poder...
T: *¿Sí?*
N: ... Fui conductor... había hecho muchas cosas y no entendía por qué me iba a pasar esto.
T: *Fíjate, ¿para qué necesitas pasar por esto?*
N: Mi prueba es ésta. Me dicen que éste es otro momento... y que ahora la conducción tiene que ver con la mujer... que los hombres no lo hicieron bien...
T: *Sigue adelante.*
N: ...Y me dicen que es importante que siga lo que estaba haciendo... pero como mujer... que confíe... que siga haciendo lo que sé...
T: *Sigue, ¿qué más?*
N: ... Que confíe... que sólo cambia mi cuerpo físico... que todo lo

demás lo voy a ir aprendiendo... pero que mi esencia no se va... mi esencia es siempre la misma.
T: *Muy bien, avanza un poco más.*
N: ... Se abre como una especie de compuerta...
T: *Sigue.*
N: Hay como una especie de pasillo o pasarela, algo así, largo.
T: *Sigue.*
N: Adelante están mis amigos. Sabemos que vamos a hacer un viaje similar... Atrás viene otro.
T: *Sigue.*
N: ... Y hay otro que no pudo entrar, no sé por qué. Se queda del otro lado de esa especie de compuerta...
T: *Continúa adelante.*
N: Al que va delante de mí, junto conmigo, le muestran cosas similares... Al otro sé que también, pero como que...
T: *¿Sí?*
N: ... Es como que lo acompaña otro guía.
T: *Sigue.*
N: Ahora estamos mirando para abajo y hay camas... gente que sufre... es como un hospital.
T: *¿Qué experimentas cuando ves todo eso?*
N: Me angustio. No entiendo muy bien qué puedo hacer con eso. Mi compañero sí que sabe. El está seguro de lo que tiene que hacer con eso. Yo siento que quizás es porque soy mujer y todavía no me acostumbro a eso.
T: *Sigue adelante.*
N: Ahora nos cruzamos... estamos entrando del otro lado... y hay como un lugar con mucha gente...
T: *Sigue.*
N: ... Mucha gente mirando... están esperando que digamos algo... y él habla... dice algo... lo escuchan y yo... lo único que hago es levantar los brazos y la gente se calla y siento que algo muy fuerte vibra en todo el lugar...
T: *Sigue.*
N: Y me causa mucha felicidad...
T: *Muy bien. Ahora, fíjate, ¿cuál es el propósito para esta vida? ¿Cuál es la idea general o el plan general para esta existencia?*
N: Yo sé que voy a trabajar con la energía... Yo conozco lo que es eso... hace mucho tiempo que conozco lo que es eso...

T: Sigue.
N: Ahora yo no lo veo a él... tampoco veo a mi otro compañero... el pasillo ahora es como que se angostó...
T: Sigue.
N: Solamente... solamente me acompaña ese ser de luz...
T: Sigue.
N: Me quiere mostrar algo que yo no quiero mirar...
T: ¿Qué es lo que no quieres mirar?
N: ¡No! ¡No quiero! ¡No quiero ver! ¡No quiero ver eso!
T: ¿Qué está pasando? ¿Qué es lo que no quieres ver?
N: ¡Hay un hombre y una mujer que están juntos! ¡Me dan miedo!
T: ¿Quiénes son ese hombre y esa mujer?
N: ¡No sé quiénes son! Pero ahora siento presiones y fuerzas dentro de mí. Es algo parecido a cuando estaba allá dentro.
T: Sigue, ¿qué está pasando?
N: ¡No saben qué hacer! ¡No saben qué hacer conmigo!
T: ¿Y quiénes son estas personas?
N: Yo no los conozco... no sé... ¡No quiero! ¡No quiero! ¡No quiero esto!
T: ¿Qué está pasando?
N: Siento tensiones... siento como que algo se tironea dentro de mí... como si algo se partiera... ¡No quiero! (*Nadia grita al mismo tiempo que se contorsiona y gime y su cara toma un tinte morado por el esfuerzo.*) ¡No! ¡No! ¡No! ¡Nnnn! ¡Aaaayyyy! ¡Nnnn! ¡Aaahhhh! (*Un suspiro largo y poco a poco los gemidos van disminuyendo y Nadia se va tranquilizando.*)
T: ¿Dónde te encuentras ahora?
N: (*Más tranquila*) Es algo blandito... calentito... Me costó mucho entrar... costó mucho entrar...
T: Sigue.
N: Como que yo era mucho más grande.
T: ¿Dónde te encuentras?
N: Estoy dentro de esa mujer. ¿Qué va a ser de mí ahora?
T: ¿Qué está pasando?
N: Es una mujer que no sabe... no sabe por qué estoy ahí... ¡Me quiero ir! ¡Me quiero ir! ¡Quiero salir de acá! ¡No estoy segura acá! Quiero irme pero no puedo...
T: Y fíjate, ¿para qué necesitas estar con estas personas?
N: Ya sé... ya sé... ya sé. ¡Ya sé! ¡Más miedo me da! ¡Ellos tienen que

tenerme! ¡No quiero! ¡Ellos son los responsables de mi muerte! ¡Ellos tienen que tenerme!

T: ¿Qué pasó?

N: ¡Me mataron! ¡Me mataron una vez y lo van a hacer de vuelta! (*Aquí rompe a llorar desconsoladamente.*)

T: Sigue.

N: Me da miedo, porque ahora están pensando de vuelta en matarme. (*Continúa llorando, por momentos su murmullo es ininteligible.*) ¡No quiero! ¡No quiero! ¡Me quiero ir de acá! ¡No quiero! ¡Ay! ¡Ay! ¡Ay! ¡Aaaahhhh! ¡Ahí viene! ¡Ahí viene!

T: ¿Quién viene?

N: Mi maestro, mi maestro de luz. Me acaricia... me reconforta... me dice que me quede tranquila... que todo va a salir bien...

T: *Y fíjate, ¿para qué te va a servir la experiencia de tener estos padres?*

N: El maestro me dice que ellos van a poder limpiar cosas. Que necesitan evolucionar y que yo...

T: ¿Sí?

N: ... Es para que aprenda el desapego...

T: ¿Qué más?

N: Me dice que necesito partir pronto... que después voy a comprender más... me dice que... que no juzgue...

T: Sigue.

N: ... Que no hable del bien y del mal... que simplemente...

T: ¿Qué más te dice?

N: Que se parece a ese miedo que tuve cuando me di cuenta de que no era hombre, porque no estaba acostumbrada... me dice que confíe... yo le pido que me acompañe... que no me deje sola... y me dice que siempre va a estar conmigo... y yo siento que me tengo que entregar.

T: *Ahora fíjate, ¿hay algo pendiente de otra vida que tengas que resolver?*

N: Cuando me mostraron ese lugar, que yo miraba desde una pasarela... me mostraron ese lugar de gente sufriente... ese hospital...

T: ¿Sí?

N: Yo no sabía qué hacer... había gente intoxicada... había gente lastimada, con heridas y a mí todo eso me produjo una sensación muy fea...

T: Sigue.
N: Eso me hizo acordar de otras cosas de mucho tiempo atrás... de otros tiempos... de otras heridas... de otros lugares... de gente que murió envenenada por cosas que yo preparé... en otros tiempos. También tengo que resolver eso...
T: ¿Y cómo piensas resolverlo?
N: El maestro me dice que hay muchas formas... dice que me deje llevar... que yo voy a encontrar otro modo... Dice que no necesito coser heridas para reivindicarme... ni necesito fabricar otras drogas... pero que necesito también estar ahí.
T: ¿Y cuál es la lección más difícil que vienes a aprender en esta vida?
N: El desapego. Y comprender el propósito del desapego.
T: ¿Y qué es el desapego?
N: Es poder contactarme con cada ser humano, dejar lo mejor y partir. Y permitir que también ellos partan cuando tengan que hacerlo y no agarrarme de nada ni de nadie...
T: ¿Y para qué te va a servir el desapego?
N: ... Para poder tener limpio ese camino para transitar... Tengo que estar presta a partir siempre.
T: Ahora fíjate, ¿qué condiciones te ofrece este planeta y este país en particular?
N: La necesidad está acá... los grandes desarraigos están acá... En otros lugares no hay arraigos, no existe siquiera esa palabra.
T: Muy bien. Ahora, avanza al momento de tu nacimiento. Puedes verlo desde afuera. Simplemente observa cómo llegas al mundo, cómo entras en la vida.
N: ¡Ah! ¡Qué apurada! ¡Qué apurada que estoy por salir! ¡Casi me caigo al piso! Gracias a mi maestro que estaba ahí, me agarró esa mujer. Ya no me aguantaba adentro. Hubo un momento en que sentí que temblaba toda.
T: ¿Y cuál es tu actitud al salir al mundo?
N: Me gustó. Esa mujer me salvó.
T: Y fíjate, ¿cómo se relaciona tu forma de nacer con tu vida actual?
N: En los momentos difíciles, siempre hay alguien del mundo que me recibe en sus brazos y me protege. Siempre está mi maestro.
T: ¿Y cómo es tu maestro?
N: Es muy grande, muy brillante. Tan grande que te podría llegar a decir que nunca veo su cabeza y sus pies, si es que los tiene.

T: Muy bien. Ahora que has llegado hasta aquí, observa si estás en el camino correcto o si te has desviado en algún momento.

N: Durante mucho tiempo transité sin saber... Era como que si me salía un poco, me volvían a ayudar a que entrara. Pero durante mucho tiempo no tenía muy claro que ése era el camino. Lo buscaba y no sabía dónde ir... cuando era chica... cuando era adolescente. Pero siempre hubo algo que me llevó nuevamente. Nunca me demoré mucho tiempo fuera del camino. Salía como a mirar las sendas... y volvía.

T: Fíjate qué has logrado de aquello que estaba programado antes de nacer, y qué cosa te falta realizar todavía.

N: Ahora estoy haciendo lo que tengo que hacer, pero me falta mucho... mucho...

T: ¿Qué es lo que te falta?

N: Me falta animarme a abrirme más al mundo. Me da miedo ser muy conocida y ésa es una de las cosas para las que estoy. Tengo que desarraigarme más, y eso también me da miedo.

T: ¿Hay algo que quieras modificar del proyecto original? Ahora puedes revisarlo y modificarlo o mejorarlo, si lo quieres.

N: Quiero estar acompañada en mi camino. No quiero que sea un caminar en soledad...

T: ¿Sí?

N: Y tengo miedo al desapego que funciona tan fuertemente en mí. Tengo miedo de que ese desapego me lleve a la soledad. Quiero poder hacer lo que tengo que hacer, pero no sola.

T: Revisa entonces el concepto del desapego, y fíjate si el desapego implica la soledad.

N: El desapego tiene que ver con el crecimiento. Todos los seres humanos nacimos para seguir un crecimiento que es propio y que confluye en la esencia de todos los crecimientos individuales.

T: ¿Hay algo allí que diga que el desapego va unido a la soledad?

N: No, pero dice que es individual. Significa la compañía adecuada en el momento adecuado, hasta que se vuelva a partir.

T: ¿Hay algo que quieras preguntarle a tu maestro? ¿Ahora puedes hacerlo?

N: Sí... (Silencio prolongado.)

T: Adelante.

N: Le pregunté si tenía que ver con el desapego el hecho de que tuviera un solo hijo, y me dijo que los hijos son lo mismo. Son en el momento adecuado y en la situación adecuada; y que los hijos tienen que ver con la misma confluencia con la que se encuentra un alma con otra alma y que, si ese hijo es bueno para mí, como parte de mi crecimiento, y también tiene que ver con la otra persona, será, y si no, no. Pero me dijo que tengo un hijo más, que no me haga problema, que no piense más en eso. Dice que será en el momento adecuado y la situación adecuada. Que confíe... que confíe en el plan.

T: *¿Hay algo más que quieras preguntar o agregar?*
N: No.
T: *Entonces, en ese espacio en el que te encuentras, te irás moviendo, lentamente, para regresar aquí, a este lugar donde se encuentra tu cuerpo. Elige un color de tu agrado para envolverte y rodearte con su energía.*
N: Violeta.
T: *Muy bien. Envuélvete entonces en el color violeta, absorbiendo la energía vibratoria del color violeta. Y al regresar, traerás contigo todo el conocimiento positivo que has adquirido en esta experiencia. Recuperando el aprendizaje y la seguridad de que siempre estarás acompañada por tu maestro. Lentamente, envuelta en el color violeta, emprenderás el regreso a este planeta. Poco a poco verás ese punto luminoso que es la Tierra, que comienza a acercarse y hacerse cada vez más grande. Acercándote a la Tierra, entrando en la atmósfera terrestre, conservando claramente el aprendizaje y la plenitud de esta experiencia. Volviendo a este país, a la Argentina, a esta ciudad de Buenos Aires, a este lugar donde está tu cuerpo, protegido por la energía. Lentamente, a tu tiempo, irás tomando conciencia de tu cuerpo físico, respirando profundamente y cuando tú lo desees, abrirás los ojos y eso hará que regreses aquí, a tu conciencia física habitual, en este día domingo 1º de enero de 1995. Sintiéndote bien, profundamente bien.*

Al incorporarse, Nadia exclamó:
–¡Qué aterrizaje forzoso! Venía a una velocidad impresionante y cuando atravesé la atmósfera, sentí que ya estaba sobre la calle Cabildo y me vino una picazón impresionante en todo el cuerpo. Me vino como una alergia. ¿Tendrá que ver mi alergia con la atmósfera terrestre?
–¿De qué te diste cuenta con esta experiencia? –le pregunté.

–Lo que más me impresionó fue el atravesar las energías. Sentía que me dolía muchísimo. Atravesar ese espacio, por ejemplo, hasta llegar a lo que sería el cuerpo físico de mi madre. Atravesar el cuerpo de mi madre.
–¿Cómo era esa sensación?
–Yo era demasiado grande y me dolió muchísimo. Sentía dolores físicos, tensiones, como si me estiraran. Como si se rompiera algo. Me impresionó mucho. Y te vi a vos.
–¿A mí? –pregunté sorprendido.
–Sí. Vos estabas delante de mí. Vos comprendiste muy bien lo que había que hacer. Yo no. Osvaldo era el otro compañero que venía con nosotros. (*Osvaldo es su maestro en temas espirituales.*) Y más atrás se quedó Raúl (un amigo). El fue el que se quedó detrás de la compuerta y no pudo entrar. Osvaldo no entró en la parte del hospital. Se quedó en la parte de la energía. Yo tenía un maestro que era más bien masculino. El de ustedes era una energía más bien femenina, con una actitud más bien maternal. Me pareció que podía ser la Virgen. Era como si yo pensara nada más y ellos me contestaran. Cuando me encontré sola yendo por ese pasillo, me asusté un poco. No sentía que ustedes venían. Pero ellos me decían que sí, que ya los iba a encontrar. Cuando estábamos en esa especie de pasarela, desde donde mirábamos hacia abajo, el que lo aceptó más rápidamente fue Osvaldo, como que él lo entendió enseguida. Yo, más que nada, me di cuenta de que no pasaba por una cosa de entendimiento. Era algo que tenía que ver con la energía. Vos pudiste dar explicaciones a eso. Ya después de ahí los perdí a ustedes. Me mostraron a mis padres y eso me angustió muchísimo. También me di cuenta de por qué no quería que fueran ellos. En este trabajo pude ver más claro el tema del hospital. Recordé la regresión que tuve cuando fui médico, en esa campaña de guerra y me di cuenta de que yo no quería hacer eso. No quería más sacar balas, operar y todas esas cosas. Y el tema de la farmacología unido a eso. Enseguida me apareció ese recuerdo de alquimista (otra regresión). Mi primer escollo en medicina fue cuando comencé a cursar farmacología. Cada vez que comenzaba a estudiar fármaco, me agarraba una cosa de miedo, de angustia, de querer escaparme, de no querer rendir. La mayoría de las veces tuvo que ver con no querer presentarme. Y ahí también vi eso. (*Les cuento que Nadia, final-*

mente, aprobó farmacología y se recibió de médica, luego de trabajar este miedo en la TVP.)

—¿Algo más que quieras comentar?
—Cuando estaba en esa especie de pasarela, había una baranda desde la cual miraba hacia abajo. Veía camas de hospital, con cabeceras con forma de arcada y barrotes de hierro y hasta vi las colchas que tenían como un cuadriculado, blancas. También había momentos en los que sentía que me hablaban. Ahora no puedo recordar lo que dije en esos momentos. Se me ocurre otra cosa.
—¿Qué se te ocurre?
—Fue terrible cuando me di cuenta de que iba a ser mujer. Hasta ese momento me sentía hombre. Me pregunto si la sensación de castración que tienen algunas mujeres no tendrá que ver con el hecho de haber sido hombres en otra vida. Yo sentí que no estaba acostumbrada a ser mujer.

Vean cuántas cosas más ocurrieron en esta regresión al espacio entre vidas antes de nacer. En realidad, la vivencia del paciente es mucho más rica de lo que el terapeuta pueda imaginarse. Lo que la persona alcanza a relatar en cualquier regresión es apenas una parte de todo lo que está vivenciando.

Con respecto a la experiencia de Nadia, en principio hay dos grandes aspectos a tener en cuenta. Por un lado está la faz técnica de la conducción. Por el otro, el contenido en sí mismo.

En cuanto a la conducción, lo importante es que se efectúe de tal manera que la experiencia sea lo más espontánea posible, sin interferencias por parte del terapeuta. Al inicio, todo lo que hice fue guiarla a Nadia hasta llegar al espacio entre vidas. Como hizo Rochas con Mireille, en el ejemplo de la torre, ¿recuerdan? A partir de allí, la experiencia fue suya. Mi participación se limitó fundamentalmente a acompañarla y a estimularla a seguir adelante. Sólo hacia el final le pedí que fuera al momento de su nacimiento para completar la experiencia.

Luego están las preguntas clave, para que Nadia extrajera el conocimiento positivo de su vivencia. Estas preguntas son indispensables, porque de lo contrario muchas cosas se perderían. Observen, por ejemplo, cómo cambia el ánimo de Nadia cuando le pregunto para qué le va a servir la experiencia de ser mujer. Para ella fue desgarrador descubrir que no iba a ser hombre. Sin embargo, apenas formulé la pregunta comenzó a calmarse, porque supo para qué necesitaba esa prueba, e inmediatamente comprendió que era parte de su evolución. Lo mismo sucedió cuando descubrió quiénes iban a ser sus padres. No se trata de preguntar cualquier cosa para satisfacer la curiosidad del terapeuta. Todas las preguntas son formuladas con el firme propósito de que el paciente obtenga la información necesaria para comprender y aprovechar mejor sus circunstancias actuales.

Con toda seguridad, lo más importante de esta experiencia está en su contenido. Un contenido lleno de enseñanzas y de implicancias para reflexionar. Por ejemplo, la relación kármica con los padres, y la negativa y el rechazo de Nadia a entrar en ese vientre. Por muy evolucionado que uno crea ser, hay cosas que no nos gustan y, sin embargo, no hay otra opción que hacerlas. Nadia tenía sus asignaturas pendientes y una vez más aparece espontáneamente la idea de la reparación, cuando su maestro le dice que no necesita coser heridas para reivindicarse de sus errores pasados. Es interesante también el accionar de su guía, presente todo el tiempo hasta el instante de su nacimiento.

Uno de los momentos más reveladores, a mi juicio, es cuando le pregunto cuál es la lección más difícil que viene a aprender, y Nadia me contesta diciendo que es el desapego. Desde hace tiempo que escucho hablar del desapego. Pero confieso que nunca lo comprendí en forma tan clara, tan sencilla y tan profunda a la vez, como lo hizo Nadia con su definición. Lo notable es que luego de la experiencia, Nadia no recordaba lo que había dicho del desapego y se sorprendió muchísimo cuando unos días después le leí su definición. Según Nadia, alguien le hablaba y ella simplemente repetía lo que le decían.

Aunque éste no fue el caso, quiero decirles que es posible revisar el anteproyecto de vida y modificarlo o cambiarlo, si uno se da cuenta de que se equivocó al hacer el plan. Nadia fue asistida por su maestro, pero no siempre ocurre así. Algunos seres pasan de una vida a otra casi sin darse cuenta, llevados por el influjo de sus pasiones. Si una persona descubre que elaboró un plan de vida influida por la fuerza de una culpa o de un rencor, puede modificarlo si toma conciencia de cómo la está afectando esa decisión en su vida cotidiana. Y no hay ninguna transgresión en esto. Recuerden que la sabiduría borra el karma y que Dios sólo quiere nuestro bien. Cuanto antes nos demos cuenta, mejor.

Seguramente, hay muchas cosas más para comentar de esta experiencia. Pero les voy a dejar ese trabajo a ustedes. Es mucho más estimulante y no quiero privarlos del placer de descubrirlo por ustedes mismos. Toda la experiencia de Nadia es una enseñanza. A mí, lo que más me hizo reflexionar fue la definición del desapego. A ustedes, ¿qué fue lo que más los conmovió?

Me olvidaba de una cosa. Nadia dijo que allá arriba me vio a mí y a otros amigos. Suele acontecer. *Una evidencia más de que los encuentros aquí abajo no son casuales.**

---

* *"Todo encuentro casual, una cita"*, Jorge Luis Borges.

Capítulo XIV
La vida fetal

En el curso de una terapia de vidas pasadas, es fundamental trabajar la etapa de la vida intrauterina y el nacimiento. En ocasiones, el problema de la persona se resolverá tan sólo trabajando esta secuencia. Aquí es donde los recuerdos, los mandatos, los patrones de conducta, los miedos y las creencias de vidas pasadas, son reactivados y reforzados. El feto escucha, siente, se emociona, memoriza y aprende en el vientre de la madre. La vida intrauterina es el período más largo de nuestra vida en donde el subconsciente reina en forma absoluta. Todo queda grabado sin discriminación posible. Todo lo que le ocurra a la madre en esta etapa, incidirá en el feto. Si no es deseado, sentirá rechazo. Si la madre pensó en abortar, aunque luego no lo haya hecho, sentirá rechazo y el miedo a la muerte. Las dificultades de la pareja, los apremios económicos, los conflictos familiares o sociales dejarán su impronta en el subconsciente fetal. Los miedos y angustias de la madre son experimentados por el feto como propios. El feto no discrimina; lo que siente la madre, lo siente él. Si la madre siente dolor, sentirá dolor. Si la madre es rechazada por su pareja o su familia, sentirá el abandono. Pero además, puede sentir la presencia o ausencia del padre y hasta percibir los pensamientos y emociones de éste. Sabe si su padre lo desea o lo rechaza, si espera un varón o una mujer, como ya lo hemos visto en la historia de Aída.

El doctor Thomas Verny ha realizado y recopilado investigaciones científicas que demuestran el comportamiento y las reacciones del feto dentro del vientre materno.[1] Éste es un período que debe ser investigado durante la regresión, para desprogramar a la persona de todos los miedos y emociones que la hayan marcado. Muchas depresiones de la vida adulta tienen su origen en la vida fetal. La ansiedad, la inseguridad y los miedos de la madre ponen en peligro el desarrollo de un yo fuerte. Por el contrario, una madre segura de sí misma y de su amor hacia su bebé tiene el poder de apagar o suavizar las experiencias traumáticas de vidas pasadas.

Trabajando este período, la persona puede discriminar sus emociones de las de la madre. A veces, el solo hecho de tomar conciencia de que la emoción que está experimentando no es la propia, sino que le pertenece a la madre, puede ser suficiente para desprenderse de ella.

El momento del nacimiento es el instante culminante de la vida fetal. Llegó la hora de salir y de encontrarse con esos padres y con el mundo. El nacimiento puede llegar a ser la situación más traumática en la vida de una persona. Para la mayoría, es más fácil morir que nacer. Morir significa terminar, liberarse. Nacer implica comenzar de nuevo, asumir responsabilidades, resolver las asignaturas pendientes.

El trauma del nacimiento está asociado a las impresiones de vidas pasadas y del período prenatal, que se reactivan en ese momento. Pero además de su carga emocional propia, en el instante de nacer, el nuevo ser puede encontrarse con el miedo, la inseguridad o el pánico de la madre y un mundo hostil poblado por personas desconocidas, uso de drogas, maniobras de reanimación, luces, oxígeno, circulares de cordón, todo eso mezclado con los ruidos del instrumental, chistes y comentarios del personal médico y enfermeras. El trauma del nacimiento puede marcar tanto a una persona, que muchos pacientes descubren que en su vida reaccionan de la misma manera como lo hicieron en el momento de nacer.

Como regla general, las situaciones de la vida fetal y del nacimiento reactivan las emociones del pasado, reactualizando el conflicto. Casi todas las historias siguen este patrón. Más aún, un

---

[1] Thomas Verny, *op. cit.*

episodio de vida pasada puede permanecer latente y no objetivarse en síntomas o emociones, si no hay un incidente puntual que lo despierte. Una fobia que se manifiesta tardíamente (como en el caso de Luisa, a los cincuenta años), es un ejemplo.

Pero a medida que fui ampliando la experiencia, comencé a preguntarme: los traumas de la vida fetal, del nacimiento y la primera infancia ¿reactivan la memoria del pasado por casualidad o, acaso, estas situaciones son preparadas de antemano, para resolver justamente las cuestiones pendientes o aprender algo en particular?

Las experiencias de muchos pacientes, que se dieron cuenta de que necesitaban situaciones difíciles o padres conflictivos para realizar un aprendizaje determinado, parecen sugerir lo segundo. En definitiva, el resultado es el mismo: la reactivación de las emociones del pasado; pero además parecería que hay una intencionalidad previa a la concepción, para que esto ocurra así. Estoy convencido de que las circunstancias que rodean a una persona, la carga genética familiar, la personalidad de los padres y hermanos, el ambiente social, el país y el medio social en que se desenvuelve, no son más que un escenario para que ella desarrolle el papel que vino a representar. En realidad, toda esta escenografía lo que hace es facilitar que se expresen determinados aspectos o cualidades del individuo, e impedir o limitar la manifestación de otros, que tal vez serían nocivos para su evolución. Tal podría ser el caso de Roberto y sus manos.

Hecha esta digresión, vamos a ver ahora cómo trabajar este período apasionante de nuestra existencia.

La vida intrauterina puede ser trabajada de varias maneras. La secuencia clásica es hacerlo luego de la experiencia en vida pasada. Si se está trabajando una fobia, recuerden que la regla es hacerlo en la misma sesión. En ocasiones, el paciente puede comenzar espontáneamente en la vida fetal, luego ir a una vida pasada y volver una vez más al nacimiento. Todas las variantes son válidas. También se puede trabajar la vida fetal en forma exclusiva, lo que nos permite explorar más detalles. Esto es lo que vamos a comprobar ahora, con las dos historias que siguen.

Una madre dormida y un oído que no funciona

César es un colega de 35 años, con una relación muy conflictiva con su madre, sin diálogo posible. El motivo original de su consulta era una sordera muy particular, ya que habitualmente se manifestaba en situaciones de estrés o de agresión. Duraba una semana y luego se recuperaba en el término de otra semana.

Trabajando en la terapia, César se dio cuenta de que la sordera la manejaba él mismo y que en realidad había cosas que no quería escuchar como, por ejemplo, que no lo quisieran. Frente a situaciones que le desagradaban, reaccionaba de dos maneras: o bien agresivamente, o bien con la sordera. A medida que fue progresando con la TVP, se hizo evidente que tenía que resolver el conflicto con su madre.

César tenía dificultades para vivenciar episodios de otras vidas. Sin embargo, al trabajar la vida fetal, yo mismo me sorprendí de la facilidad con que surgieron estas vivencias, que encendieron una luz de comprensión en esta situación. Quiero decir, también, que esta experiencia no fue sugerida. Le pedí que fuera al inicio del conflicto con su madre, y entonces me respondió así:

Jueves 14 de mayo de 1992

César: El inconsciente me dice que la relación comenzó en esta vida.
Terapeuta: *Entonces, al contar hasta tres, ve al vientre de tu madre, en el primer trimestre de tu vida intrauterina. Uno... dos... tres...*
C: Estoy cómodo, mamá está contenta, la veo linda y joven.
T: *¿Y tú, cómo te encuentras?*
C: Yo estoy tomando conciencia de que estoy en un lugar nuevo, sabiendo que ella sabe que yo estoy allí.
T: *¿Y tu papá?*
C: No lo veo.
T: *¿Qué tiempo tienes ahí?*
C: Tres meses.
T: *Avanza un poco hasta el cuarto mes. ¿Qué estás sintiendo?*
C: Mi cuerpo está más grande, percibo el calor. A veces veo luces.
T: *¿Cómo está tu mamá?*
C: Se está peleando, no sé con quién, pero está enojada.

T: ¿Y tú que sientes?
C: Siento sorpresa. Después de gritar llora y yo noto ese cambio. Es como si se hubiera roto algo. Es como que el amor que me estaba dando me lo deja de dar.
T: ¿Y qué sientes en esos momentos?
C: Me siento solo. (*Vean cómo ya, tan temprano, César se siente afectado por lo que le sucede a su madre.*)
T: ¿Y tu papá?
C: No lo siento; no sé que exista.
T: *Avanza ahora hasta el quinto mes; ¿qué está pasando?*
C: Me veo más grande, me muevo como quiero.
T: *¿Cómo está tu mamá?* (Permanentemente hay que buscar el punto del conflicto.)
C: Siento ambivalencia. (¡*Atención!*)
T: *¿Qué está pasando?*
C: Mamá se acaricia el vientre y piensa si no seré yo el culpable de la infelicidad que siente. Ahora está recapacitando que yo no tengo nada que ver si tiene una pelea con mi papá. (*Lo que dijimos al principio. El feto siente y percibe hasta los pensamientos de la madre.*)
T: *¿Qué sientes en esos momentos?*
C: Siento que se está acercando otra vez a mí.
T: *¿Y tu papá?*
C: Como que está tocando la panza de mi mamá. (*Aparece el padre en escena.*)
T: *¿Y qué sientes con eso?*
C: Siento que hay alguien más con mi mamá.
T: *Avanza hasta el sexto mes; ¿qué estás experimentando?*
C: Me veo más grande, me puedo mover, pero ya no tengo tanto espacio.
T: *Sigue, ¿qué más?*
C: Es como que analizo lo que pasó en el cuarto mes.
T: *¿Y cuál es tu reacción con lo que pasó en el cuarto mes?*
C: No la puedo perdonar. (¡*Allí está! Comienza a aclararse la situación actual.*)
T: *Sigue, ¿qué más?*
C: Creo que mi mamá me quiere, pero algo se rompió. Es como que en un momento dudó de mí.
T: *Ahora fíjate cómo te está afectando esto.*

C: Me tengo que perdonar a mí mismo antes de poder perdonarla a ella.
T: ¿Que es lo que necesitas perdonarte?
C: El no ser tan perfecto, y que ella tampoco sea perfecta, como yo creía. (*La exigencia de su vida actual.*)
T: Muy bien, avanza ahora al séptimo mes; ¿qué estás sintiendo?
C: Tiene miedo; está atemorizada; sabe que falta poco para el nacimiento. Percibo que algo está pasando.
T: ¿Qué es lo que percibes?
C: Noto mi crecimiento; sé que voy a nacer y siento su miedo.
T: Y eso, ¿cómo te afecta?
C: Estoy atento, trato de escuchar cosas. Reconozco la voz de ella, la voz de mi papá... estoy atento esperando sonidos que son familiares.
T: ¿Qué sonidos?
C: El timbre, el teléfono. No hay peleas, pero hay gente que la quiere y gente que no la quiere. Ella lo sabe.
T: ¿Cómo es eso?
C: Hay gente que no le perdona que haya quedado embarazada. Mi abuela y mi tío. Él tenía que haber tenido el primer hijo y mi mamá se adelantó.
T: ¿Y cómo te afecta esa situación?
C: Me pongo a la defensiva. Puedo percibir sentimientos. Puedo ver lo que hay detrás de lo que dicen. Siento las vibraciones. Siento si son sinceras o no. No entiendo, pero siento. (*Observen el poder de percepción que puede tener el feto.*)
T: Sigue, ¿qué más?
C: Mi mamá se da cuenta de que su felicidad causa infelicidad a otra gente y se cubre la panza, lo oculta. Es como que soy el culpable de esto.
T: ¿Y tu papá?
C: Papá está contento, pero sabe que su hermano mayor está triste y no le permite disfrutar el embarazo. Pero mi abuelo sí está contento. El separa las cosas; es más sabio, más inteligente. Mamá duda, tiene miedo de que el embarazo la separe de mi papá y él sabe que con el embarazo lo está hiriendo al hermano.
T: Avanza ahora al octavo mes.
C: Mamá ya no está asustada, sabe que las cosas van bien, sabe que no va a sufrir. La van a dormir.

T: ¿Y tu papá?
C: Está ansioso, quiere verme, saber qué soy.
T: ¿Y tú qué sientes?
C: Me siento con ganas de salir, sabiendo que falta muy poco. Me doy cuenta de que me voy a encontrar con cosas lindas y feas. Es como que ya las conociera.
T: ¿Qué es lo que conoces?
C: Es como que ya conociera esos sentimientos: la envidia, el odio, la falsedad, la hipocresía.
T: ¿Y qué sientes con esto?
C: No los entiendo.
T: Avanza ahora al noveno mes.
C: Estoy boca abajo, veo todo con la cabeza para abajo. No me puedo mover. Siento que la cabeza mía está apoyada en algo medio duro. Como si fuera un almohadón duro.
T: ¿Cómo está tu mamá?
C: Se está arreglando para ir a la clínica.
T: ¿Y tu papá?
C: Está ansioso. Ya no puede esperar el momento para verme.
T: Hasta aquí, ¿cuál fue el momento más difícil de tu vida fetal?
C: Cuando mi mamá dudó de mí. Es como si yo hubiera sido la causa de la infelicidad que sintió en esos momentos.
T: Fíjate qué sentimientos, qué sensaciones, qué pensamientos te vienen en esos momentos. (En aquella época trabajaba así. Más tarde comencé a preguntar por las reacciones.)
C: Sentí que me abandonaba. Era como que el cordón umbilical estaba frío y no me llegaba calor. (Vean todo lo que puede suceder por un momento de duda.)
T: ¿Y cómo se relaciona esto con tu vida actual?
C: Es la negación; no funciona el oído. (Ahí está el motivo original de consulta.) Es como una señal de que algo está mal. Como una luz que se enciende en el tablero del automóvil.
T: ¿Y ahora qué piensas de esto?
C: Quizás llegó el momento de resolver conflictos viejos. Defectos que veía en mis padres, los veo en mí.
T: ¿Y entonces?
C: Tengo que aprender a decir: bueno, soy un ser humano, yo también me puedo equivocar, entonces voy a poder perdonar a los otros. Ahora sé que no soy perfecto.

T: ¿Podrías perdonarte ahora?
C: Me doy cuenta de que no necesito perdonar. Lo importante era comprenderlo y ahora sí puedo comprenderlo. (*Vean cómo todo se va ordenando espontáneamente.*)
T: *Muy bien, avanza ahora al momento de tu nacimiento.*
C: Siento que todo se mueve, como que algo va a estallar. Siento como que voy a ser expulsado. Siento que hacen fuerza... que me voy moviendo, me voy acomodando. Siento que salgo a un lugar frío, con luz... lloro... me separan de mi mamá...
T: *Sigue, no te detengas.*
C: Hay gente contenta, pero yo tengo frío. Hay gente que lo toma como un trabajo. (*¿Qué tal?*) Siento que estoy en un lugar frío, frío, como mármol. ¡Me lavan, me limpian, me dan vuelta! ¡Quiero que se detengan! De pronto me agarran, me abrazan, pero no es mi mamá.
T: *¿Dónde está tu mamá?*
C: Mi mamá se quedó ahí, está dormida.
T: *¿Qué sientes en ese momento?*
C: Me siento desprotegido, como que me separan de ella. Ahora, desde mi visión actual, veo que se perdió la felicidad del parto. Es algo que duele, pero es maravilloso ver al hijo llorando. Todo eso se lo perdió. Se perdió de verme.
T: *Y esto, ¿cómo crees que influyó en tu vida?*
C: No sabe que existió. Se hubiera enriquecido. Papá tampoco estaba. Es algo que no se hubiera olvidado nunca. Es algo muy grande. Es como el final de la película. (*Vean cuántas cosas pueden suceder en el momento del nacimiento que ni siquiera sospechamos.*)
T: *Sigue un poco más.*
C: Me llevan a un lugar donde me miran desde afuera. Me señalan con el dedo. Mi abuelo está contento. El primer nieto varón. Mi tío hubiese preferido que fuera mujer. No le hubiera dolido tanto. Mi papá está tan contento que no alcanza a ver lo que yo percibo. Mi abuela paterna sabe que el hijo mayor sufre. Mi abuela materna sabe que tiene que proteger a mi madre y a mí. (*Tomen nota de todo lo que puede registrar un recién nacido. Después se preguntan por qué será que un niño prefiere o rechaza a determinados miembros de la familia.*)

T: ¿Y tu mamá?
C: Mi mamá todavía se está recuperando.
T: Avanza al momento de tu primer encuentro con tu mamá.
C: Me abraza, está contenta.
T: Eso es. Siente ese abrazo, esto es importante para ti.
C: Sí, me doy cuenta de que es ella. Siento que es mi mamá. Ahora sé que es ella. (*Como se darán cuenta, no se puede engañar a un bebé.*)
T: ¿Cuál fue el momento más difícil de tu nacimiento?
C: Cuando me separaron de mi mamá.
T: ¿Cuáles son tus sensaciones y pensamientos en ese momento?
C: Que mi mamá no me ve. Está dormida, no me escucha. No sabe que nací. A todo el mundo le provoqué algo. A ella no. Todos saben que nací, menos ella.
T: ¿Y cuál es la sensación dominante de ese momento que está afectando tu vida actual?
C: Como que le soy totalmente indiferente. (*Allí está el resumen del conflicto.*)
T: ¿Podrías modificar esto ahora?
C: Ahora sé que estaba dormida. Siento que hay otras cosas que pasaron en mi infancia. Duele aceptar que uno puede llegar a ser la causa de infelicidad de otra gente. De alguna manera molesté o lastimé. No puedo pretender que todos me quieran.
T: ¿Qué puedes aprender a la luz de esta experiencia?
C: Siento que estoy creciendo. Ahora soy más grande que mis padres, cuando ellos cometieron esos errores. Siento que se avecina un gran cambio.

Como corolario de su trabajo, César pudo hablar con su madre. Le llevó un tiempo poder hacerlo, pero seis semanas después de esta regresión entró exultante al consultorio.

–Tengo novedades importantes –dijo. Hablé con mi mamá. Creo que fue un "golazo". La comprendí, nos pusimos a charlar. Mi madre me dijo: "Qué raro, nunca venís a hablar conmigo". Yo no me animaba a decirle que la quería. Estaba muy emocionado. De repente, le dije: "¿Vos sabés para qué vine?". No, me contestó. Y entonces le dije: "Vine para decirte que te quiero".

Me abrazó y me dio un beso. Se puso muy contenta. Ya antes

de hablar me di cuenta de todo lo que sentía por ella. Después me di cuenta de que me sentía muy bien y que ella me quiere. Yo estoy cambiando y la sordera también está cambiando. Hasta me estoy escuchando a mí mismo.

La rebeldía de Rosaura

Rosaura tenía treinta y cinco años cuando me consultó por su estado depresivo, su tendencia suicida y la frustración reiterada con parejas mayores que nunca llegaban a feliz término. En el transcurso de la terapia, se puso en evidencia su miedo a la soledad, su inseguridad, su profunda rebeldía y el conflicto con sus padres. Sabía que su nacimiento no había sido fácil y que había nacido con doble circular de cordón.

En una vida anterior se había suicidado disparándose un tiro en la sien. Ya había trabajado la vida fetal en dos oportunidades, pero yo intuía que aún quedaban cosas por resolver allí. Rosaura estaba modificando su vida paulatinamente, pero la rebeldía todavía era muy fuerte en ella. Trabajando esa rebeldía, fue como Rosaura hizo esta experiencia, que comienza antes de su concepción y culmina con su nacimiento.

Miércoles 9 de octubre de 1991

Terapeuta: *... y al contar de uno a diez, retrocederás al momento previo a tu concepción, al momento en que conoces a tus padres. Cuento hasta diez y a medida que vaya contando, te irás moviendo hacia ese punto del tiempo y del espacio. Uno... dos... tres... moviéndote hacia el instante previo a tu concepción... cuatro... cinco... seis... retrocediendo un poco más... siete... ocho... nueve... diez. ¿Qué estás viendo, oyendo o sintiendo?*
Rosaura: Veo la casa de mi mamá y mi papá y que me los presentan. Ella está sonriente y contenta; él, más o menos.
T: *¿Qué más?*
R: Pero yo estoy cansada y no tengo ganas de ir. Todavía necesito tiempo, pero el tiempo se acaba y tengo que bajar.
T: *¿Estás sola o acompañada?*
R: Estoy en una nebulosa, sola, pero bien. Una voz me dijo que tenía que nacer. Como una orden.

T: ¿Cómo te impresionan tus padres?
R: Cuando me los presentaban sentí que mi mamá quería aferrarse a mí. Está sola.
T: ¿Y qué sientes ante eso?
R: Rechazo. Tengo que empezar una vida nueva y preferiría quedarme acá arriba.
T: ¿Qué piensas en esos momentos?
R: Ninguno de los dos está preparado para tener un hijo y yo no estoy preparada para tener padres. (*Vean qué dilema.*)
T: ¿Y qué te lleva a tener estos padres y volver a la Tierra?
R: Tengo que hacer cosas.
T: ¿Qué cosas?
R: Muy bien no lo sé.
T: *Fíjate, ¿cuál sería la idea general?*
R: ¡Sabés que tengo bronca por bajar! Yo no quiero, además en otra vida me maté y puedo llegar a hacerlo otra vez. Tengo que luchar con eso y no sé si voy a poder. Y encima tengo padres que no me van a entender...
T: ¿Y qué es lo que te empuja a bajar?
R: El tiempo se terminó y tengo que bajar. No puedo estar acá arriba mucho tiempo. Tengo que resolver cosas mías. Pero esta vida me va a resultar muy difícil. Tengo que resolver muchas cosas.
T: *Procura rescatar lo que tienes que resolver.*
R: Tengo que madurar. Tengo que salir adelante sola. Hay momentos en que me aterra la idea, pero si no lo arreglo en ésta, lo tengo que arreglar en otra.
T: ¿Hay algún propósito para tener estos padres?
R: Yo no los elegí, me tocaron. Sólo sé que no me gustan.
T: ¿Y qué esperas aprender con la experiencia de tener estos padres?
R: Ellos son rencorosos; no se puede vivir con rencor. Yo tengo que ayudarlos a vivir sin rencor, pero me va a costar mucho tiempo y no tengo ganas. (*Vean cómo, insensiblemente, va apareciendo el propósito y aprendizaje para esta vida.*)
T: *Avanza ahora al momento de tu concepción.*
R: Tengo bronca. Si yo no hubiera estado cansada, hubiera bajado en otros padres, pero ahora me tocaron ellos. ¿Sabés que me voy a suicidar?
T: ¿Cómo es eso?

R: Lo tengo planeado. Pero no me voy a poder matar. Me voy a morir cuando nazca, pero me van a salvar. Porque yo tengo que nacer en esta vida. No tengo otro tiempo. Tengo que bajar y listo.
T: *Sigue adelante.*
R: Mi mamá está contenta y yo me siento mal, me da asco todo.
T: *¿Dónde te encuentras?*
R: Estoy en la panza de mi mamá. (*Se pone en posición fetal.*)
T: *¿Qué tiempo tienes?*
R: Tres o cuatro meses.
T: *Retrocede un poco; ¿qué pasó en tu concepción, cómo la viviste?*
R: Mal, fue todo apurado.
T: *¿En qué momento entraste en tu cuerpo?*
R: El primer día que se casaron. Les estropeé la vida. Ellos no pudieron disfrutar y yo no pude descansar más. Me da bronca. Si no hubiera estado cansada, hubiera elegido otros padres.
T: *Avanza al primer mes de tu vida fetal. ¿Qué está pasando?*
R: Mi mamá se la pasa devolviendo. Está preocupada, con mucha angustia.
T: *¿Qué le pasa a tu mamá?*
R: Llora porque murieron los padres, se siente desprotegida y tiene ganas de tener un nene rubio como el hermano, que era rubio... Pero yo no voy a ser ni varón ni lindo. La voy a defraudar. (*Nuevamente vean cómo el feto está al tanto de todo lo que le pasa a la madre.*)
T: *¿Y tú qué sientes con esto?*
R: Me siento peor, pero ya estoy acá. Se oscurece todo y me dan ganas de llorar.
T: *¿Y tu papá?*
R: Lo veo frustrado y en su mundo.
T: *Avanza al segundo mes.*
R: Está todo igual. Sigo sintiendo asco.
T: *Ese asco, ¿es tuyo o de tu mamá?*
R: Es el asco que siente mi mamá, pero yo lo siento también. ¿Sabés que no soy feliz? Me hubieran gustado padres más compañeros. Tampoco sé por qué se juntaron ellos.
T: *¿Tú qué crees?*
R: Porque mi mamá tenía que casarse con alguien, porque no sabía vivir sola y porque mi papá tenía que casarse con una chica de su casa. Por eso se casaron.

T: ¿Y qué puedes aprender de eso?
R: ¡Tengo que aprender a vivir sola! ¡A eso vine! ¡Eso es lo que tengo que aprender! ¡Y no necesito vivir con un hombre para aferrarme! ¿Sabés que es verdad que eso es lo que tengo que aprender? (*¡Insight! Se sacudió. De improviso apareció la gran revelación, su elección de pareja influida por su miedo a la soledad y este miedo que deja de ser miedo para convertirse en una lección de vida.*)
T: Sigue, ¿que más?
R: En la otra vida me había matado porque no soporté la soledad. Me va a costar, porque lo voy a tener que aprender yo sola.
T: *Avanza al siguiente hecho significativo en tu vida fetal.*
R: Mi mamá no deja morirse tranquilos a sus padres. Siempre está pensando en ellos, lamentándose de que no me van a conocer.
T: ¿Y cómo te afecta esto?
R: Me afecta porque se la pasa llorando todo el día y yo siento bronca. No los perdona porque se murieron y la dejaron sola. No sabe qué hacer.
T: Y esto, ¿cómo te está afectando?
R: Yo recibo de ella que no voy a saber luchar, que no voy a saber valorar lo que tengo. No voy a saber mantener lo que tengo. Eso es lo que me deja. (*Los mandatos maternos.*)
T: Ahora te vas a desprogramar de todo esto. Te vas a desprender de todo esto, tomando conciencia de que nada de esto te pertenece. Al contar hasta tres, irás al próximo incidente significativo en tu vida fetal. Uno... dos... tres...
R: Hay problemas con los familiares de mi mamá. Le están hablando mal de mi papá.
T: ¿Y tú qué sientes?
R: Me indigna toda esa gente. Es gente oscura y me dan oscuridad. ¡Aaah! Me duele la espalda.
T: ¿*Te duele a ti o a tu mamá?*
R: Le duele a mi mamá, pero yo lo siento igual y le debe de doler la panza también, porque me duele la panza. Ella se pone nerviosa y los músculos no me dejan mover. Ella se pone nerviosa y me duele la espalda, me duele todo. (*Vean cómo hasta el más mínimo dolor de la madre es experimentado por el feto.*)
T: ¿Y qué sientes cuando pasa esto?
R: Siento bronca. No entiende que me está molestando a mí. ¿Para qué estoy acá, si me está haciendo esto?

T: *¿Qué tiempo tienes allí?*
R: Siete u ocho meses.
T: *Hasta aquí, ¿cuál fue el momento más difícil de tu vida fetal?*
R: Cuando la gente venía a decirle cosas a mi mamá. Se ponía nerviosa y me aplastaba. Sentía impotencia porque no le podía decir nada. No me escuchaban porque estaba en la panza y, al ponerse nerviosa, mi mamá me aplastaba y me apretaba.
T: *¿Y cómo se relaciona esto con tu vida actual?*
R: Me siento apretada, me siento cansada, atada. No puedo hablar porque no me escuchan.
T: *Avanza ahora al momento de tu nacimiento.*
R: No sé si nacer o no nacer. El cuerpo de mi mamá es un desastre. No me da ninguna señal. Siempre está nerviosa. No sé si tengo que salir ahora o no. Sé que estoy perdiendo tiempo, pero no me doy cuenta de cuándo tengo que salir. Eso me pone mal. ¿Sabés que voy a nacer yo? ¡Sí! ¡Voy a nacer!
T: *Entonces, avanza a ese momento.*
R: Tengo un pequeño problema. Estoy atada al cuello y sé que me voy a asfixiar. ¿Sabés por qué? Porque di vueltas, porque tenía bronca y me até yo misma. Mi mamá tiene que luchar por lo que tiene. Porque yo no me voy a morir y ella tiene que seguir luchando por lo que tiene. Por eso me até.
T: *Entonces, ¿quieres vivir?*
R: ¡Claro! ¡Tengo que vivir para arreglar mis cosas! (*Elemental.*)
T: *Muy bien, entonces, experimenta tu nacimiento.*
R: Me duele la cabeza. Me están sacando. No se dan cuenta de que estoy con el cordón agarrado. Me falta el aire... no puedo respirar... Estoy toda "amoratada". Mi mamá está llorando como de costumbre... Me mueven para todos lados para que pueda respirar, para que pueda moverme... Veo una inyección enorme... me la inyectan... no sé dónde porque me aterra y no quiero ver. Veo al bebé todo negro... sobre una mesa.
T: *¿Dónde te encuentras ahora?*
R: Arriba, veo todo y no quiero ver.
T: *¿Y qué estás haciendo arriba?*
R: Nada. Estoy esperando que empiece a respirar para poderme meter.
T: *¿Qué estás pensando en esos momentos?*
R: Veo al bebé todo negro y que lo están estrujando todo. Mi mamá

llora. Cuando empiezo a respirar, me meto en el cuerpo. (*Vean qué descripción interesante.*) Ya está... ya me metí en el cuerpo. Todo eso me vuelve loca. Los gritos... la desesperación de ellos... todo eso. Mi pregunta es: ¿cómo voy a saber cuándo salí de adentro y cómo salí?

T: *¿Cómo es eso?*

R: Yo no estaba dentro del bebé cuando estaba saliendo. Lo estaba cuidando. Pero cuando comenzaron a maltratarlo, me fui para no sentir dolor. Cuando vi la inyección me agarró pánico y me fui para arriba. Por eso no sé bien cuándo nací. Veía cómo lo sacaban. ¿Sabías que se puede hacer eso? (*Vean cuántas cosas hay para aprender.*)

T: *¿Hay algo de tu nacimiento que esté afectando tu vida actual?*

R: No soporto los dolores. Es como si me quisiera ir, pero ya no me puedo ir. Lo que pasa es que como no experimenté el dolor del nacimiento, el dolor está en mi mente. ¿Sabés que experimento todos los dolores en la cabeza? ¿Cómo puedo liberarme de eso?

T: *Quizás podrías liberarte experimentando en tu cuerpo los dolores del nacimiento. ¿Harías la prueba?*

R: Tengo miedo; si por miedo me fui.

T: *¿Lo intentarías con mi ayuda?*

R: Sí, porque yo tengo miedo de tener un bebé.

T: *Entonces, al contar de uno hasta tres, retrocede al principio de tu nacimiento y esta vez, lo vivirás desde dentro del cuerpo. Uno... dos... tres...*

R: Estoy metida... estoy pasando... no les puedo decir que estoy atada... Me estoy poniendo toda negra... me están desarmando toda... ¡Ay! Me duele mucho la cabeza... ¡Ay! ¡Se me va a partir!... ¡Esta gente no sabe nada! (*Atención los médicos.*)... Me ponen en una mesa... tratan de moverme... ¡Ayyy! ¡Me duele mucho la cabeza! (*Llorando y revolcándose sobre la alfombra.*) Ese dolor de cabeza me sigue desde hace muchos años. ¡Los médicos están hablando y yo siento como si me mordieran el cerebro! No se deciden qué hacer. Tienen miedo de que me muera. Me ponen una inyección en la cola.

T: *Sigue adelante; yo estoy aquí a tu lado.*

R: Ya se tranquilizan y yo me estoy tranquilizando. Puedo respirar... ¡Aaaahhhh! Ya está.

T: ¿*Cómo te encuentras ahora?*
R: Ahora bien. El dolor que tenía era como si me mordieran el cerebro. Después de tantos años lo descubrí. De noche tenía un sueño. Gente que hablaba y hablaba y me apretaba la cabeza. Era eso del nacimiento. (*Vean cómo ella sola va resolviendo otras cosas.*)
T: *¿Hay algo que quieras agregar?*
R: Me dio pena de que mi papá no estuviera con mi mamá.
T: *¿Y esto cómo te afecta?*
R: No quiero tener chicos porque sé que mi marido no va a estar. Ahora me doy cuenta de que no tengo que buscar algo parecido a mi papá. Eso era lo que estaba haciendo inconscientemente.
T: *Muy bien. Ahora estás en condiciones de desprogramarte de todas las sensaciones del pasado. Ahora te desprenderás de todas las emociones vivenciadas, tomando conciencia de que ya nada de eso te pertenece. Ahora suelta y perdona el pasado y las pasadas experiencias; eres libre para reformularte para una vida diferente y mejor.*
R: ¡Sí! Ahora soy libre y puedo vivir sola. ¡Ahhh! ¡Qué alivio! Me siento feliz, porque comprendí de dónde venía ese dolor de cabeza. El dolor me agarraba cuando dormía, cuando me despertaba. El murmullo de la gente o la computadora, cuando trabajaba. Parecía que me habían comido el cerebro.

Quince días después, a la sesión siguiente, el dolor de cabeza había desaparecido. En esta ocasión, Rosaura dijo:
—Cuando me fui de acá, después de la regresión, dejé atrás un montón de cosas que no eran mías.

Explorar la vida intrauterina es crucial, porque es el momento donde se cristalizan o se resuelven los conflictos que se arrastran de otras vidas. Si yo tengo datos fehacientes de una gestación complicada o si lo sospecho por los comentarios del paciente, en algún momento debo trabajar ese período paso a paso, como en el caso de César o Rosaura. Seguramente, ustedes encontrarán muchas cosas que los harán reflexionar. Yo quisiera señalar algunas.

En primer lugar, Rosaura dice claramente que no eligió a sus padres, sino que "le tocaron". Existe la idea generalizada de que nosotros elegimos a quienes serán nuestros padres. De las experiencias de los pacientes, surge que a veces podemos elegir y en otras no podemos hacerlo. A veces se elige a uno de los padres y en ocasiones la elección de éstos es irrelevante para la persona. Es como que hubiera cosas más importantes que programar y se deja en manos de los guías la decisión sobre quiénes serán nuestros progenitores.

En segundo lugar, quiero llamar la atención sobre la intencionalidad del feto para complicar su nacimiento. Me imagino que es difícil aceptar esto. Pero muchas personas coinciden en lo mismo. Ellas mismas se envolvieron en el cordón porque no querían salir. La primera vez que escuché esto, me sorprendí totalmente. Fue en 1988, cuando comencé a explorar la vida fetal, paso a paso. Desde entonces, muchas personas han relatado que se envolvían en el cordón umbilical, o se atravesaban, o hacían fuerza con los pies, o se iban hacia el fondo uterino para no salir. En el momento de nacer, algunos llegaban a no respirar para no vivir.

Generalmente, una persona que anda a los tumbos por la vida, sin encontrar el rumbo, sintiéndose extraña en este mundo, viviendo a contramano, cuando regresa al momento del nacimiento, se encuentra con que no quería nacer. Puedo asegurar que esto casi constituye una regla. La protesta por tener que nacer ya se manifiesta en el espacio entre vidas, antes de la concepción. Estas personas están mal con su existencia, simplemente porque están a disgusto. Es como el chico aquel que es llevado por sus padres a una fiesta a la que no quiere ir y, una vez allí, pudiendo divertirse, hace todo lo posible por aburrirse para mostrar a sus padres su disconformidad. Es como si dijera: *Vieron, yo les dije que la iba a pasar mal*. Y no se da cuenta de que el único perjudicado es él mismo. Así les sucede a estas personas. Al darse cuenta de este hecho, toman conciencia de que las únicas perjudicadas por su rebeldía son ellas mismas. De modo que, en todo nacimiento complicado, hay que tener en cuenta que puede haber sido provocado por el feto. Imagino que, tal vez, una charla con el futuro bebé, asegurándole que todo estará bien, podría ayudar en estos casos.

Concomitantemente con esto, debemos tomar conciencia de que las actitudes del personal médico, en la sala de partos, son vividas por el recién nacido como un atropello y un maltrato. Como dijo César: *Para ellos es un trabajo. Pero para el recién nacido es su primer contacto con el mundo.* Una cosa es salir alegremente y ser abrazado por la madre, y otra cosa es ser extraído por la fuerza con fórceps, ventosa, o ser abofeteado para respirar o intubado para aspirar secreciones. En ocasiones no hay otra alternativa, pero hay que tener presente que esto puede afectar negativamente a una persona para toda su vida.

Recuerden lo que decía Rosaura: *Los médicos están hablando y yo siento como si me mordieran el cerebro.* Por años, Rosaura soñó con gente que hablaba y le apretaba la cabeza. Era la impronta que le quedó de su nacimiento. Además, hay algo inevitable, al menos en nuestra cultura. Las primeras manos en tocar al bebé siempre serán las del médico o las de la obstetra. De cómo lo reciban, puede depender su futura reacción ante el mundo.

Otro aspecto fundamental, que hemos visto, es la oportunidad que nos ofrece este trabajo para desprogramar a la persona de todos los mandatos y sensaciones maternas. El solo hecho de tomar conciencia de que un mandato pertenece a su madre, es suficiente para que la persona se libere de él. Pero el mandato debe ser identificado. Ésa es la condición básica. No basta con la experiencia de la vida fetal. Los mandatos deben ser identificados uno por uno y entonces sí, al darse cuenta vivencialmente, la persona puede desprogramarse de ellos. Simplemente es la toma de conciencia de que esos pensamientos no le pertenecen.

Lo mismo ocurre con los dolores, sensaciones o miedos que experimenta la madre. Como dijimos al principio, todo lo que experimenta la madre, el feto lo siente como propio. Pero ahora, durante la regresión, la persona tiene la posibilidad de revisar esas sensaciones y discriminarse de ellas. Al tomar conciencia de que los miedos o los dolores de la madre no le pertenecen, puede desvincularse totalmente de éstos en forma instantánea. Rosaura se dio cuenta de ello cuando dijo: *Le debe de estar doliendo la panza, porque me duele a mí.* Es notable de cuántas cosas se puede liberar o desprender una persona con esta experiencia de la vida fetal, que no es ni más ni menos que un ejercicio de discriminación.

Finalmente, la vivencia de la vida fetal y del nacimiento nos da la posibilidad de revalorizar las situaciones difíciles como oportunidades de aprendizaje. Una vez desprogramada de todos los mandatos y de los dolores del alma, la persona puede ver el lado positivo de las cosas y tomar todo como una lección de vida que viene a aprender. Tanto César como Rosaura descubrieron qué era lo que venían a aprender y tomaron conciencia de que necesitaban a esos padres para realizar ese aprendizaje en particular.

Como lo planteaba al principio: las situaciones traumáticas de la vida fetal, el nacimiento o la primera infancia, ¿son hechos fortuitos o están planeados de antemano con un propósito definido?

Capítulo XV
Cómo trabajar situaciones difíciles

Algunos conflictos de la vida actual tienen su origen en acontecimientos extremadamente traumáticos de vidas anteriores. Estas situaciones fueron muy violentas o insoportables por el dolor que ocasionaron. Revivir estas experiencias, en la regresión, tiene un gran poder liberador. Es posible que una sesión de este tipo termine con muchos años de perturbación emocional. Sin embargo, no es fácil atravesar por esta experiencia, aun sabiendo que allí está la solución del problema actual. La mayoría de las veces el paciente se bloqueará cuando se encuentre frente a una situación de este tipo, aunque ya tenga realizadas varias regresiones con anterioridad.

Es probable que el paciente sepa o intuya lo que va a ocurrir. Es posible que tenga la escena frente a sus ojos y no pueda progresar en ella, por pánico o miedo a experimentar ese dolor. A veces, el paciente querrá terminar la sesión allí mismo; dirá que quiere levantarse e, incluso, abrirá los ojos y se incorporará para alejarse de esas escenas terribles.

Las situaciones que con mayor frecuencia provocan estos bloqueos son las escenas de violación, incesto, tortura o actos criminales cometidos por el propio paciente. En las primeras, está en juego el pudor de la persona. En los casos de tortura o situaciones insostenibles están presentes el terror y el dolor. Finalmente, tampoco es fácil reconocer y aceptar que alguna vez hemos cometido actos que hoy nos horrorizan.

En todos los casos, la actitud, la conducción y el acompañamiento del terapeuta son fundamentales. El paciente necesita una confianza absoluta en el profesional. Necesita la seguridad de que no será censurado ni criticado, pase lo que pase. Por su parte, el terapeuta necesita estar totalmente centrado en sí mismo. Debe mantener la calma en todo momento. Necesita comprender el sufrimiento del paciente, pero no puede sufrir por él. Sea lo que fuere, el terapeuta debe mantener la serenidad y la calma todo el tiempo y no debe interrumpir la sesión para evitarle el dolor al paciente. Si lo hiciera, la emoción no estaría agotada, con el agravante de que ahora queda una herida abierta, que puede ser más perturbadora que el conflicto original.

En todos los casos, estas escenas deben ser trabajadas hasta el final y, en ocasiones, es necesario hacerlo más de una vez, para agotar así todas las emociones vinculadas al hecho original. Por eso es importante la tarea de acompañamiento del terapeuta en estos casos. En realidad, es todo lo que el paciente necesita. Acompañamiento y asistencia permanente. A medida que el paciente va progresando en la vivencia, el terapeuta debe reasegurarlo a cada instante, diciéndole que todo va a salir bien, reafirmando su presencia a cada momento. Transmitiendo la seguridad de que es comprendido y aceptado, pase lo que pase, hiciere lo que hiciere. Hay que recordarle al paciente que sólo está efectuando un ejercicio de memoria para comprender y liberarse del pasado.

A continuación, veremos el desarrollo de dos sesiones con dos pacientes con circunstancias difíciles, para ver la acción de acompañamiento en estos casos.

La primera experiencia pertenece a Celia, una mujer de cincuenta años, que enviudó a los treinta y cinco y que desde entonces no pudo rehacer su vida afectiva. Ya había trabajado otros problemas en la terapia, que fue resolviendo, pero aún quedaba este aspecto. Tenía miedo de acercarse a un hombre. Pretendientes no le faltaban, pero cada vez que recibía una invitación para conocer a alguien, invariablemente su respuesta era "no". Vivía con el "no" en la boca. En cuanto un hombre se le acercaba, se ponía tensa y ni siquiera se permitía escucharlo. En una regresión anterior, vivenció una escena de violación siendo una niña de 7 años. Fue ahorcada con una cinta roja y se vio muerta, en el suelo, cubierta por un charco de sangre. Allí decidió no acercarse más a un hombre. Lo que sigue es un extracto de la 13ª regresión.

Martes 1º de septiembre de 1992

Terapeuta: *Concéntrese en su miedo a acercarse a los hombres. ¿Cómo es ese miedo? Diga lo primero que le venga a la mente.*
Celia: Es como un ahogo.
T: *¿Dónde siente el ahogo?*
C: En el cuello, en la garganta.
T: *¿Cómo es esa sensación de ahogo?*
C: Como una opresión en el pecho.
T: *¿Y cómo es esa opresión en el pecho?*
C: Como que me falta el aire... me cuesta tragar.
T: *¿Qué más?*
C: .... (*Se queda en silencio. Intuyo que se está bloqueando.*)
T: *Siga, no se bloquee, no se reprima. Diga lo primero que le venga a la mente. Ahora cuento hasta tres y diga lo primero que le venga a la mente. Uno... dos... tres... ¿Qué le viene a la mente?*
C: Un forcejeo en una relación sexual. (*Ahí está la causa del bloqueo.*)
T: *¿Qué más está pasando?*
C: .... (*Nuevo silencio.*)
T: *No tenga temor. No importa lo que está sucediendo allí. Por difícil que sea esta escena, esto es muy importante para usted. Usted sabe que aquí no hay censura. Yo soy médico y usted confía en mí. Ahora podrá relatarme todo esto. ¿Qué está pasando en ese forcejeo? ¿Cómo se ve usted allí?*
C: Maltratada...
T: *¿Qué edad tiene usted allí?*
C: Mediana edad, más o menos.
T: *¿Cómo está vestida?* (*Estas preguntas son irrelevantes. Simplemente sirven para ayudar a la paciente a delinear la escena, para ir de lo más fácil a lo más difícil.*)
C: Una blusa blanca... una pollera roja.
T: *¿Y con quién está forcejeando?*

C: Hay un hombre.
T: *¿Cómo es ese hombre?*
C: Tiene aspecto feo... es muy bruto y ordinario.
T: *Muy bien. Ahora, por difícil y dura que sea esta escena, usted sabe que aquí está la resolución de su conflicto. Permítase ahora vivenciar estas emociones y sensaciones. Esto es muy importante para usted. ¿Qué está pasando, qué está experimentando?*
C: ... Me está forzando a una relación que no quiero...
T: *Siga, no se detenga.*
C: Yo estoy muy mal y muy nerviosa... estoy muy asustada...
T: *Siga, yo estoy aquí a su lado... ¿qué más?*
C: Él quiere llevarme a la cama y yo no quiero...
T: *Siga, no se detenga.*
C: Estamos forcejeando mucho... es como que trata de levantarme la ropa y yo no quiero...
T: *Siga adelante, continúe.*
C: Siento como que me zamarrea la cabeza...
T: *Siga.*
C: Trata de tirarme en la cama y yo estoy forcejeando lo más que puedo, hasta que me tira en la cama y yo no puedo más con la fuerza de él.
T: *Siga adelante; ¿qué ocurre?*
C: Es una relación muy fea... asquerosa...
T: *Siga.*
C: Es un forcejeo continuo de mi parte y él es muy bruto para lograr lo que quiere...
T: *Siga; lo está haciendo muy bien y yo estoy aquí acompañándola, ¿qué más?*
C: Es como que ya no tengo más fuerzas para seguir forcejeando. Es como que dejo que él haga lo que quiera, porque no tiene sentido seguir forcejeando más. Siento mucho dolor dentro de mí.
T: *¿Dónde es ese dolor?*
C: En la cabeza, parece que me va a estallar...
T: *Siga, ¿qué más?*
C: Es algo muy sucio, muy feo... siento como que fui atada...
T: *Siga, no se detenga.*
C: Es como que me pongo a llorar porque él logró lo que quiso. Tengo mucho miedo...
T: *¿Cómo es ese miedo?*

C: Tengo miedo de que me lastime más.
T: *¿Qué le hace decir eso?*
C: Es un hombre medio loco... se pone a reír como que consiguió lo que quería.
T: *¿Qué más?*
C: Es como si dijera: "¿Viste? No pudiste conmigo".
T: *Ahora vea, ¿cuál es el momento más difícil, más doloroso, más traumático de esta experiencia?*
C: El forcejeo en la cama para que no lograra lo que quería.
T: *¿Y cuáles son sus reacciones físicas en ese momento?*
C: No me voy a acercar nunca más a un hombre. (*¡Ahí está el mandato! Pero todavía hay más.*)
T: *¿Cuáles son sus reacciones emocionales?*
C: Horror, desesperación, no poder hacer nada.
T: *Y si en ese momento hubiera tomado una decisión que esté afectando su vida actual, ¿cuál sería la decisión o el pensamiento que quedó grabado en ese momento?*
C: No tener relaciones nunca más. (*Ahí está el otro mandato.*)
T: *Ahora vea en su mente; ¿de qué forma es usted responsable de esta situación?*
C: Por haberlo escuchado.
T: *¿Qué fue lo que escuchó?*
C: Que me quería.
T: *Vea si a raíz de esto, su inconsciente tomó alguna decisión al respecto.*
C: No escuchar a los hombres nunca más. (*Y ya tenemos el cuadro completo. No permitir que los hombres se acerquen y ni siquiera darles la oportunidad de hablar. Pero aún hay más. Veamos cómo sigue la regresión.*)
T: *Ahora, concéntrese en estas sensaciones y, al contar hasta tres, irá a otra situación traumática relacionada con su problema con los hombres. Cuento hasta tres y vaya a otra situación relacionada con su problema de no arrimarse a los hombres. Uno... dos... tres. ¿Qué está viendo, oyendo o sintiendo?*
C: Nada. (*Nuevo bloqueo, hay que volver a insistir.*)
T: *Pregunte a su inconsciente si hay alguna otra situación, en su pasado, que se encuentre relacionada con este miedo que le hace decir "no" cuando un hombre se acerca a usted. Cuento hasta tres. Uno... dos... tres. ¿Qué le dice su inconsciente?*

C: Es como que me desgarraron...
T: Siga, ¿qué más?
C: Es como que veo a una mujer tirada en el piso y un hombre encima de ella...
T: Siga adelante, lo está haciendo muy bien.
C: .... (Silencio.)
T: Yo sé que esto es muy difícil. Sin embargo, usted sabe que todo esto pertenece al pasado y, ahora, necesita vivenciar esta situación para agotar estas emociones que ya no le pertenecen. ¿Qué está pasando allí?
C: Es mucha brutalidad...
T: ¿Qué aspecto tiene? (Nuevamente, estos datos no tienen importancia, pero estas preguntas sirven para que la paciente se vaya metiendo cada vez más en la escena).
C: Pelo largo... con trenzas...
T: ¿Qué edad tiene allí?
C: Treinta años más o menos... parece una época como de indios...
T: ¿Cómo está vestida?
C: Me parece que tengo las trenzas que llevaban las indias.
T: ¿Y qué está pasando?
C: Es como que quieren tomarme por la fuerza (*Otra vez.*)... No existe el amor...
T: ¿Qué más?
C: Todo es por la fuerza y eso me pone mal...
T: Siga adelante.
C: Yo no quiero una relación sin amor y eso me da mucho asco...
T: Siga.
C: Sigo forcejeando... logro ponerlo de costado y se enfurece peor...
T: Lo está haciendo muy bien, siga adelante.
C: Veo como que se tira impulsivamente con mucha fuerza...
T: Siga. (Ahora, simplemente hay que acompañarla. Hacerle saber que uno está allí.)
C: Se pone dentro de mí...
T: Siga.
C: Siento que me desgarra totalmente la vagina...
T: Sienta esa sensación, es importante que se permita sentir todo esto. (La paciente padece hipermenorrea –menstruación excesiva– de larga data, que le ocasiona anemia.)
C: Es un forcejeo... una pelea... no es un acto de amor...

T: *¿Qué más?*
C: Yo grito que no quiero... pero la fuerza de él es mucho mayor que la mía...
T: *Y entonces, ¿qué ocurre?*
C: Es como que se me afloja el cuerpo... no tengo más fuerzas para luchar... parece una bestia enfurecida...
T: *Siga.*
C: Veo sangre... me lastimó mucho... me quedé desmayada...
T: *Siga.*
C: Estoy sin fuerzas ahí... tirada en el piso y él se levanta y se va.
T: *¿Y qué ocurrió con usted?*
C: Estoy desmayada... siento cómo la sangre me moja las piernas...
T: *Experimente esa sensación de la sangre mojándole las piernas.* (La regresión anterior terminó en un charco de sangre.)
C: Siento las piernas tensas... el calor de la sangre me pone peor... quiero levantarme y no puedo... no sé si me desmayé o me morí.
T: *¿Y cuál es el momento más difícil, más traumático de toda esta situación?*
C: Cuando siento que la sangre comienza a correr. (*Contrariamente a lo que podría suponerse, la violación no fue lo más difícil. Esto es importante, porque el momento más traumático depende de cada persona.*)
T: *Vuelva a ese momento, cuando siente que la sangre comienza a correr y vea cuáles son sus reacciones físicas en ese momento.*
C: Miedo; estoy temblando.
T: *¿Cuáles son sus reacciones emocionales cuando corre la sangre y está temblando?*
C: Miedo a morirme.
T: *¿Y cuáles son sus pensamientos?*
C: Es una bestialidad.
T: *Vea si tomó alguna decisión en ese momento que esté afectando su vida actual.*
C: Pienso que, inconscientemente, sin saberlo, me está marcando.
T: *Y si en ese momento, sin usted saberlo, su inconsciente hubiera tomado una decisión, ¿cuál sería?*
C: No acercarme a un hombre. (*Otra vez.*)
T: *Pregúntele a su inconsciente si hay alguna otra situación de vida pasada relacionada con este miedo de acercarse a los hombres.*
C: No.

Hasta aquí hemos visto cómo una situación bloqueada al principio, se fue destrabando poco a poco, mediante un acompañamiento constante y cercano. En la misma sesión, la paciente vivenció su vida fetal. Allí, experimentó el forcejeo una vez más. Esta vez era su madre la que fue forzada por el marido a una relación sexual, mientras la paciente se encontraba en el vientre materno. Siente que sus padres no se quieren.

Lo más importante ocurre en el momento del nacimiento, cuando se ve manchada con sangre y esto le recuerda su experiencia como india.

Veamos ahora cómo termina esta sesión:

Terapeuta: *Vea si en el momento del nacimiento hay algo que se relacione con su experiencia de vida pasada.*
Celia: La sangre; es como cuando la sangre se fue por las piernas. Es como que la sangre me marcó en todas las épocas.
T: Ahora vea, ¿con qué emoción, con qué pensamiento, con qué sensación está relacionada la sangre?
C: Con una relación sexual.
T: Vea si en el momento del nacimiento y ante la vista de la sangre hay algún pensamiento que la esté afectando en su vida actual.
C: Yo nací para sufrir. (¡*Terrible! Imagínense qué clase de vida puede deparar una creencia así.*)
T: Ahora vea cómo todos estos pensamientos: no me voy a acercar más a un hombre; no voy a tener relaciones; no voy a escucharlos; el miedo a morirse; yo nací para sufrir; vea cómo todo esto está afectando su vida actual.
C: Es el miedo a vivir, de vuelta.
T: ¿Le gustaría modificar todo esto?
C: Sí.
T: ¿Cómo le gustaría ser?
C: Quiero mirar a las personas sin miedo.
T: En lugar de mirarlas sin miedo, ¿cómo le gustaría hacerlo?
C: Mirar a las personas con confianza y alegría.
T: Muy bien. ¿Y cómo modificaría el pensamiento "Yo nací para sufrir"?
C: Yo nací para ser feliz. (*Muy sutil, porque sólo se cambia una palabra.*)

T: ¿Qué color elegiría para introducir esta nueva vibración energética en su vida?
C: Lila.
T: Muy bien. Envuélvase en el color lila y véase a sí misma mirando a las personas con confianza y alegría. Véase a sí misma alegre y feliz, tomando conciencia de que merece ser feliz, tomando conciencia de que nació para amar y ser amada. Y envuelta en el color lila, envuelta en la radiación luminosa del color lila, tomará una inspiración profunda y al contar de uno a cuatro abrirá los ojos y eso hará que regrese aquí, a su conciencia física habitual, en este día martes, 1º de setiembre de 1992.

Celia efectuó en total dieciséis regresiones. Al finalizar la terapia dijo:

—Lo que más me costó fue vencer el pudor; la vergüenza que sentía cuando me venían las palabras. (Se refiere a las escenas con compromiso sexual.)

Ni más ni menos. Como hemos visto, Celia sabía lo que estaba sucediendo, pero se bloqueaba por el pudor. Éste es un elemento que hay que tener presente cuando surgen vivencias de este tipo. Al cerrar la experiencia terapéutica, Celia manifestó:

—Me llevo paz interior. Tengo las ilusiones de mis quince años. Ahora tengo ganas de vivir.

Una vida de tortura

La regresión que vamos a ver ahora es una de las más dramáticas a las que he asistido. Y hago hincapié en esto, porque es imposible reproducir aquí el hondo dramatismo y la intensidad de las emociones que afloraron durante esta sesión.

Blanca es una mujer de 46 años, que llegó arrastrando una vida de torturas, sufrimiento, angustias y miedos terroríficos, tal como ella misma lo relataba. Siempre le costó integrarse al mundo. Su terror a la violencia la paralizaba. Afectivamente, se unía a parejas violentas que la hacían sufrir. Siempre fue una víctima sufriente con un agresor al lado.

—Me busco siempre a alguien que me castigue —reflexionaba.

Desde hacía treinta años que sufría dolores de espalda. Por

esos dolores fue operada en dos oportunidades, a pesar de lo cual aún persistían.

–Tengo como un puñal clavado en la espalda –gemía Blanca.

A continuación, veamos los tramos salientes de su primera regresión:

Viernes 30 de octubre de 1992

Le pedí que se concentrara en su problema de angustia, de miedo, en su vida de tortura y sufrimiento y que dijera lo primero que le viniera a la mente.

Blanca: Siento que estoy aislada totalmente, siento una angustia muy fuerte...
Terapeuta: *¿Y dónde siente esta angustia? Localícela en una parte de su cuerpo. ¿Dónde la siente?*
B: La siento en el estómago.
T: *Muy bien, ahora profundice esta sensación de angustia en todo su cuerpo. (Comienza a llorar.) Eso es... deje salir todo lo que sienta.*
B: .... (*Comienza a llorar desconsoladamente.*)
T: *¿Qué está sintiendo?*
B: (*Llorando*) Siento que estoy fuera del mundo. No encuentro con quién dialogar, con quién hablar, mi lenguaje desde lo humano... mucha crueldad... veo incomunicación con las personas. (*La emoción ya se ha despertado y estos elementos aparecerán más adelante en el pasado. De aquí la paciente fue al momento de su nacimiento, donde al darse cuenta de que no es querida, tomó la siguiente determinación: "Voy a hacer todo lo posible para que me quieran". Con lo cual ya tenemos una programación de vida desgraciada que la impulsará a complacer a los demás, postergándose a sí misma.*)
B: Siempre molesté a todo el mundo y nunca nadie me quiso... Haga lo que haga, así me mate por complacer, siempre se muestran disconformes. Todo el mundo me marca las culpas, todo el mundo me marca lo que hago mal. ¿Para qué nací? No tendría que haber nacido (*llorando todo el tiempo*).
T: *Ahora contaré hasta tres y, al hacerlo, vaya a la vida donde se originó todo esto. Uno... dos... tres... ¿Qué está viendo, oyendo o sintiendo?*

B: Tengo miedo de ir. (*Llorando.*)
T: *Tranquila, yo estoy acá a su lado* (sigue llorando) *y usted sabe que sea lo que sea lo que hay allí, nada puede pasarle. Por difícil o duro que sea lo que hay allí, ahora usted va a liberarse de esa carga para siempre, limpiando su espíritu de residuos de experiencias pasadas. Todo lo que necesita es tomar contacto con esas emociones para transmutarlas, para liberarse de los hechos del pasado. Yo voy a estar aquí todo el tiempo, acompañándola, y si lo necesitara, puede tomar mi mano para estar segura de que estoy aquí. Ahora cuento hasta tres y vaya allí. Ahora está acompañada. Uno... dos... tres... ¿Qué está pasando?*
B: ... Tengo mucho miedo. (*Llorando.*)
T: *¿Dónde está sintiendo ese miedo?*
B: ... (*Llorando.*) En todo el cuerpo; estoy paralizada... los brazos...
T: *¿Qué está provocando ese miedo, esa parálisis?*
B: (*Nuevo acceso de llanto.*) Nadie entiende lo que digo. Mucha crueldad.
T: *Siga.*
B: (*Sigue llorando.*)... Tenemos que conectarnos los seres humanos en base a la comprensión...
T: *Siga.*
B: Hay mucha crueldad...
T: *Deje salir todo eso.*
B: ¡Ay! Mucha crueldad, ¡mucha crueldad! (*Llorando.*)
T: *Ahora, vaya directamente a la escena que está provocando todo esto.*
B: ¡Ay! ¡Ay! ¡No hay piedad!
T: *Siga, ¿qué más?*
B: Todos imponen lo suyo... imponen y castigan...
T: *¿Quién la está castigando?*
B: No lo veo.
T: *No importa, no necesita ver. Si usted supiera, ¿qué está pasando?*
B: ¡Ay! ¡Ay! ¡Ay! (*Llorando intensamente.*)
T: *Eso es, siga, deje salir todo eso.*
B: ¡Ay! ¡Ay! ¡Ay!
T: *Siga.*
B: ¡Ay! ¡Ay! ¡Ay! (*En este momento, el sufrimiento es tan intenso que la paciente no puede hablar. Entonces, hay que acompañarla,*

empujándola hacia el final de la escena, para que vaya agotando las emociones. Mientras la paciente está llorando, está avanzando en la escena. Sabe y siente lo que está sucediendo, pero no puede articular palabra. Mi objetivo, ahora, es llevarla hacia el final de la escena, al tiempo que va agotando parte de la energía emocional, para luego, en un segundo intento, volver al principio. En situaciones de hondo dramatismo y dolor como ésta, puede ser necesario que el paciente reviva la experiencia en dos, tres y más veces, hasta agotar todas las emociones.)

T: Siga avanzando hasta el final de esta escena.
B: ¡Ay! ¡Dios mío! ¿Por qué, si yo no hago mal a nadie, por qué me está pasando todo esto?
T: ¿Qué está pasando?
B: ¡Ay! ¡Ay! ¡Ay! (*Llorando y con la voz entrecortada.*) Estoy atada sola... me van a torturar... ¡No! ¡No! ¡No!
T: Siga avanzando hasta después de esta escena. (*Si la escena termina con la muerte, al llevarla más allá de ese momento, sobrevendrá la calma.*)
B: ¡Ay! ¡Estoy sola en el mundo! ¡Alguien que me ayude! ¡Ay! ¡Ay!
T: Cuento hasta tres y avance hasta después de haber pasado esta escena. Avance rápidamente hasta haber pasado esta escena. Uno... dos... tres...
B: ¡Ay! ¡Ay! ¡Ay! ¡Me duelen los brazos! ¡Ay! ¡Dios mío!
T: Avance hasta después de haber superado este episodio. Cuento hasta tres y se encontrará después de haber pasado esta escena. Uno... dos... tres...
B: ¡Aaaaaahhhhhh! (*Suspiro largo y luego silencio.*)
T: ¿Dónde se encuentra ahora?
B: Mmmmmmmmmmmmmmm...
T: ¿Dónde se encuentra?
B: Siento que no estoy acá.
T: ¿Dónde cree que se encuentra?
B: En el Cosmos.
T: ¿Y cómo se siente ahora?
B: Bien. (*Lo dicho; es importante tener en cuenta este recurso. Una vez traspuesto el umbral de la muerte, se apagan todas las sensaciones de dolor. Ahora se puede llevar al paciente nuevamente al principio de la escena traumática, para hacer el apagamiento de las emociones.*)

T: Muy bien. Quiero que vea que, luego de esta escena, todo va a estar bien. Todo está bien, ¿verdad?
B: Sí.
T: Eso es. Ahora bien, no importa lo que pase allí, luego de pasar por todo eso, usted se encontrará en contacto con el cosmos y todo estará bien. Ahora ¿qué fue lo que pasó allí? ¿Qué ocurrió en esa escena?
B: .... (Silencio.)
T: ¿Síííí?
B: ......No sé.
T: Esto es muy importante para usted. Por difícil y duro que sea todo esto, usted sabe que al finalizar este episodio, todo va a estar bien. Por eso, es muy importante para usted que recupere el conocimiento de lo que pasó allí, que agote toda la energía de ese momento.
B: ¡Ay! Me duele todo el cuerpo... me duele mucho el brazo derecho...
T: ¿Qué está pasando con el brazo derecho?
B: Lo tengo paralizado. ¡Ay!
T: Cuento hasta tres y vuelva al principio de esta escena para agotar todas estas emociones. Ahora... todo se hará más claro en su mente y rescatará el aprendizaje de esa experiencia y se librará de todas las emociones que están afectando su vida actual. Cuento hasta tres y retroceda un instante antes de esta escena. Ahora, todo se hace más claro. Uno... dos... tres... ¿Qué está ocurriendo, qué está viendo, oyendo o sintiendo?
B: Mmmmmmmm. Estoy de espaldas...
T: Siga.
B: Los brazos atados a los costados...
T: Siga.
B: Mmmmmm. Pero todo está en penumbras...
T: ¿Es hombre o mujer?
B: ... Soy mujer... pero estoy atada boca abajo... tengo la cara para el lado izquierdo...
T: ¿Qué edad tiene allí?
B: ... No, no... es el quirófano, es el quirófano; me están operando la espalda... Tengo la sensación de que se me va la anestesia. (Observen cómo, por analogía de sensaciones y emociones, se van conectando las escenas de una u otra vida. Todo está allí en la

memoria. *Todo lo que responda a la misma emoción surge al mismo tiempo. Aquí saltó de una vida pasada a la presente.)*

T: ¿Esto es aquí o en otra vida?

B: No, acá. Es como que estoy recobrando el conocimiento, pero se me va la anestesia. ¡Ay! ¡Qué dolor! Parece que no se dan cuenta de que se me va la anestesia. ¡Ay! ¡Oh!

T: Siga.

B: ¡Ay! ¡Qué dolor! Me están operando y no se dan cuenta de que se me va la anestesia y de que me duele mucho. ¡Ay! (*Éste es el momento para llevarla nuevamente a la otra escena.*)

T: Ahora concéntrese en estas sensaciones y al contar hasta tres vuelva a la escena original donde estaba antes de la tortura. Cuento hasta tres y vuelva a esa escena. Uno... dos... tres... ¿Qué está pasando?

B: Estoy boca abajo... se me mezclan...

T: ¿Qué se mezcla?

B: Se me mezcla con la operación. (*¡Exacto! La vivencia es la misma.*)

T: Ahora deje la operación para más tarde. La operación sólo es un eco de la situación anterior. Ahora deje la operación para más tarde y vuelva a la escena original. Ahora necesita agotar toda la emoción que está allí. Vuelva a la escena original. ¿Qué está pasando?

B: También estoy atada.

T: ¿Cómo está atada?

B: Boca abajo. (*Igual que en la operación.*)

T: Siga, ¿qué más?

B: ... (*Llorando.*) Me están estirando las manos y los pies...

T: Siga adelante.

B: ... ¡Aaaayyy!

T: Siga.

B: ... (*Llora.*)

T: Siga avanzando, por difícil y dura que sea esta experiencia, es importante para usted vivenciar estas sensaciones que están perturbando su vida actual. ¿Qué está pasando?

B: ... Me estiran los brazos... ¡Ay!

T: Esto es, siga.

B: ¡Me van a desgarrar toda!

T: Siga.

B: ¡Me abren la espalda! ¡Dios mío, ayúdame por favor! (*Llorando y gritando*.)
T: *Siga avanzando.*
B: ¿Qué mal hice yo para ser castigada así?
T: *Siga.*
B: ¿Qué culpa tengo yo? ¡Ay! ¡Ay! ¡Ay! ¿Cuál es mi culpa para pasar por esto?
T: *Cuento hasta tres y retroceda en el tiempo a la situación que originó que llegase a esto. Retroceda al hecho que motivó que la torturaran. ¿Qué está pasando? Uno... dos... tres...*
B: No sé.
T: *No importa lo que sea. Ahora vaya y tome contacto con ese hecho. Uno... dos... tres... Diga lo primero que le venga a la mente.*
B: Mmmmmmm... yo curaba.
T: *¿Cómo curaba?*
B: Con las manos; yo curaba con las manos.
T: *¿Cómo cura?*
B: Con amor, impongo las manos. Curo a las personas que están en la calle, mendigos, pero lo hago a escondidas.
T: *¿A qué se debe que lo haga a escondidas?*
B: Tengo miedo de que me vean.
T: *Siga avanzando. ¿Cómo es que llega a esa situación de tortura?*
B: Hay varias personas que se acercan a mirar y hacen comentarios...
T: *Siga, no se detenga.*
B: Hay varias personas que me señalan.
T: *Siga adelante.*
B: Qué me creo que soy, me dicen.
T: *Siga.*
B: Está loca, me dicen todos. Está loca. (*Comienza a llorar una vez más.*)
T: *Siga.*
B: Está loca, dicen todos... (*llorando*)... me miran y se ríen... ¡Me tironean y me empujan... son todos locos y la cara de locos que tienen es terrible... Yo digo: ¡No! Lo único que quiero es ayudarlos.
T: *Siga.*
B: Están todos locos de crueldad y de maldad. ¡Cuánta injusticia, Dios mío!

T: Siga.
B: (*Llorando*)... Me empujan... me golpean y se ríen... ¿Por qué estoy tan sola?... ¿Por qué nadie me entiende? ¿Qué pasa? ¿Estoy loca realmente? (*llorando todo el tiempo*) ¿Estoy loca porque soy distinta de todos?... ¿Qué hago? ¿Por qué lo hago? ¿Por qué no puedo hacer lo que hacen todos? ¿Por qué no me puedo integrar al mundo? ¿Por qué no puedo tener gente a mi lado? ¡Ay! ¡Ay! ¡Ay! Tienen razón que soy loca. Todos tienen razón, porque yo no puedo ser la única que piensa así...
T: Siga.
B: Está bien... que me maten... que hagan lo que quieran... no puedo vivir más así. ¡Dios mío! ¿Por qué no seré como ellos para estar acompañada, para estar con alguien a mi lado? (*Importante. Después veremos que este pensamiento tiene que ver con su programación de vida.*) ¿Por qué, por qué, por qué? No entiendo. ¡Qué castigo, Dios mío!
T: *Vaya al momento de la tortura, para terminar con todo esto.*
B: Que hagan lo que quieran, ya no me importa lo que hacen.
T: Siga.
B: Me preguntan: ¿Quién sos?
T: Siga.
B: ¡Ay! ¡Cómo me duelen los brazos!
T: *Eso es, siga.*
B: ¡Ay! ¡Qué dolor!
T: Siga.
B: ¡Ay! ¡Qué horror!
T: Siga. ¿Qué está pasando con los brazos?
B: ¡Se desgarran! ¡Se desgarran!
T: Siga.
B: ¡La espalda! ¡Todo! ¡Se desgarran!
T: *Siga avanzando, agote todo eso, siga.*
B: Se desgarra la espalda ¡Aaaayyyy! (*Grito prolongado de dolor, como si realmente la estuvieran desgarrando.*)
T: Siga.
B: ¡Ay! ¡Ay! ¡Ay! ¡Ay! ¡Ay!
T: *Siga, siga, siga.*
B: ¡Ay! ¡Ay! ¡Ay! ¡Ay! ¡Ay!
T: Siga.
B: ¡Ay! ¡Basta, basta! ¡Dios mío! ¡Basta!

T: Siga.
B: ¡Quiero morirme! ¡No puedo más! ¡Ay!
T: Siga.
B: ¡No me torturen más! ¡Por favor! ¡Por favor! ¡No puedo más! ¡No puedo más!
T: Siga hasta dejar ese cuerpo. Avance hasta el momento de su muerte.
B: ¡Justicia, por favor!
T: Siga.
B: Si esto es el mundo, no quiero estar en el mundo.
T: Siga.
B: Quiero irme lo antes posible. ¡Aaaaayyyyy!
T: Siga.
B: ¡Qué crueldad, Dios mío, qué crueldad!
T: Avance al momento en que se desprende del cuerpo.
B: Mmmnımmmmmmmm.
T: Eso, vea el momento en que sale del cuerpo.
B: ¡Aaahhhh! (*Expresión de alivio.*)
T: ¿Dónde se encuentra ahora?
B: No sé.
T: ¿Puede ver su cuerpo?
B: Mmmmmmm... sí.
T: ¿Dónde está usted cuando ve su cuerpo?
B: Arriba (*susurrando*).
T: ¿Cómo ve ese cuerpo?
B: Todo desgarrado, los brazos estirados.
T: ¿Qué piensa cuando ve ese cuerpo?
B: Nada, lo miro.
T: ¿Qué siente cuando ve ese cuerpo?
B: Nada, lo veo como algo que no soy yo. (*Vean qué notable. Luego de todo el sufrimiento experimentado, ahora su cuerpo es una cosa extraña.*)
T: Ahora vea qué fue lo más difícil de esta experiencia.
B: La injusticia. (*Más tarde, al terminar la regresión, la paciente diría que el dolor psíquico fue más importante que el dolor físico.*)
T: Y cuando siente la injusticia, ¿cuáles son sus reacciones físicas?
B: Me paralizo toda.
T: ¿Cuáles son las emociones que siente en esos momentos?
B: La soledad.

T: ¿Y cuáles son sus pensamientos, sus reacciones mentales en esos momentos?
B: No le encuentro sentido a las cosas. No le encuentro sentido a la vida. No entiendo para qué son las cosas. No entiendo nada.
T: Ahora vea, si a través de todas estas sensaciones, su inconsciente hubiera tomado una determinación que estuviera afectando su vida actual, ¿cual sería?
B: Volver para integrarme al mundo, para ser uno como los demás. (Recuerden que anteriormente había dicho: "¿Por qué no seré como ellos?".)
T: Y esto, ¿cómo está afectando su vida actual?
B: Me lleva a acompañar a todo el mundo, en las cosas que hacen, tratar de ser como ellos.
T: Y esto, ¿cómo la está afectando?
B: Me afecta porque no soy yo.
T: ¿Hay algo más de aquella vida que la esté perturbando ahora, de esa soledad, de ese no entender nada?
B: Sí, siempre fue mi visión del mundo.
T: Ahora vuelva a ver ese cuerpo desgarrado. Tome conciencia de que ya no le pertenece, de que no siente nada. Ya no está más allí. Ya no está más en ese cuerpo y todas las sensaciones, emociones y pensamientos de esa vida terminaron al morir ese cuerpo. Ese cuerpo se murió y usted no está más allí. Nada de eso le pertenece.
B: Sí.
T: Ahora, elija un color de su agrado para introducir una nueva vibración energética en su vida.
B: El rosa.
T: Muy bien. Ahora envuélvase en el color rosa.
B: Sí.
T: Eso es. Y... envuelta en el color rosa, véase a sí misma, como le gustaría ser de ahora en más.
B: Espontánea, mostrando lo que siento, sin miedo.
T: En lugar de decir sin miedo, ¿cómo lo diría?
B: Segura, siendo como soy, mostrando mis cosas interiores. Libre, con una imagen distinta del mundo.
T: ¿Y cómo se ve, cuando es espontánea?
B: Alegre, disfrutando de la vida.
T: Entonces ahora, envuelta en el color rosa, véase a sí misma alegre, espontánea, libre, segura, mostrándose tal como es. De hoy en

más, se sentirá más alegre, más segura, espontánea, libre, sintiéndose segura de sí misma. Y, envuelta en el color rosa, regresará aquí, a este día viernes, 30 de octubre de 1992, trayendo la vibración del color rosa, trayendo la energía del color rosa a su cuerpo, su mente y a su espíritu. Tome una profunda inspiración y cuando usted lo desee abrirá los ojos y eso hará que regrese a su conciencia física habitual, sintiéndose calma, tranquila, serena y segura.

Luego de esta regresión, Blanca vio con claridad cómo la necesidad de ser como los otros para estar acompañada, la alejaba de sí misma y la llevaba a unirse con parejas violentas, como diciendo: Bueno, tal vez, si me hago amiga de ellos, entonces no me van a hacer nada, porque ahora soy uno de ellos.

Todo esto surgió en la primera regresión. Y esto fue posible por dos razones fundamentales. Por el lado de Blanca, porque confió en mí y porque estaba decidida a terminar con su sufrimiento. Por mi parte, porque fui el soporte y realicé el acompañamiento constante que Blanca necesitaba para ir a través de esta experiencia.

Además del acompañamiento, esto requiere una profunda convicción y concentración del terapeuta a lo largo de toda la sesión. Es fundamental mantener contacto con el paciente, todo el tiempo. Si el paciente no habla, hay que reafirmar nuestra presencia, constantemente. Para eso es suficiente una palabra de aliento o un murmullo de aprobación, impulsándolo a seguir adelante. El trabajo de asistencia es la piedra angular para que el paciente pueda atravesar por estas vivencias. Es obvio que una experiencia de este tipo no puede ser llevada a cabo al mismo tiempo que se atiende a otra persona. Por este motivo, en el plano terapéutico, la regresión sólo puede ser llevada a cabo en forma individual.

Con respecto a Blanca, lo remarcable es que sólo efectuó tres regresiones en total, con un intervalo de varios meses entre ellas. Los cambios comenzaron a producirse en forma impresionante luego de la primera regresión. Esta experiencia fue suficiente para catapultarla a otra forma de vida y para encarar emprendimientos personales de envergadura.

Capítulo XVI

Reminiscencias del pasado

Ante todo, es necesario diferenciar las reminiscencias del sentimiento de lo "ya visto" o "déjà vu", también conocido como paramnesia.

El término "déjà vu" se atribuye al doctor Chauvet y consiste en la sensación de repetición, de haber asistido a la misma escena, hace mucho tiempo, en el mismo ambiente, con los mismos personajes, en las mismas actitudes, igual expresión y exponiendo las mismas ideas, con las mismas palabras, subrayadas por los mismos gestos, o estando a punto de hablar; apercibirse, de pronto, de que se acaba de decir o de hacer algo que parece haber sido visto y oído anteriormente.[1] La persona está íntimamente persuadida de que lo que experimenta es la reproducción de una escena vivida anteriormente. Con todo, el sentimiento de lo ya visto es extremadamente breve y no revela nada nuevo a quien lo experimenta. En presencia de un paisaje que le es familiar, es incapaz de indicar los aspectos de ese paisaje que se encuentran fuera del alcance de su visión.

En realidad, el "déjà vu" no es un sentimiento del pasado, sino que se trata de una escena que fue vivenciada por adelantado durante el sueño. Durante la etapa de sueño profundo, el cuerpo astral de la persona se desprende y vive por anticipado alguna

---

[1] *La reencarnación*, Gabriel Delanne, Bauza, Barcelona, 1925.

escena en particular. El regreso al cuerpo físico y el despertar hacen que esa experiencia se borre de la conciencia. Más tarde, al vivenciar el hecho en la realidad física, se tiene la sensación de haberla visto anteriormente.

Distinto es el caso de la reminiscencia. A la vista de un paisaje que en vida jamás contemplara, la persona tiene la certeza de haberlo conocido anteriormente, pero además, este sentimiento va acompañado y se completa por el conocimiento de cosas y detalles de este paisaje, que no puede ver en el momento en que, con perfecta exactitud, describe. Esto es lo que les sucede a algunas personas, que al visitar por primera vez un lugar, sienten que es algo conocido, como si ya hubieran estado allí en otro tiempo. Pueden recorrer el lugar sin necesidad de planos o mapas (como le sucedió a un abogado, quien me relató que, al visitar un castillo en Europa, conocía perfectamente la disposición de las habitaciones y hasta señaló un compartimiento secreto, ante el asombro del guía, que lo desconocía).

La experiencia de Lamartine

El gran poeta Lamartine relata una experiencia clara de reminiscencia, en su libro *Voyage en Orient* (Viaje por Oriente). El 23 de octubre de 1832, se hallaba en camino a Jerusalén cuando llegó al valle de Terebinto. Así relata su experiencia:

> El sitio era sublime: dominábamos el profundo valle de Terebinto, donde David, con su honda, mató al gigante filisteo. El torrente, en cuyos bordes David recogió la piedra, trazaba su línea blanca en medio del estrecho valle y marcaba, como lo dice el relato de la Biblia, la separación de los dos campos. Yo no tenía allí ni Biblia ni guía de viaje, ni persona que pudiera darme el nombre antiguo de los valles y de las montañas; sin embargo, mi imaginación de niño se había representado tan vivamente el aspecto físico de las escenas del Antiguo y Nuevo Testamento según el relato y los grabados de los libros santos, que yo reconocí en seguida el valle de Terebinto y el campo de batalla de Saúl. Cuando llegamos al convento, los padres confirmaron mis palabras. Mis compañeros se resistían a creerlo.
>
> En Séfora señalé con el dedo y llamé por su nombre una colina dominada por un castillo ruinoso, como el lugar posible del nacimiento de la Virgen. Al día siguiente, la misma cosa me sucedió con

los Macabeos: al pie de una montaña árida, sembrada de restos de un acueducto, reconocí la tumba de los últimos grandes ciudadanos del pueblo judío, en lo que dije verdad sin saberlo. Exceptuando los valles del Líbano, las ruinas de Balbek, las riberas del Bósforo en Constantinopla y la primera impresión de Damasco desde lo alto del Anti-Líbano, casi nunca he hallado un lugar o una cosa que no fuese para mí como un recuerdo. ¿Hemos, pues, vivido dos veces, mil veces? ¿No será nuestra memoria más que una imagen oscurecida que el soplo de Dios reaviva?

Noten la afirmación de Lamartine: *"...casi nunca he hallado un lugar o una cosa que no fuese para mí como un recuerdo"*. Estas reminiscencias no pueden ser atribuidas a recuerdos de los relatos de su infancia, por cuanto la Biblia no describe exactamente los paisajes ni precisa la geografía de las escenas históricas; sólo relata los acontecimientos. Cuando Lamartine llegó al valle de Terebinto, al que contempló desde lo alto de una montaña, no había allí cartel alguno que señalara el sitio histórico. Menos aún en 1832. Simplemente lo reconoció.

A continuación, veremos la experiencia de una paciente que despertó en ella tales emociones, que fue necesario hacer una regresión para apagar el surgimiento del pasado.

Las ruinas de San Ignacio

En una excursión a las Cataratas del Iguazú, Luisa, la misma de las catacumbas, visitó las ruinas de San Ignacio. Apenas descendida del ómnibus, sintió un impacto emocional muy fuerte y supo que había estado allí, en otro tiempo, en otra vida. A la vista del lugar, repentinamente y en forma espontánea, surgió la memoria del pasado.

–Sentí un cosquilleo en el cuerpo –relata Luisa. Sentía que conocía todo eso. Le dije a una amiga que me acompañaba: vení que te muestro dónde estamos enterrados. Me acordé de todo lo que había pasado en ese lugar. Es espantoso. Fue un calvario. No sé para qué lo mantienen. Tendrían que dinamitar todo esto. Acá mataban en nombre de Dios y yo no era de los buenos. Me puso muy mal.

Cuando surgen reminiscencias o recuerdos del pasado en forma espontánea, no es necesario hacer una regresión. Pero en este caso en particular, conjuntamente con el recuerdo, se habían reactivado emociones muy profundas, que sólo podían ser agotadas reviviendo la situación original.

Luisa ya estaba en regresión, de modo que sencillamente le pedí que me relatara paso a paso su llegada a San Ignacio, permitiéndose sentir las sensaciones y emociones a medida que iban surgiendo. Dado la crudeza de las escenas, algunas de ellas no figuran en este relato.

Jueves 17 de octubre de 1991

Luisa: Estoy en la puerta. ¡Qué desesperación! Tengo una sensación de temblor en el cuerpo. Me separo del grupo y camino hacia el frente del templo. Cuando llego a las dos columnas de entrada siento una sensación rara. Como si no fueran reales. A los costados del templo hay como una habitación y veo que está "el mismo piso de siempre": unas cerámicas hexagonales, perfectas. Cruzo el ancho del templo y voy a ver dónde estoy enterrada. Voy a ver el cementerio. Abajo de unos árboles, al costado del templo, están las tumbas. No me gusta estar ahí. Es horrible. Me siento muy mal. Tengo náuseas, vómitos. ¡Es horrible estar ahí! Era todo tan feo. Tanta matanza. ¡Cómo pueden dejar eso ahí! (*Comienza a llorar.*) ¡Matábamos en nombre de Dios! ¡Cuánto horror! ¿Para qué sirve? ¿Para qué tanto sacrificio? ¡Y está todo ahí! Me siento mal. ¡Quiero que me saques de acá! ¡No quiero! ¡Dame la mano! ¡No me dejes sola acá! ¡Quiero que me saques de acá! (*Éste era un momento muy difícil, por cuanto la emoción era muy intensa y Luisa no quería seguir con la experiencia. Y observen que hasta aquí yo no hice nada. Ni siquiera le pedí que tomara una inspiración profunda. Como les dije antes, Luisa ya estaba en regresión, viviendo en otro tiempo y en otro lugar. La herida estaba abierta y era necesario trabajar esas escenas en su origen para poder agotar esa emoción. Veamos entonces cómo procedí.*)

Terapeuta: *Por difíciles y duras que sean estas escenas, esto es muy importante para liberarte de todas esas sensaciones del pasado. Ahora te pediré que vayas a esa vida para agotar todas las emociones que te están perturbando. No temas, que yo te acompañaré y estaré siempre aquí, a tu lado. Ahora cuento hasta tres, y ve a esa vida. Uno... dos... tres...*

L: ... Me van a castigar. Tengo mucho miedo. Ellos mismos me van a castigar.
T: ¿Quiénes son ellos?
L: Mis compañeros. ¡Ay! Yo sé lo que van a hacer conmigo.
T: ¿Qué van a hacer contigo?
L: Me van a cortar las manos y me van a cortar la lengua y me van a dejar encerrado.
T: *¿Y a qué se debe eso?*
L: Porque yo los ayudé, porque les di comida, porque les hablé.
T: *¿A quiénes ayudaste?*
L: A los esclavos, a los niños sin Dios. Yo tenía un grupo al que tenía que mandar y hacerlo trabajar, pero ellos son seres humanos y yo creo en Dios. No fue por rebeldía, no quise ser rebelde. Quise ayudar. Quise que se convirtieran en personas y ahora lo voy a pagar y tengo mucho miedo. A todos los que no obedecemos nos castigan. Están enceguecidos.
T: *Y tú ¿quién eres?*
L: Soy un monje. Yo tengo esta cruz, ¿ves? (*Con su mano derecha hace un gesto como si mostrara algo.*) Ella es mi guía. Ellos también la tienen, pero no la ven. Ellos robaron, les robaron todo a los indios, las tierras, la libertad. ¿Por qué vinieron?
T: *Y tú ¿cómo llegaste allí?*
L: Me dijeron que era una buena misión, que veníamos a ayudar a seres que no conocían a Dios, que les podíamos enseñar, pero no fue así.
T: *¿Qué ocurrió?*
L: Me encontré con el horror. ¿Cómo puede ser que un ser consagrado a Dios pueda hacer esto? No puedo entender.
T: *¿De dónde vienes?*
L: Vengo de un pueblo lleno de flores, un pequeño monasterio. Soy español, allí había paz, estaba bien. Cultivábamos la tierra y las flores. El aire era puro, había sol y ahora estoy aquí, encerrado y sin luz.
T: *¿Hay algo que puedas reprocharte, causaste algún daño?* (La pregunta es importante por cuanto Luisa tenía la sensación de que no había sido de los buenos.)
L: No, pero yo estaba ahí. Me hubiera gustado haberlos podido defender. Pobrecitos, no tenían derecho ni de pensar.
T: *Avanza un poco más. ¿Qué está pasando?*

L: Estoy trabajando en la tierra. Hay chicos corriendo, indiecitos. No los dejan pasar donde se labra la tierra. A los chicos más grandes les hacen hacer trabajos pesados. Hay monjes buenos y otros malos. Yo quiero a esos chicos, pero no puedo hablar con ellos. Si te escuchan, después te castigan, no podés confiar en nadie. Entre nosotros mismos somos enemigos. ¡Qué mentira!
T: *¿Cuál es la mentira?*
L: Que somos hermanos. Somos iguales a los demás y, sin embargo, dicen que somos distintos porque estamos al servicio de Dios. ¡No estamos al servicio de Dios! Mejor que me calle, si me escuchan ¡pobre de mí! ¡Dios mío! ¡Adónde vine yo! Esto es un infierno. En vez de un monasterio es una cárcel. ¡Cuántas cosas pasan acá!
T: *Ahora, cuento hasta tres, y ve al hecho traumático relacionado con tus emociones. Uno... dos... tres...*
L: Me ataron. Me tienen los brazos atados y me van a cortar las manos. ¡Me van a cortar las manos! ¿Por qué? ¡Esto es un infierno! ¡Aaaaahhhhh!
T: *¿Qué pasó?*
L: ¡Me cortaron la lengua! Ya no puedo hablar ni escribir.
T: *Sigue adelante.*
L: Ya no hay adelante. ¡Ay! ¡No! ¡No! ¡No!
T: *¿Qué está pasando?*
L: Hay un amigo, ¡decile que se vaya!, porque a él también le van a cortar las manos y la lengua. Que no lo vean acá.
T: *¿Quién es ese amigo?*
L: No le veo bien la cara. Pero los ojos sí. Me parece que es Rosaura (*la misma que no quería nacer*). ¡Qué pena! Me consuela y me dice que Dios me va a recibir, pero ahora está todo muy oscuro. Ya no tengo nada que contarte.
T: *¿Cuál fue el momento más difícil de esta experiencia?*
L: No pensé que me iban a cortar la lengua. No lo esperé. Es muy feo. Se tiene mucho miedo. No podés hacer nada, solamente tener miedo.
T: *¿A qué se debe que te cortaran la lengua?*
L: Me cortaron la lengua, porque yo quería hablar y explicarles.
T: *Y eso, ¿de qué manera está afectando tu vida actual?* (Aunque todo esto surgió de una reminiscencia, no hay que perder de vista la sanación del alma y de la mente.)

L: Si yo explico, me cortan la lengua. (*¡Allí está! Apareció un mandato que se hace sentir en su vida actual.*)
T: *Y esto ¿cómo se relaciona con tu vida actual?*
L: Es igual que ayer. Yo hablo y no me entienden. Ayer no me entendieron. Si hubieran escuchado hubiera sido todo muy distinto. Pero los seres humanos no queremos escuchar nada. Nos escuchamos a nosotros mismos. Ahora me cuesta hacerme entender. A lo mejor, dentro de mí hay una idea que expreso mal y entonces hay confusión. Y hay algo más.
T: *¿Qué más?*
L: Estoy descubriendo que el corte de mis manos me impide escribir. (*Ahí apareció otro bloqueo.*)
T: *Muy bien. Ahora, ve al momento de tu muerte en esa vida, para desprenderte de todo esto.*
L: Me fui secando de a poco. Me habían cortado las alas, no podía volar y ahora me voy a morir. Le pido a Dios que mande un rayo de luz para iluminar sus mentes. Tiene que ser un rayo muy fuerte. Que los perdone. Ellos no saben lo que hacen. Eso fue lo que dijo mi Maestro y yo comprendo que tuvo razón. Ésa es la verdad... Se abre la luz, se abre el techo y veo la luz y por esa luz me voy a ir. Terminó la oscuridad. ¿Sabés qué? Ahora hay una escalera que baja por la luz. Ahora voy a dejar lo que quedó de mi materia. Pobre, qué parece, un trapo viejo. Pero mi cuerpo parece como si hubiera renacido. Está luminoso, no está encorvado y se puede elevar. Es transparente y me voy al espacio. ¡Oia! (*Y aquí se ríe por primera vez en la experiencia.*) ¿Sabés qué? Están contentos y tocan las trompetas. Me dicen que estuvo bien. Que lo hice bien, me reciben bien. Hay mucha luz, mucha paz, mucho calor. ¡Es increíble! ¡Tanta tristeza y me dicen que estuvo bien! ¡Están contentos de verdad!
T: *¿Quiénes están contentos?*
L: Todos mis hermanos que están allí. Es como una fiesta. Nunca vi una cosa así. Me abrazan, están contentos conmigo.
T: *¿Y qué aprendiste con esta experiencia?*
L: Aprendí que lo que das te lo devuelven. Si das amor, vas a recibir amor. No te imaginás la alegría que tienen. Me gustaría que lo vieras. (*Vean qué extraordinario: está vivenciando algo inefable y hermoso a lo cual yo no tengo acceso.*) Me dicen: "Hiciste lo que se esperaba de ti, ni más ni menos". Cumplí con la misión.

T: *Muy bien, ahora vas a desprenderte para siempre de todas esas sensaciones...*
L: (*Adelantándose.*) Ya me sacaron de allá. (*El trabajo ya está hecho.*)
T: *Muy bien, entonces quiero que experimentes plenamente todas esas sensaciones maravillosas, conservando en tu interior toda la paz, la alegría y la grandiosidad de este momento.*
L: (*Abriendo los ojos y regresando a su conciencia habitual.*) Creo que era mejor que te cortaran la cabeza en el Coliseo. Esto era peor.

Hemos visto así, cómo una reminiscencia del pasado terminó en una gran catarsis emocional. Como dije antes, no es necesario hacer una regresión cada vez que la memoria del pasado surge en una persona. Sin embargo, si concomitantemente con el recuerdo surgen emociones perturbadoras, entonces es ineludible apagarlas volviendo a la situación original. No se trata aquí de satisfacer la curiosidad, sino de procurar el alivio y de resolver los mandatos o bloqueos originados en la experiencia. Como hallazgo sorpresivo, Luisa descubrió que sus dificultades para ser escuchada y comprendida y para escribir, tenían origen en el corte de las manos y de la lengua en esa vida. Poco después, Luisa reflexionaba:

–Me di cuenta de que las manos siempre las tuve de adorno. Desde chica no tuve fuerza en las manos. No podía apretar algo, eran inútiles. Aún ahora, no puedo abrir una botella de gaseosa.

Luego de esta experiencia, Luisa aprendió a cuidar y valorar sus manos, volvió a escribir y está realizando grandes emprendimientos en su vida personal.

Capítulo XVII

Cómo trabajar los sueños

Algunos sueños también son reminiscencias de otras vidas. El sueño es una forma que el alma tiene de traer a la conciencia un hecho no resuelto del pasado y que todavía sigue provocando perturbaciones emocionales en la esfera psíquica de la persona. Es un intento por revivir el trauma original, para resolverlo de una buena vez.

Es común que la escena del pasado aparezca mezclada con personajes y episodios de la vida cotidiana. En ocasiones, la persona puede rescatar, sin ninguna duda, imágenes que no pertenecen al momento actual, como por ejemplo, una casa antigua, un paisaje o personas con vestimenta de otra época.

Lo que ocurre durante el sueño es muy simple. Al dormirse el cerebro físico, el alma se desprende y vuelve a encontrarse en su estado de conciencia expandida. No es más que otra forma del desprendimiento psíquico que ya hemos visto anteriormente. León Denis dice que el sueño no es otra cosa que la salida del alma del cuerpo[1] y H. P. Blavatsky explica que los sueños son, en realidad, las acciones del Ego –el Yo Superior– durante el descanso físico.[2]

---

[1] León Denis, *op. cit.*
[2] *Los sueños*, H. P. Blavatsky, Adyar, Rosario, 1985. Tomado de "The transactions of the Blavatsky lodge", editadas en 1889.

Durante el sueño, desprendidos ya de las ataduras de la carne, desarrollamos una actividad intensa de la cual no conservamos recuerdo porque al volver al cuerpo, el impacto con la materia y la mezcla con las impresiones del cerebro físico hacen que olvidemos la mayor parte de lo actuado. Los sueños se desarrollan en distintos niveles, dependiendo del grado de desprendimiento alcanzado por el alma. Pero siempre al regresar al cuerpo físico, la actividad del alma se superpone con la actividad cotidiana y de allí resultan los sueños disparatados donde se confunden tiempos, lugares y personas.

Es por ese motivo que los mensajes profundos o trascendentales se manifiestan habitualmente mediante símbolos, porque de esa manera el alma se asegura una imagen nítida y duradera.

Lo importante del sueño, como lo explica muy bien Trigueirinho, es que también vivimos mientras soñamos y que la tercera parte de nuestra vida, se desarrolla mientras dormimos.[3]

Mientras el cuerpo físico descansa, el alma se desprende y puede elaborar situaciones de la vida diaria, resolver problemas difíciles, encontrarse con otros seres, realizar aprendizajes, viajes astrales y también revisar sus encarnaciones pasadas. Así lo enuncia claramente el rabino Berg:

> Los sueños son manifestaciones de la conciencia cósmica, en la que fluye todo el saber. Frecuentemente, durante el sueño, el alma vuelve a vivir encarnaciones pasadas. El alma se desplaza libremente fuera de las limitaciones que le impone el tiempo, el espacio y el movimiento.[4]

Sueños de persecuciones, de muerte, de ahogos, pesadillas, sobre todo cuando son recurrentes, son recursos del alma para traer a la conciencia situaciones traumáticas del pasado, de ésta o de una vida anterior, para que sean resueltas, porque de una u otra manera están perturbando la vida emocional de la persona.

En ocasiones, los sueños traen claves que le permiten a la persona descubrirse a sí misma. Éste fue el caso de una mujer educada en la fe católica, que a los cuarenta y cinco años descubre,

---

[3] *También vivimos mientras soñamos*, Trigueirinho, Kier, Buenos Aires, 1988.

[4] Philip S. Berg, *op. cit.*

a través de sueños reiterados con rabinos, que es de origen judío. En estos sueños, escuchaba palabras en hebreo desconocidas para ella y un anciano le decía: "Esto es lo tuyo". Acuciada por la intriga, inquirió a un familiar mayor, quien le confesó la verdad sobre su origen.

Trabajar un sueño con TVP es muy fácil. La energía ya se ha movilizado y la escena ya está en la conciencia de la persona. Todo lo que se necesita es pedirle a la persona que vuelva a vivenciar el sueño para que afloren las emociones que harán el puente con la vida a la cual el sueño se está refiriendo.

Como verán a continuación, la técnica es siempre la misma. Ya se trate de un sueño, una foto, un cuadro o una situación de la vida cotidiana, las escenas se trabajan siempre del mismo modo y eso nos asegura que se cumpla el objetivo terapéutico.

La pesadilla de Checha

Durante su entrenamiento como terapeuta de vidas pasadas, Checha, una psicóloga de 29 años, trabajó en regresión una pesadilla que había tenido un par de días antes. En esta pesadilla, Checha se encontraba en su casa con su nena en brazos, cuando por el balcón se introducían dos individuos. Uno de ellos llevaba en la mano una lata de duraznos, que en realidad era un spray que disparaba gas.

–Yo le digo que hagan lo que quieran –relata Checha– pero que no nos toquen. Pero el tipo me dice: –No. A vos te quiero matar.

–Sentí que estaba entre la espada y la pared –continúa relatando–. Es la misma sensación que tuve cuando era chica y volvía de la escuela. Cuando llego a casa, dos pibes se meten en el ascensor y lo paran en un entrepiso. Uno me apunta con una pistola y me pregunta si había alguien en casa. Yo les digo que hay varios hombres y entonces se van. En ese momento sentí la sensación de querer orinar.

–¿Cómo era esa sensación? –le pregunto.

–Como una opresión en la zona genital –precisa Checha–. Y el efecto de todo esto es que ahora tengo miedo de quedarme sola en casa de noche. Para colmo, cuando me despierto de la pesadilla, leo en el diario que asaltaron una casa y ahorcaron a la mujer con el cordón de una zapatilla.

Veamos, entonces, cómo se desarrolla esta pesadilla en la regresión.

Sábado 7 de enero de 1995

Checha: Siento que estoy temblando y ahora que escucho la lluvia, recuerdo el episodio cuando volvía del colegio, pues también llovía.

Terapeuta: *Muy bien, ve entonces a ese momento cuando estabas en el ascensor. ¿Qué está pasando?*

Ch: Me está apuntando con la pistola y siento ganas de orinar. No puedo controlar esa sensación.

T: *¿Qué más estás sintiendo?*

Ch: Esa pregunta, si hay alguien en mi casa. Es como que estoy de vuelta entre la espada y la pared. (*La misma sensación que en el sueño.*)

T: *¿Y cuál es el momento más difícil de esa situación?*

Ch: Cuando vi que podía llegar a no contestar.

T: *¿Y cuáles son tus reacciones físicas en ese momento?*

Ch: Flojedad en las piernas. Pierdo el control de la parte inferior del cuerpo.

T: *¿Cuáles son tus reacciones emocionales en esos momentos?*

Ch: ¡Qué injusticia! ¿Por qué se la tienen que agarrar conmigo?

T: *¿Y cuáles son tus reacciones mentales en esos momentos?*

Ch: ¿Qué ganan con perder mi vida?

T: *Muy bien, ahora, ve al principio de la pesadilla. ¿Qué está pasando?*

Ch: Los veo entrar por el balcón. El que más veo, viene con una lata que parece de duraznos, pero tiene algo arriba que parece que va a tirar un gas. Yo les digo que se lleven todo. Pero me dicen que no, que es a mí a la que vienen a matar. Creo que ya no tengo salida.

T: *Ahora fíjate, ¿cuál es el momento más difícil, más traumático de esta pesadilla?* (Como ven, la forma de trabajar es siempre la misma.)

Ch: Cuando no había forma de convencerlo de que no me matara.

T: *Muy bien, ¿cuáles son tus reacciones físicas en ese momento?*

Ch: La sensación de querer orinar. Como que no domino esta parte y siento ganas de orinar ahora. (*La misma sensación que en el episodio del ascensor.*)

T: ¿Cuáles son tus reacciones emocionales?
Ch: Quiero dominar esa debilidad.
T: Y ¿cuáles son tus reacciones mentales?
Ch: Superar ese problema físico. No me gusta estar en ese momento en que me quieren matar. No me banco esa oscuridad.
T: Muy bien, ahora, al contar a tres, retrocederás en el tiempo e irás a la escena que está relacionada con esta pesadilla y con estas sensaciones. Uno... dos... tres... ¿qué está pasando?
Ch: Siento mucho frío en todo el cuerpo y principalmente en las plantas de los pies... siento que me estoy helando... se me duermen las manos.
T: ¿Dónde te encuentras?
Ch: Es un lugar helado y la helada me está penetrando. Veo todo blanco, puedo llegar a ver montañas cubiertas de nieve.
T: Sigue, ¿qué más?
Ch: Me veo tirada, creo que soy hombre. Tengo una camisa tipo leñadora... tiene algo de color rojo... No sé por qué... caí ahí.
T: Cuento hasta tres y retrocede un poco antes de caer. Uno... dos... tres...
Ch: ... Me empujan... me empujan entre dos... es como que les molesto... son unos tipos grandes... muy desprolijos... con mucha barba y me... empujan...
T: Sigue, ¿qué más?
Ch: Es como que salimos a escalar una montaña y yo estoy con problemas... ¡Aaahhh!
T: ¿Qué está pasando?
Ch: Estoy sintiendo acá, un dolor en la zona genital. Debo de tener ganas de orinar, pero mucho dolor. (*La misma sensación que en el ascensor y en el sueño.*)
T: Sigue.
Ch: El cuerpo está todo frío, pero allí siento ardor. Me revuelco, empiezo a rodar. Los veo bajar a ellos por otro lado. Tengo algo en la espalda, como un bolso o una mochila...
T: Sigue adelante.
Ch: Cada vez que me doy vuelta, me molesta esa cosa ahí atrás... Estoy dando vueltas... me parece que caigo a algún lado... ya no tengo más fuerzas... estoy helada... los pies los tengo helados... y el dolor me oprime... Estoy tirada y no puedo hacer nada. Me dejo estar ahí... Ya no puedo hacer nada.

T: *Sigue un poco más.*
Ch: Me caen lágrimas. Las tengo acá. (*Señala el ángulo interno de ambos ojos. No está llorando, sin embargo siente las lágrimas.*) No puedo creer estar ahí. Cada vez tengo más frío.
T: *Y los otros, ¿qué pasó?*
Ch: Se quieren salvar ellos a costa de dejarme a mí. No siento bronca. Siento lástima. Parece que son hermanos míos.
T: *Sigue adelante.*
Ch: Estoy tirada ahí, boca abajo... me debo de haber hecho pis del dolor y del frío y no pude dominarlo. (*La misma sensación que en la pesadilla.*)
T: *Sigue un poco más.*
Ch: Me parece que me quedo ahí. No salgo de ésta. De ésta sí que no salgo... Es la misma sensación de estar entre la espada y la pared. (*Igual que en el sueño.*)
T: *Avanza un poco más.*
Ch: Me da mucho miedo pasar la noche. El frío me va entrando y me va helando toda... me está doliendo la garganta... no puedo más... se me está cubriendo el cuerpo de nieve... siento que me estoy muriendo... Me parece que ya no estoy en ese cuerpo...
T: *¿Dónde te encuentras?*
Ch: Sentía otro cuerpo con otro dolor.
T: *¿Cómo es esto?*
Ch: De pronto sentí un dolor acá atrás (*en la espalda*). Me caí de un caballo y me caí mal. Ahí no me veo como hombre. Soy una nena de unos diez años.
T: *Muy bien. Ahora deja esa escena para más tarde.* (A veces, el paciente puede estar evitando el contacto con una escena traumática, como veremos en seguida. El salto a otra vida actúa como un bypass salteando el hecho traumático.) *Al contar hasta tres, ve al momento más difícil de tu experiencia como hombre. Uno... dos... tres...*
Ch: Lo más difícil fue que otros hombres se la hayan agarrado conmigo y me hayan abandonado.
T: *Fíjate cuáles son tus reacciones físicas en esos momentos.*
Ch: Debilidad, se me debilita todo de la cintura para abajo. Siento que me debilito y me puedo orinar. (*Siempre las mismas sensaciones.*)
T: *¿Cuáles son tus reacciones emocionales?*

Ch: Angustia, ganas de llorar.
T: *¿Dónde sientes esa angustia?*
Ch: Es como un nudo y opresión en la garganta.
T: *Eso es, siente ese nudo y esa opresión profundamente.*
Ch: ¡Ajjj! ¡Siento como si me ahorcaran! (*Allí está la escena que estaba siendo evitada.*) Con un cordón o dos hilos que tiran así (*señala en dirección opuesta*). (*Recuerden también el impacto al leer la noticia en el diario del asesinato de una mujer de la misma manera.*)
T: *Retrocede un poco antes.*
Ch: Me parece que me agarran de atrás, así (*se toma del mentón*). ¡Ay! ¡Lo vi ahora! No me doy cuenta de la presencia y me tiran para atrás y yo tengo un lazo ahí. Parece que muero así. Me mata alguien. No es tanto el frío.
T: *Sigue, ¿qué más?*
Ch: Debo de tener el cuello cortado, siento que sale sangre... y volví a ver a la nena... no sé por qué.
T: *Dentro de unos instantes trabajarás esa escena. Ahora vuelve a la escena anterior.*
Ch: Me matan... apareció esa persona y me agarró de atrás. Sigo viva después del ataque. Siento dolor y frío. Pero no son mis hermanos. Es alguien que se quería vengar de nosotros. Teníamos que correr y me agarraron a mí. ¡Ay! Me siento mal. ¡Siento que me voy a morir! (*Hecho el contacto con el verdadero hecho traumático, comienza a aflorar toda la emoción.*)
T: *Eso es, deja salir todo eso.*
Ch: ¡Ay! ¡No quiero morir! ¿Por qué? ¡Ay! ¡No hay remedio, me parece!
T: *Eso es, deja salir todo eso.*
Ch: Es que como hombre no puedo llorar.
T: *Ahora sí puedes hacerlo.*
Ch: Tengo mucho frío. No puedo más. (*Ahora sí llora.*) ¡No puedo más! ¡Basta! ¡No puedo más! ¡No puedo respirar! ¡Ay! ¡Se me dan vuelta los ojos! (*Al tiempo que llora, se arquea en el suelo y se ahoga.*)
T: *Eso es, ahora sigue hasta dejar ese cuerpo.*
Ch: El cuerpo se cubre de nieve. Estoy arriba pero sigo con la sensación de frío.
T: *¿Y cómo se relaciona esta experiencia con el sueño?*

Ch: Ese gas era como la nieve. Como un gas blanco que me iba a helar. Como que me iba a hacer revivir esa vida de esa nieve que me cubría y me iba a matar, pero al mismo tiempo sentía que no me iba a dejar respirar.
T: Muy bien, ahora ve a la escena de la nena.
Ch: Me caí del caballo y tengo un dolor acá (*la espalda*).
T: Sigue.
Ch: Como que me quebré. Siento que me vienen a buscar. Me levantan, pero estoy mal. No puedo levantar la cabeza. Me siento igual que cuando en un campamento me quebré y un amigo me levantó y me llevó. Siento esa misma sensación.
T: ¿Qué sensación?
Ch: Que me trasladan porque estoy quebrada.
T: Sigue adelante.
Ch: Me parece que me quebré. No tengo bien la columna. Tengo hermanas y hermanos, están mi papá y mi mamá.
T: Sigue.
Ch: No entiendo bien lo que está pasando. Estoy inconsciente. Escucho que ellos dicen que me caí del caballo. Era una granja. No puedo caminar. Me parece que me quedo así en la cama.
T: Avanza un poco más.
Ch: Se tienen que ir y me quedo sola. Me dejan una pistola o revólver, algo largo. Tengo miedo. Es la misma situación de miedo que tengo ahora.
T: Avanza un poco más.
Ch: Me parece que jugando me mato yo. Se dispara una bala. Me dijeron que no la tocara.
T: ¿Cómo es que ocurre esto?
Ch: La tengo ahí, estoy jugando y se dispara. Me pega acá (*en el abdomen*) y veo un charco de sangre.
T: Sigue un poco más.
Ch: Siento que me estoy yendo en sangre, pero es rápido. No hay tiempo. Ya no tengo fuerzas... Me caí de la cama... ¡Aaahhh!
T: Sigue.
Ch: Me veo boca abajo... Hay sangre en el piso... yo estoy ahí... pero me siento como que me veo desde arriba, desde el techo. Me veo tirada ahí... los pelos están con sangre... Cuando vi esa imagen me agarró otra vez una sensación de orinar.

T: ¿Y cuál fue el momento más traumático, más difícil de esta experiencia?
Ch: El quedarme sola. No quería que se fueran.
T: ¿Y cuáles son tus reacciones físicas en ese momento?
Ch: El dolor, que no me podía mover.
T: ¿Y cuáles son tus reacciones emocionales?
Ch: Miedo.
T: ¿Y cuáles son tus reacciones mentales en esos momentos?
Ch: No les perdono que me hayan dejado.
T: ¿Y de qué manera se relaciona todo esto con tu vida actual?
Ch: Cuando me quedo sola me agarra este miedo. Como que ahora tengo que cuidar a mis chicos y como que en esa vida no me supe cuidar porque me terminé matando.
T: ¿Entonces?
Ch: Entonces es como que hubiera un temor a no saber cuidar o no saber cuidarme.
T: Muy bien. Ahora, te vas a desprender de todo eso, tomando conciencia de que ya no estás ahí. Todo eso terminó. Al morir ese cuerpo, terminaron todas las sensaciones de esa vida. Ya no estás ahí. Ya nada de eso te pertenece. Ahora, deja todo eso y elige un color de tu agrado para introducir una nueva vibración energética en tu vida. ¿Qué color elegirías?
Ch: Violeta.
T: Muy bien, entonces, imagina como si un rayo de color violeta...
Ch: ¡Mmmmm! Veo un rayo que pasó así, oblicuo.
T: Muy bien. Entonces, permite que la energía de ese rayo violeta se interpenetre con todo tu ser y, envuelta en ese rayo, proyecta una imagen de cómo te gustaría ser de ahora en más.
Ch: Tranquila, delgada, con fuerzas para salir adelante.
T: Muy bien. Entonces, envuelta en color violeta, graba profundamente esta imagen que has creado de ti misma y cuando tú lo desees, abrirás los ojos y eso hará que regreses aquí, a tu conciencia física habitual, en este día sábado 7 de enero de 1995.

Acabamos de ver con qué facilidad se puede trabajar un sueño con TVP. No hay ningún misterio en esto. Es muy simple, por la sencilla razón de que, con el sueño, la persona ya está en regresión. Las escenas ya fueron examinadas durante el sueño, sólo que al despertar, se confunden con otras imágenes. Esto no quiere decir que todos los sueños contengan acontecimientos de otras vidas. Tampoco invalida su trabajo con otras técnicas. Para cada caso hay una técnica apropiada. Pero si el sueño es muy vívido y se acompaña de sensaciones y emociones profundas, es casi seguro que se trata de un hecho de vida pasada o de una experiencia transpersonal. En el caso de Checha, pudimos comprobar que aunque las imágenes no se correspondían con las escenas vivenciadas en la regresión, las sensaciones y emociones eran las mismas. Tal vez, las imágenes del sueño quedaron condensadas en el gas que era blanco y que Checha relacionó con la nieve. Por otra parte, la vida relacionada con el sueño abrió la puerta a otra existencia vinculada a su temor de no saber cuidar a sus hijos o de no saber cuidarse a sí misma.

Se me ocurre una cosa: la vida de la nena, ¿surgió porque la reactivaron las emociones de la muerte en la nieve, o quizá también esa vida fue revisada por Checha durante el sueño, aunque ella no lo recuerde?

Y algo más: la sincronicidad[5] de leer en el diario la noticia de la mujer ahorcada con el cordón de una zapatilla, inmediatamente después de haber tenido la pesadilla. Recuerden que Checha acusó un profundo impacto en ese momento y en la regresión descubre que fue ahorcada con un cordón. Tanto el sueño como la noticia del diario estaban vinculados con la misma experiencia. No sé explicar de qué manera se produce el fenómeno; lo único que puedo decir es que es una coincidencia significativa.

---

[5] Sincronicidad: "[...] la coincidencia cronológica de dos o más acontecimientos que no están relacionados entre sí por un nexo causal y cuyos contenidos, por lo que respecta a significados, son iguales o similares". C. G. Jung.

Capítulo XVIII

Regresiones como animales

Ya es difícil de por sí aceptar que hemos vivido otras vidas antes de ésta, y no una, sino varias. Pero ahora se plantea otro interrogante: ¿alguna vez fuimos animales, o vegetales o quizás una roca?

Distintas corrientes espirituales afirman que el alma evoluciona desde el reino mineral. La ciencia clásica habla de tres reinos: mineral, vegetal y animal. Pero desde el punto de vista de la evolución espiritual deberíamos hablar de por lo menos cinco reinos: mineral, vegetal, animal, humano y angélico. El reino angélico es el próximo paso en la escala espiritual del hombre. Sin contar, además, que hay otras líneas de evolución diferente, como la de los elementales de la naturaleza.[1]

Todos los que trabajan con la energía de los cristales tienen conciencia de que éstos constituyen el punto más alto de evolución en el reino mineral y que, además, se comportan como organismos vivos. Hay piedras que paren piedras. Tal es el fenómeno de las piedras parideiras en Portugal, en la aldea de Castanheira.

Después de más de tres décadas de estudios sistemáticos sobre la conciencia humana, Stanislav Grof afirma que, por medio de

---

[1] *Los espíritus de la naturaleza*, Charles W. Leadbeater, Sirio, Málaga, 1985.

nuestra conciencia, podemos trascender el tiempo y el espacio, cruzar las fronteras que nos separan de diversas especies animales y experimentar procesos del reino vegetal y del mundo inorgánico. Grof relata que, trabajando con respiración holotrópica y drogas psicodélicas, varias personas tuvieron experiencias de conciencia animal y vegetal. Estas experiencias no se limitaron tan sólo a las especies más evolucionadas. Una persona, por ejemplo, se identificó con una oruga y experimentó el proceso de la metamorfosis. Sintió la desintegración del cuerpo de la oruga en el interior del capullo, para luego emerger de ese líquido amorfo con la forma de una mariposa. Luego de salir del capullo, experimentó el proceso de secado y sintió que estiraba sus alas mojadas y plegadas para emprender triunfalmente su primer vuelo.[2] Luego de esto, se me ocurre preguntarme si *La metamorfosis* de Kafka, no se habrá originado en una experiencia de tipo transpersonal.

Hay misterios todavía insondables para la mente humana, pero lo concreto es que hay personas que, en regresión, han experimentado vidas como animales y muy vívidas, por cierto.

La cuestión aquí es qué hago cuando una persona, en medio de una regresión, me dice que es un animal. Es muy simple. Sigo adelante con la experiencia con la misma técnica de siempre. Sin censurar, sin interpretar. Trabajo exactamente igual que siempre. No importa que el paciente diga que es perro, gato o extraterrestre. La técnica es siempre la misma. La experiencia es del paciente y no mía. Y yo debo ayudarlo a que haga su experiencia y, si sigo fiel a la técnica y respeto su vivencia, obtendré también la enseñanza terapéutica para la persona. Sea lo que fuere, esa vivencia tiene algo que ver con la vida actual y las emociones y conflictos del paciente.

Criatura acuática, tigre y pantera

Raquel había iniciado esta regresión, trabajando su miedo al rechazo y la necesidad de protección. Atraviesa por experiencias de su primera infancia, nacimiento y una vida pasada en la cual muere en un torneo, con un puñal clavado en el pecho. La sensación dominante en ese momento es de no saber para dónde ir, ni qué hacer. Ve claramente cómo se desprende del cuerpo. A la altura del

---

[2] *La mente holotrópica*, Stanislav Grof, Planeta, Buenos Aires, 1994.

ombligo, sale una nubecita muy brillante que contrasta con la oscuridad de la noche. La regresión ya está llegando a su término. Sólo resta efectuar la armonización, para la cual elige el color naranja como si fuera un traje. Es entonces cuando imprevistamente, tropieza con una dificultad y se desarrolla la siguiente experiencia.

Jueves 26 de abril de 1990

Raquel: No puedo ponerme el traje naranja.
Terapeuta: *¿Qué está pasando?*
R: Siento que soy una figura negra.
T: *¿Cómo es esa figura?*
R: Como si fuera un pez grande.
T: *¿Qué clase de pez?*
R: Tengo algo puesto afuera... gelatinoso...
T: *¿Cómo es esto gelatinoso?*
R: Es una sensación rara, que me cubre todo el cuerpo, como una gelatina negra... como tener un traje anfibio.
T: *Siga, ¿qué más?*
R: Hace mucho frío y hay agua... no sé si vivo dentro del agua.
T: *Vea sus manos, sus pies, ¿cómo son?*
R: Mis manos son negras... los pies también, pero son grandes, como si fuesen de un pingüino... es como el cuerpo de una foca, todo gelatinoso...
T: *Siga.*
R: ... Pero el cuerpo no tiene forma... es una masa entera... como si fuera... un elefante marino.
T: *¿Está dentro o fuera del agua?*
R: Estoy fuera del agua, pero hay mar.
T: *¿A qué sexo pertenece?*
R: No hay sexo.
T: *¿Y cuáles son sus pensamientos?*
R: No tengo inteligencia.
T: *¿Cuáles son sus sensaciones?*
R: No tengo sensaciones.
T: *¿Cómo es esto?*
R: No sé qué es... es como mirar hacia lo lejos... de pronto me hundo en el agua... y nado... como si fuera una ballena.

T: Siga.
R: En la profundidad hay otras criaturas iguales.
T: Y ahora, ¿qué está sintiendo?
R: Tengo una sensación de alegría, todo está bien. Las otras criaturas se comportan igual.
T: ¿Cómo se comportan?
R: Flotan en el agua, se rozan de vez en cuando y siguen.
T: Vea cómo se comunican.
R: Comunicación hay... pero no sé cómo es... es sin hablar... no hay palabras... Hay desconcierto al estar en la playa. (*La sensación dominante en el momento de la muerte experimentada previamente.*) Al entrar al agua y ver a los demás, todo está bien.
T: ¿Y qué es lo más importante de esta experiencia?
R: La sensación de ver blanco y negro. El sol y la profundidad.
T: Y esto, ¿cómo se relaciona con su vida actual?
R: Es como tener que unir esas dos cosas. No puedo unir esas dos partes.
T: ¿Y cómo le gustaría ser?
R: Entender el blanco y el negro.

Al salir la figura del agua, la sensación fue que el sol la desestructuraba. Había alegría de entrechocarse. No había inteligencia. Había sensación de los compañeros, sensación de grupo, de calor dentro del frío del agua. Al estar parado en la playa, la sensación era: "¿Qué hago aquí, dónde estoy?"

Es interesante notar que antes de comenzar la regresión, Raquel se preguntaba: "¿Cuándo voy a encontrar a mi grupo?".

En esta vivencia, Raquel pudo rescatar aspectos de sí misma. Ésta era una etapa de reencuentro de partes y desprendimiento de otras, y rescató la sensación interna de ternura de la criatura. Al igual que ésta, conoció la luz y quería volver a salir a la superficie.

Raquel estaba finalizando su sesión cuando surgió la dificultad en la armonización que la llevó a vivenciar esta experiencia. Hay que estar atento a cualquier imprevisto que acontezca. Aquí no se podía terminar la sesión simplemente porque el tiempo se había acabado. Había que resolver la dificultad que se había presentado. Así fue como sucedió lo que sucedió. De la sensibilidad y de la intuición del terapeuta depende que situaciones de esta naturaleza no pasen desapercibidas. Cuando durante la regresión aparece algún impedimento, inmediatamente hay que pensar que ese impedimento puede ser la manifestación objetiva de un hecho del pasado. Tal vez no encontremos nada, pero si lo investigamos nunca nos vamos a perder una sorpresa como la de esta historia.

Raquel se sintió como una criatura subacuática. Grof relata el caso de una mujer belga que se vio como una ballena preñada y que sintió el parto y nacimiento de su bebé como si fuera una ballena. Tiempo después, cuando Grof describió a un grupo la experiencia de esta mujer, un biólogo marino que se encontraba presente, confirmó plenamente lo descrito por la mujer belga.[3]

Un mes después de esta sesión, Raquel vuelve a tener una experiencia como animal. Todo comenzó al preguntarse:

–¿Por qué siento el cuerpo tan agresivo?

No fue necesario hacer nada. En cuanto cerró los ojos, ya estaba allí.

Jueves 7 de junio de 1990

Raquel: Siento el cuerpo encogido... como para saltar.
Terapeuta: ¿Dónde cree que se encuentra?
R: En la selva y creo que sería un tigre... pero es como si fueran dos animales.
T: ¿Cómo es esto?
R: Como que por momentos saliese más uno y menos el otro.
T: ¿Cuál es el otro?
R: El otro es una pantera negra.
T: ¿Y dónde se encuentra?
R: El tigre está en la parte más clara, el otro en cambio está en la parte más oscura.
T: Siga, ¿qué más?
R: El tigre se muestra más pesado, la pantera es más sigilosa, mira más hacia su alrededor. El tigre tiene más fuerza en el cuerpo. La pantera mide más el salto, es más flexible.
T: Y usted, ¿dónde se encuentra, en el tigre o en la pantera?
R: Estoy en los dos.
T: ¿Cómo es el tigre?

[3] Stanislav Grof, *op. cit.*

R: El tigre tiene una forma más cálida, más infantil, confía sólo en la solidez del cuerpo. Por tener el cuerpo hace las cosas.
T: *¿Qué cosas?*
R: Infundir respeto pero sin miedo. Al caminar, el tigre pone las patas en las hojas secas. Produce ruido, pero no le importa. Tiene confianza en el tamaño que tiene.
T: *¿Y la pantera?*
R: Es más sigilosa, para no hacer ruido mira más hacia su alrededor. El pelaje es brillante; el cuerpo, más delgado que el del tigre. Los ojos miran todo, nada se le escapa. Es más fría, va calculando el salto que va a dar.
T: *Siga adelante, ¿qué más?*
R: El tigre es mucho más confiado... siente que sólo con su peso, con su porte, con su apariencia, los demás lo van a respetar. No tiene temor de nada. Camina más tranquilo, va buscando el sol. Es más pesado para dar el salto, es más torpe...
T: *Siga.*
R: La pantera percibe el mundo a la defensiva. La fuerza está en la forma sigilosa. La sensación es que asusta por el color, por la elasticidad, el salto es más fuerte, porque es más medido. Una vez que dio el salto no puede volver atrás. Siente más el miedo de los demás.
T: *¿Y qué pasa con el tigre?*
R: El tigre se acerca a un claro donde hay agua. Quiere disfrutar del sol y del agua... juega con el agua, disfruta el calor del sol en el cuerpo. El pasto está como húmedo. Se mete una y otra vez y disfruta de esos chapuzones. Sale para secarse al sol. Hay animales más pequeños que lo miran de lejos, es como que él tiene ganas de jugar con ellos, pero los otros son pequeños y tienen miedo. Se termina de secar al sol y vuelve a la selva.
T: *¿Y la pantera?*
R: Mira la escena desde atrás. Los animales que están de costado sienten más miedo de esa figura que está detrás. El miedo de esos animales es como más frío. Es como si se hubiera trabado todo. Como si se hubiese detenido todo. Es como algo que no se puede cambiar. Es como sentir que no vale la pena intentarlo. No hay manera de decirles que no tengan miedo. Está acostumbrada a su frialdad y soledad.
T: *¿Y cómo se relaciona todo esto con su sensación de agresión?*

R: Los dos al mismo tiempo tienen hambre. Cada uno tiene que cazar alguna presa... No logro ver al tigre.
T: *No importa, siga adelante.*
R: Solamente veo el salto de la pantera. Es un salto limpio en el aire. La presa está muerta antes de que ella llegue. Siento la vibración del salto. Luego nada. Simplemente come la presa que atrapó.
T: *¿Y el tigre?*
R: Hay un grupo de animales... él salta sobre uno de ellos. Es un salto diferente, calculado, pero más pesado el cuerpo. Atrapa a uno de los animales y comienza a comerlo, pero es como que fuese más torpe.
T: *Muy bien. Avance ahora a un hecho traumático en la vida del tigre y de la pantera.*
R: Hay fuego en una aldea... hay gente corriendo. El tigre y la pantera están como al borde de ese claro. Están observando la escena...
T: *Siga.*
R: Siento como que el tigre se lanzaría sobre la gente. La pantera está como siempre, detenida y observa. Los movimientos son más medidos.
T: *Y usted, ¿qué siente?*
R: Tengo las sensaciones de los dos. Están ahí... la pantera mirando más hacia las llamas, la gente que corre. El tigre es como si se fuera a abalanzar sobre las cosas. La pantera es más medida...
T: *Siga.*
R: No puedo avanzar.
T: *¿Qué se lo impide?*
R: La luz en los ojos me molesta.
T: *¿Qué luz?*
R: Viene de arriba... es muy brillante... blanca...
T: *¿Qué es esta luz?*
R: Es como una energía extraña, es como si comenzase a no tener tanto frío... es como si esa luz no me dejase ver... no los puedo ver con tanta nitidez... (*Es frecuente que aparezcan este tipo de experiencias. En ese momento, no había ningún tipo de luz en la habitación.*)
T: *Vuelva nuevamente a esa escena. Cuento hasta tres y todo se hará más nítido. Uno... dos... tres...*

R: El tigre finalmente salta y lo hieren en el costado. Siente como una noción de realidad... como si estuviese herido por primera vez.
T: ¿Y usted qué siente?
R: Como una sensación de vacío... no puede ser que eso haya ocurrido. Se queda ahí... a un costado y se va muriendo.
T: ¿Y cuál es la sensación dominante en ese momento?
R: Sensación de sorpresa.
T: ¿Y qué pasa con la pantera?
R: La pantera regresa a la selva... alguien la mata.
T: ¿Quién la mata?
R: Es un grupo de cazadores... cerca del lugar con agua... no puedo entender por qué salta... la matan en el medio del salto.
T: ¿Y usted qué cree?
R: Salta porque recuerda la muerte del tigre. Por primera vez es imprudente.
T: ¿Cuál es la sensación dominante en esos momentos?
R: Es como que ya no vale más la pena. Es una sensación de matar o morir... es como buscar inconscientemente la muerte. Es un salto suicida.
T: ¿Y cómo se relaciona todo esto con su vida actual? ¿Qué cosas del tigre y de la pantera está arrastrando todavía?
R: Son como las dos mitades. Siempre fueron las dos mitades. Es la misma sensación de sorpresa. Que hay cosas que no pueden pasar y sin embargo pasan.
T: ¿Y cómo está influyendo esto en su vida actual?
R: Influye como esa herida del tigre. Es como no adaptarse a la realidad. La que ve la realidad es la pantera. La pantera ve las cosas antes de que ocurran. Es como que no se pueden unir.
T: ¿Y a usted qué le gustaría?
R: Me gustaría unir la pantera y el tigre.
T: Muy bien...
R: No me gusta este final.
T: ¿Cómo le gustaría?
R: El tigre tiene una alegría que la pantera no tiene. Ésta tiene una sensación interna de frío, como que nada vale la pena.
T: ¿Y entonces?
R: Hay que cambiar una vibración interna, sacar ese frío.
T: Elija entonces un color para introducir esta nueva vibración.

R: Naranja fuerte.
T: ¿*Y cómo sería esta vibración?*
R: Una vibración de calor y vida. Unir la fuerza de alegría y vida.

Luego de la regresión, Raquel explicaba lo siguiente:

R: De chica, tendría unos cuatro años, cuando estaba en la escuela, tenía la sensación de quedarme atrás, como la pantera, aislándome del grupo. Era como vigilar cómo era el ambiente. Quiero recuperar la capacidad de disfrutar del tigre.
T: *¿Y dónde están la pantera y el tigre hoy?*
R: Son las dos facetas, siempre están las dos. Es muy habitual. Siempre la reacción alternada de uno y otro. A través de la terapia, fui recuperando espontaneidad. Hay un predominio de la pantera sobre el tigre. El tigre es la espontaneidad.
T: *¿Y la pantera?*
R: Cuando se lanza la pantera es a matar o a morir. Ya no hay nada más que hacer.
T: *¿Recuerda alguna situación en la que haya actuado como la pantera?*
R: Totalmente. Salirme de un trabajo, del matrimonio, de mis padres.

Como es fácil de apreciar, a través de estas vivencias, Raquel continuó con su trabajo de integración de aspectos internos y desprendimientos de otros. Ya sea realidad o fantasía, lo cierto es que tanto el tigre como la pantera estaban en Raquel. El escepticismo y la subestimación son propios de nuestra cultura, pero a ningún aborigen se le ocurriría dudar de esta experiencia.

Los mandatos de un conejo

Penélope es a quien yo considero la decana de todos los pacientes. Es la persona que más tiempo trabajó con TVP y, por eso mismo, porque se dio el tiempo que necesitaba para trabajar, es que llegó a donde llegó. Ésta es su regresión número 54. Y digo esto porque para poder trabajar determinadas situaciones hacen falta tiempo, coraje, convicción para llegar hasta el final y una absoluta confianza en el terapeuta.

Esa mañana, Penélope sentía miedo. Miedo de hablar de su relación con el hombre en general. Miedo de volver a su infancia. Miedo de tener que hablar de su papá. Con cincuenta y cuatro regresiones, se había vuelto muy sensitiva. Sabía que aún le quedaba por hacer una cirugía profunda, pero estaba decidida a seguir adelante. Sentía que había algo que la estaba atando y que no le permitía hacer otras cosas. De pronto, recordó algo singular. De chica, recordaba haber tenido dos ronchas muy grandes, detrás de las rodillas, de tal magnitud que le impedían caminar. Lo extraño era que su mamá decía que nunca había tenido tales ronchas.

–Y sin embargo –decía Penélope– yo me veo sentada, que no puedo caminar, en la casa de mi tía y no poder levantarme porque tenía eso acá –señalando el hueco poplíteo, detrás de la rodilla.

Conociendo su facilidad para trabajar, le pedí que volviera a esa situación.

Martes 1º de noviembre de 1994

Terapeuta: *Muy bien, Penélope. Cierre los ojos, tome una inspiración profunda y vaya directamente a esa escena de su infancia, cuando tenía esas ronchas detrás de las rodillas.*
Penélope: Estoy ahí sentadita, en la casa de mi tía. Veo jugar a los chicos y no puedo jugar con ellos, me cuesta mucho correr. Tengo esas ronchas detrás de las rodillas.
T: *¿Cómo son esas ronchas?*
P: Son grandes, redondas, altas, color negro oscuro y pican muchísimo. Son como una marca, como un estigma. Yo siempre tuve problemas con la locomoción.
T: *¿Cómo es eso?*
P: Caminé de grande. Nunca aprendí a andar en bicicleta. No tengo equilibrio. Con los zuecos, me iba al suelo. Con las nenas en los brazos, tenía miedo de irme al suelo. Tenía miedo a las escaleras. Miedo al subte. Si viajaba en tren, tenía pánico de pasar de un vagón a otro. A los seis años me caí y me fracturé una pierna. De chica me caí en una zanja y de grande también. Una vez en un campamento me caí en un pozo. Antes de nacer mi primera hija me caí de una silla y me esguincé. Vivía tropezándome y

cayéndome. Desde que vengo acá, no tropiezo y no se me doblan los tobillos, salvo que ande muy mal. (*Vemos cómo de pronto aparece toda una historia de caídas y de falta de estabilidad.*)

T: Muy bien. Ahora cuento hasta tres y vaya al origen de esta situación. Uno...

P: (*Interrumpiendo el conteo.*) ...Estoy cayendo por un túnel. Es como si fuera un tubo que va para el centro de la Tierra. Ni siquiera soy yo...

T: *¿Cómo es esto?*

P: ... Se me ocurre una cosa muy loca...

T: *¿Qué cosa?*

P: ... Hoy me internan cuando se lo diga...

T: *No importa, por increíble o disparatado que parezca, diga lo que sienta.*

P: Me siento como si fuera... ¡un conejo!... y ahora asocio que siempre sentí rechazo por la historia de Alicia en el país de las maravillas...

T: *Siga adelante con esta sensación.*

P: Me siento como si yo fuera un conejo. Estoy bajo tierra, huelo a tierra y yo, en esta vida, tengo mucho de conejo.

T: *¿Cómo es eso?*

P: Vivo escapando, corro ligero. (*Ya comienzan a aparecer las asociaciones espontáneamente, sin necesidad de interpretar nada.*)

T: *Muy bien, ahora siga adelante con su experiencia como conejo.*

P: Estoy escapando porque me quieren matar... (*Hace muecas con la cara y los labios, como un conejo.*) ...Estoy escapando de un hombre con un arma... y me metí en un pozo (*recordar las caídas*). Se me ocurre como que pienso. (*Frunce la nariz y olfatea.*)

T: *¿Y qué es lo que piensa?*

P: Que los hombres son malos porque te matan. (*Recuerden su dificultad en la relación con los hombres.*)

T: *¿Y qué más?*

P: Y yo soy un animal chiquito y muy indefenso. (*Ahí está nuevamente. Imposible afirmar si es realidad o fantasía, pero lo cierto es que allí están los mandatos y las creencias que están afectando su vida cotidiana.*)

T: *Siga adelante.*
P: Si yo fuera un león, me los comería a ellos, pero yo no tengo otra posibilidad que la de que me coman a mí.
T: *Continúe.*
P: Estoy escondido. (*Observen que habla en género masculino.*) ...El hombre mete la mano y me agarra de acá, de las orejas (*se tira del cabello*) ...y me saca para arriba y yo tengo mucho, mucho, mucho miedo...
T: *Siga.*
P: Estoy dominado totalmente por el pánico. ...Me tiembla todo el cuerpo. Sé que me van a terminar matando. Ahora asocio esas dos ronchas con la planta de la patita...
T: *¿Qué está pensando en esos momentos?*
P: Si sos conejo, no te queda otra posibilidad. Te van a agarrar siempre.
T: *Siga adelante.*
P: El hombre me mira... por un momento se enternece cuando me ve. Soy un conejito simpático, pero me termina matando.
T: *¿Cómo lo hace?*
P: Apunta un caño acá (*se toma la garganta*) y me dispara...
T: *Siga.*
P: Me apoya en la tierra y me estoy muriendo, me quedo sin fuerzas...
T: *Ahora vea, ¿cuál fue el momento más difícil, más traumático de esta experiencia?*
P: El de la huida, cuando me escondí, no saber qué iba a pasar.
T: *¿Cuáles son sus reacciones físicas en esos momentos?*
P: Tiemblo... frío... miedo.
T: *¿Cuáles son sus reacciones emocionales en esos momentos?*
P: Angustia... miedo...
T: *Y ahora vea, ¿cuáles son sus reacciones mentales en esos momentos?*
P: Hay que escapar para que a uno no lo maten. (*Ya tenemos el patrón de conducta, de vivir escapándose y escondiéndose.*)
T: *Muy bien, ahora vea, ¿es ésta una experiencia real o simbólica?*
P: No lo sé, encuentro anacronismos.
T: *¿Cuáles?*
P: La escopeta. Si uno es animal antes de ser hombre, ¿cómo es que

aparece la escopeta? Yo he sido hombre en vidas que eran mucho más antiguas que ésta.

T: *¿Qué más?*

P: Pero también se me ocurre que siendo yo humano, podría haber hecho una travesura... haber encarnado como animal para ver cómo era esa experiencia.

T: *Y entonces, ¿qué cree usted, es real o simbólica?*

P: Tal vez sea simbólica, pero ocurre que me siento animal, siento que me molesta el pelo en la nariz y percibo el olor de la tierra. (*Vean cómo el propio paciente hace la discriminación.*) ...Puede ser que yo esté mezclando imágenes. Tal vez fui conejo y uní la experiencia de la persecución de la muerte y que después haya vivido como mujer, también perseguida y luego haya unido ambas experiencias. Siempre me veo corriendo por los pasillos de la eternidad, en continua huida. (*Qué hermosa frase para definir su patrón de conducta. Observen también que el paciente puede descubrir su verdad, sin sugestionarlo. Ahora sí llegó el momento de intervenir.*)

T: *Entonces, ¿qué cree? ¿Es ésta una experiencia real, es simbólica o es la suma de varias experiencias reales, resumidas en una sola?*

P: Creo que son experiencias reales resumidas en una sola y ahora entiendo más cosas.

T: *¿Qué es lo que entiende?*

P: Asocio a mi papá con el cazador... Recuerdo haber visto en mi casa, de chica, pantalones de montar de mi papá. Tal vez yo le tenía miedo. En mi casa había armas de mi papá, había balas. Siempre les tuve miedo...

T: *Muy bien, ahora, vivencie la misma experiencia del conejo pero como mujer.* (*Tal vez la historia del conejo era verdadera, tal vez estaba enmascarando algo difícil de vivenciar. Ahora veremos.*)

P: Yo veo a una chica muy parecida a Blancanieves, y yo siempre me identifiqué con Blancanieves...

T: *No importa, siga adelante.*

P: Está escapando, la persiguen... un hombre con una cuchilla... (*Da vuelta la cara como para no ver.*)

T: *Siga.*

P: Le corta la cabeza ...acá (*se toma el cuello*)... ¡kjjj!

T: *Siga.*

P: ... Y ...ahora... me veo yo de chica...
T: *Siga, no se detenga.*
P: (*Con voz entrecortada.*) ...Mi... pa... pá... no sé si fue... a... cazar... o... a practicar... tiros...
T: *Siga, no importa lo que sea, yo estoy acá a su lado.*
P: ... Está con armas... no puede ser... porque mi papá era bueno...
T: *Siga.*
P: ... Pero yo... me asusto mucho... Me... a...me...naza... Pero... ¡No puede ser!
T: *¿Qué está pasando?*
P: ... Me ...di...ce... si contás algo... te... ma...to... ¡Pero papá! Y yo siento el frío del arma acá (*y por tercera vez se toma la garganta*).
T: *Siga un poco más.*
P: No puede ser verdad esto... Es que si esto es verdad, me quedo también sin mi papá que era a lo que yo me había aferrado. (*Y así llegamos al punto que Penélope tenía miedo de encontrar antes de comenzar la regresión.*)
T: *Retroceda un poco antes de esto y vea qué fue lo que pasó.*
P: Mi papá salió conmigo. Fuimos a un lugar que mi mamá no tenía que saberlo. Había una mujer que a mí no me gusta nada.
T: *Y entonces, ¿qué pasa?*
P: Ahí no pasa nada, pero yo sé que esa mujer anda con mi papá. Después, pasamos por un lugar donde mi papá había dejado las armas para arreglarlas. Llegamos a casa muy tarde. Mamá estaba como loca. De pronto, en la cocina, quedamos mi papá y yo y está el paquete con las armas arriba de la mesa y ahí...
T: *Siga.*
P: ... Ahí mi papá me dice... que... si... di...go... algo... me... ma...ta... y yo... ¡me siento un conejo!... como el conejo atrapado por el cazador... (*¡Allí está el conejo!*)
T: *Ahora vea cuál fue el momento más difícil de esta experiencia.*
P: Cuando me apoyó el arma y me dijo que me mataba (*igual que el conejo*).
T: *¿Y cuáles son sus reacciones físicas en ese momento?*
P: Siento un vacío espantoso en el estómago. Siento hambre.
T: *¿Cuáles son sus reacciones emocionales en ese momento?*
P: Siento que me muero, que se me viene el mundo encima.
T: *Y ahora vea, ¿cuáles son sus reacciones mentales en esos momentos?*

P: Me tengo que portar bien y no tengo que hablar para que no me maten. (*Otro mandato más*.)
T: *Y ahora vea, ¿de qué manera eso la ha estado afectando en su vida actual?*
P: Yo me sentía siempre como un conejo. Siempre ponía la cabeza como el conejo. Como conejo, lo único que me quedaba era ir a degüello. Recién últimamente, empecé a dejar de sentirme como un conejo. Es como que estoy saliendo de eso.
T: *Y esto de no hablar para que no la maten, ¿qué cosa la llevó a hacer?*
P: Me llevó a no hablar nunca por miedo a que me maten.
T: *¿Qué cosa le impidió hacer?*
P: Me impidió defender mis ideas. Me daba miedo contradecir a la gente. Tenía miedo de que me mataran. Le tenía miedo a todo el mundo. Para que no me mataran, hacía caso o no decía nada.
T: *¿Y de qué manera influye todo esto en su relación con los hombres?*
P: Es no poder terminar de ver la figura de mi papá. Eso es lo que me está atando. Si me lo saco, no me queda nada. Por otra parte, tenía miedo de que mi marido me matara.
T: *Ahora puede cambiar esta historia. ¿Le gustaría hacerlo?*
P: Sí, totalmente.
T: *Muy bien, elija entonces un color de su agrado.*
P: Naranja.
T: *Muy bien, envuélvase en el color naranja y envuelta así en la energía del color naranja, proyecte ahora una imagen de cómo le gustaría verse de ahora en adelante.*
P: Segura, decidida, tranquila, serena y valiente.
T: *Muy bien. Entonces, lentamente, respirando profundamente, abrirá los ojos y regresará aquí, a su conciencia física habitual, envuelta en el color naranja, en este día martes, primero de noviembre de 1994, sintiéndose segura, decidida, tranquila y valiente.*

¿Fue o no fue un conejo?

Imposible saberlo con certeza, al menos por ahora. Lo importante aquí, no es detenerse en la polémica intentando demostrar o refutar la experiencia del paciente. Los grandes maestros de la medicina acuñaron una frase: "La clínica es soberana". Aquí cabe decir algo parecido: "La experiencia de la persona es soberana".

Como terapeuta, parto de la premisa de aceptar la experiencia del paciente como verdadera. Ésta es su realidad. Por fantástica que sea, es su realidad. En el mundo subconsciente de Penélope, esto era real. Todo el tiempo que duró la experiencia como conejo, Penélope se sentía como un conejo, hacía muecas como si fuera un conejo, olfateaba como un conejo y sentía los bigotes de un conejo. Pero además, sintió el miedo que debe de experimentar un conejo cuando es perseguido y sabe que no tiene escapatoria.

Sea como fuere, esa experiencia como conejo estaba directamente vinculada a su vida actual y es lo que le permitió llegar por fin a ese núcleo traumático de su infancia, cuando su padre la amenaza con un cuchillo al cuello.

Hay varias cosas que quisiera rescatar de esta regresión. En primer lugar, el trabajo del terapeuta, aceptando desde el inicio la vivencia del paciente como real, actuando como facilitador de ésta, sin censurar, sin interpretar y aun más, estimulando al paciente a sentir lo que está sintiendo. Recuerden que al principio, Penélope dijo: "Hoy me internan". Muchas personas, llegadas a este punto, pueden bloquearse. Penélope siguió porque sabía que yo no iba a censurarla.

En segundo lugar, ayudar al paciente a descubrir por sí mismo si esto era una vivencia real o simbólica. Si repasamos ese momento, vamos a ver que Penélope discrimina por sí misma distintas alternativas, señalando el anacronismo de la escopeta y concluyendo finalmente que son todas experiencias reales condensadas en una sola.

Y ahora vamos a lo más importante. El trabajo terapéutico. Al permitir el desarrollo de esta historia como conejo, aparecen tres situaciones en las cuales Penélope se encuentra con un arma apoyada sobre su garganta. En dos oportunidades la matan. En la tercera, su padre la amenaza. Cuando siente el filo del cuchillo sobre su cuello, se reactivan en su memoria subconsciente las emociones pasadas y allí queda cristalizada la conducta a seguir para sobrevivir: "No tengo que hablar para que no me maten". Como el subconsciente no discrimina, esto se extendió a todos los ámbitos de su vida, impidiéndole expresarse libremente ya fuera en su casa, en su trabajo o con sus amigos, no fuera cosa de que la mataran por decir lo que pensaba.

Recordemos todos los mandatos que surgieron al trabajar esta historia como conejo y que condicionaron la conducta de Penélope hasta aquí:

- Los hombres son malos porque te matan.
- Yo soy un animal chiquito y muy indefenso.
- Yo no tengo otra posibilidad que la de que me coman a mí.
- Me van a agarrar siempre.
- Hay que escapar para que a uno no lo maten.
- Siempre me veo huyendo por los pasillos de la eternidad.
- Me tengo que portar bien y no tengo que hablar para que no me maten.

¿Se imaginan ustedes cómo puede ser la vida de una persona, con uno solo de estos pensamientos-creencias? Tomen cualquiera de estos pensamientos y hagan el ejercicio de imaginarse, por un minuto, cómo serían sus vidas siguiendo los dictados de ese pensamiento. ¿Qué cosas se verían empujados a hacer? ¿Qué les impediría hacer?

Para terminar. Es imposible, en nuestro estado actual, determinar con certeza si estas historias como animales son verdaderas o no. Desde la teosofía y la doctrina espírita, se sostiene que la evolución en el reino animal es un paso previo a la individualización como ser humano y que una vez alcanzado este punto no se vuelve atrás. Por otro lado, la cabalá, el budismo y el hinduismo admiten la posibilidad de que un ser humano se reencarne como animal, en determinadas circunstancias. Personalmente, considero que las vivencias de los pacientes son auténticas y constituyen su verdad, más allá de lo que digan las distintas corrientes filosóficas.

Como terapeuta, el objetivo es siempre el mismo: ayudar a la persona a resolver su conflicto y a vivir una vida diferente y mejor. No importa si en una vida pasada fue una piedra, una planta, un animal o un marciano. La técnica es siempre la misma y si trabajo cada situación, como en el caso de Raquel y de Penélope, aparecerán las emociones y pensamientos que están generando los patrones de conducta en la vida actual.

Capítulo XIX
El suicidio

El suicidio es uno de los hechos más trágicos en el derrotero de un alma, porque frustra el plan que la entidad se propuso antes de tomar cuerpo en una existencia física. El sufrimiento que sigue a la muerte del cuerpo es tremendo, cuando el ser toma conciencia de las consecuencias de su decisión y comprende que sólo ha conseguido empeorar las cosas. Si dura era la prueba que tenía que atravesar, más dura de llevar será la carga que se ha echado sobre sus espaldas.

El primer dolor se presenta en el plano espiritual, cuando queda aislado y separado de la luz y no puede reunirse con aquellos seres con los cuales esperaba encontrarse. Luego sigue el dolor de saber que dejó algo inconcluso, que deberá recomenzar nuevamente y que la próxima vez la prueba será más pesada todavía. Es como el alumno que arrastra asignaturas pendientes y que al mismo tiempo tiene que rendir las materias nuevas para no perder contacto con sus compañeros de estudio.

El suicidio en vidas pasadas es más frecuente de lo que uno se imagina. Trabajando problemas diversos, muchas personas se encontraron con la sorpresa de que en algún momento de su historia pasada recurrieron a él. Más tarde confesarían que en algún momento de su vida actual, la idea del suicidio se les cruzó por la cabeza. En estos casos, el suicidio en vidas pasadas es un hallazgo inesperado y espontáneo, pero que siempre guarda relación con algún aspecto de nuestra vida presente.

Otro es el caso de la persona que viene a la terapia con una tendencia suicida. Ésta es una tendencia latente arraigada profundamente en el alma, tal como lo explicáramos en los primeros capítulos. Es una fuerza con la cual la persona debe lidiar en su vida presente. Es una prueba a pasar.

Cuando una persona se presenta con este problema, es casi seguro que haya recurrido al suicidio en varias de sus vidas anteriores. Generalmente esto ocurre frente a circunstancias muy difíciles de sobrellevar, de sufrimiento intenso o por la impotencia de no poder hacer nada para cambiar una situación, por miedo a la soledad, por orgullo, por rebeldía o por la imposibilidad de estar con la persona amada.

Cuando una persona se ha suicidado, en una o varias vidas anteriores, es porque en ese momento no pudo con la prueba que le tocaba vivir. En cada nueva existencia, las circunstancias lo enfrentarán una vez más con la misma situación o una similar para que la resuelva. Es como el cuello de botella por donde el alma tiene que pasar. Si fracasa, deberá recomenzar una vez más. Si supera el obstáculo y sigue adelante, a partir de allí su vida cambiará totalmente. Es ese instante crucial lo que hay que superar. A veces, son necesarias varias existencias hasta que el alma junta el coraje y la fe suficientes para cruzar ese instante. En ese momento, se produce el punto de inflexión y de allí en más, al salir del cuello de botella, todo se vuelve más fácil.

La regresión al pasado ayuda a acelerar este proceso. Al comprender la persona las emociones que en el pasado la llevaron a tomar esa decisión, al experimentar en sí misma el perjuicio causado y conocer el sentido de las dificultades que está viviendo actualmente, podrá tener una nueva visión de sí misma y de las circunstancias que la rodean. Todo no es más que una prueba a superar, una asignatura pendiente a rendir. La nueva visión, el "insight", hará que su vida cobre un sentido diferente, comprendiendo que se trata de un aprendizaje a realizar.

En 1988, en ocasión de su visita a Buenos Aires, la doctora Edith Fiore relató su propia experiencia al respecto. Acababa de fallecer su esposo, cuando un día estuvo a punto de tener un accidente automovilístico. Allí se dio cuenta de que había estado conduciendo en forma ostensiblemente arriesgada. Se preguntó si no estaba buscando suicidarse debido al dolor provocado por la pérdida de su compañero. Le pidió entonces a un colega que le efectuara una regresión para investigar ese punto. Y así descubrió que, en dos vidas anteriores, se había suicidado al morir su esposo. En una de esas vidas encontró a su esposo muerto en un campo de batalla y, no pudiendo soportar el dolor, se quitó la vida allí mismo con un puñal. Comprendió entonces que, una vez más, se encontraba frente a la misma prueba y que tenía que superar el dolor y seguir adelante con su experiencia. Desde entonces han transcurrido muchos años y hoy Edith Fiore es una autoridad mundial en la Terapia de Vidas Pasadas y autora de tres libros sobre el tema.

Ahora, entremos en las historias.

Pedro

Cuando me consultó por primera vez, Pedro me confesó que una mujer le había dicho que veía en él un suicida.

–Siempre me pesó vivir –decía Pedro–. Me sentí mal con haber nacido.

De chico, una vez se levantó de la cama como un sonámbulo y fue a la cocina a buscar un cuchillo. Se quería matar. Su hermano mayor le pegó una cachetada y se despertó. Había tenido muchas dificultades con la familia y la empresa. A los cuarenta y tres años, una noche tomó de todo para suicidarse. Estaba cansado de vivir. Había sido operado de la cadera en dos oportunidades y debía operarse una vez más. Tenía miedo de quedar inválido.

–Si llego a quedar inválido, me mato –me dijo en ese momento.

Veía el suicidio como una forma de salida final. Curiosamente, la idea de que siempre le quedaba la salida del suicidio, lo había ayudado hasta aquí para seguir adelante en los momentos más difíciles. Sin embargo, no fue el suicidio lo que Pedro comenzó a trabajar inicialmente. Comenzó primero por su problema de insomnio, sus dificultades de pareja y su responsabilidad hacia su familia. Siempre se sintió responsable de su familia. Fue así, trabajando esta temática, como apareció el suicidio, por decantación natural. Ya había dejado de tomar el hipnótico y estaba durmiendo mejor.

El suicidio apareció en la sexta regresión y sin buscarlo,

cuando estaba tratando de explicarse por qué se sentía responsable de toda su familia. Encontrarán algunas diferencias en la forma de conducir la sesión, ya que ésta pertenece a la etapa anterior a la técnica que utilizo actualmente.

Jueves 4 de mayo de 1989

Pedro: Veo el frente de una casa inglesa. Tiene dos plantas, hay ventanas que se abren hacia afuera. Son de madera, con vidrios biselados. El techo es chato y tiene una chimenea.
Terapeuta: *Sigue, ¿qué más?*
P: Hay una puerta grande de madera. Un mayordomo abre la puerta. Estoy entrando...
T: *Sigue, ¿qué más?*
P: Tiene alfombras tipo persa y hay una escalera que sube. Arriba hay gente enferma. Es un chico, se pone contento de verme.
T: *Y tú, ¿quién eres?*
P: Mi nombre es Ralph, tengo entre 35 y 40 años. Soy el médico...
T: *Sigue, no te detengas.*
P: ... El chico es paralítico... (*Por primera vez en una regresión, Pedro comienza a emocionarse.*)
T: *Sigue, no te detengas.*
P: ... El chico... me abraza... me quiere... y yo...
T: *Sigue.*
P: ... Y yo no puedo hacer nada. (*Pedro se larga a llorar. Es la primera vez. Toda su dureza se aflojó en un segundo.*)
T: *Continúa.*
P: Lo reviso, no tiene reflejos, no siente nada.
T: *Avanza al próximo hecho significativo en esa vida.*
P: Hay una casa que está afuera, en el campo. Hay una viejita, está rodeada de gente. No sé para qué me llamaron. Tuvo un desmayo. Parece que discutió con dos de los hijos. Ahora está bien. Me viene un nombre.
T: *¿Qué nombre?*
P: Ralph Tiner o Thiner, algo así. Parece Londres, 1600 o 1700.
T: *Muy bien, ahora, cuento hasta tres y avanza al siguiente hecho significativo en esa vida. Uno... dos... tres... ¿Qué está pasando?*
P: Estoy en mi casa. Tengo un chico enfermo.

T: ¿Qué le pasa a tu hijo?
P: Tiene hemofilia.
T: Sigue, ¿qué más?
P: Mi mujer es bonita. Tiene un delantal puesto. La casa es de una planta, linda. Es un poco oscura. Mi hijo me saluda. Lo llevo a la mesa. Le pido que no corra, que se cuide.
T: ¿Y qué sientes con esta situación?
P: Todos esperan que los cure. Siento que la gente me mira. La viejita me mira.
T: ¿Y qué sientes con esto?
P: Siento la responsabilidad. (*Ahí está el tema de la responsabilidad con la familia.*)
T: *Cuento hasta tres y avanza a un hecho traumático en esa existencia. Uno... dos... tres... ¿Qué estás viendo, oyendo o sintiendo? Lo primero que te venga a la mente.*
P: Mi esposa se está cayendo de la escalera. Se golpeó. Creo que va a quedar postrada. Ya estoy muy cansado de esto.
T: ¿De qué estás cansado?
P: De ver cosas. No quiero ver nada más. (*La instancia es muy dura para Pedro y hay que reasegurarlo y apoyarlo para que pueda seguir adelante.*)
T: *Yo sé que esto es muy duro y muy difícil. Pero por dolorosas que sean estas escenas, es importante que sigas adelante para liberarte para siempre de todas estas emociones. Cuando cuente hasta tres, irás al próximo hecho traumático en esa vida. Uno... dos... tres...*
P: ¡Aaahhh!
T: ¿Qué pasó?
P: Mi hijo se muere. Se murió de una hemorragia cerebral.
T: *Sigue.*
P: Mi esposa está paralítica. No siente nada. No se da cuenta de nada. La viejita limpia y le da de comer.
T: *Hasta aquí, ¿cuál fue el momento más difícil, más traumático de esta experiencia?*
P: Cuando me dicen que se murió.
T: *Y fíjate. En esos momentos, ¿qué pensamientos, qué emociones te vienen a la mente, que puedan estar afectando tu vida actual?*
P: ¿Por qué me castigaba tanto Dios?
T: ¿Qué más?

P: No quería vivir más. No quería ver nada más. Me pesaba mucho todo lo que hacía. (*Recuerden que en la primera entrevista Pedro dijo que siempre le pesó vivir.*)
T: *Avanza al próximo hecho significativo.*
P: Un campesino quiere matarme porque no se salva la mujer. Me dispara con algo, pero no me alcanza. ¡Qué lástima que no me mató!
T: *Cuento hasta tres y ve al momento de tu muerte. Uno... dos... tres.*
P: Mi mujer se muere y yo me suicido. (*¡Ahí está!*)
T: *¿Cómo lo haces?*
P: Con un arma de fuego. Un tiro en la sien derecha.
T: *Sigue.*
P: Ella está en el sillón y yo estoy en el piso. Estaba esperando que se muriera ella para poder matarme.
T: *Fíjate si en el momento de la muerte tomaste alguna decisión que pueda estar afectando tu vida actual.*
P: No ser médico. No tener hijos. No pasar más por esas experiencias.
T: *Y esto, ¿cómo te está afectando ahora?*
P: No quiero tener nada.
T: *Avanza un poco después de tu muerte. ¿Qué está pasando?*
P: Veo que llevan el ataúd por la calle. Están mi señora y mi hijo. El chico se parece a uno de mis sobrinos.
T: *Avanza un poco más.*
P: Estamos los tres juntos. Todo es oscuro. No es lindo.
T: *¿Y a qué se debe que está todo oscuro?*
P: Puede ser que sea por el suicidio. Ellos están bien. Yo estoy en la oscuridad.

Un mes después de esta regresión se operó de la cadera por tercera vez. No quería pensar en lo que iba a hacer si salía mal, pero pensó que el suicidio era peor. Después de su operación, yo viajé a Francia y recién volví a verlo tres meses después. Quedaba pendiente profundizar el tema del suicidio. Estaba claro que todavía faltaba algo allí.

Veremos, ahora, la octava y novena regresión donde se trabajó una misma existencia. En ocasiones, es útil revivenciar una misma vida, para agotar plenamente las emociones que no siempre surgen en la primera pasada.

Lunes 11 de septiembre de 1989

P: Estoy en un túnel de ladrillo. Son las cloacas de París.
T: ¿Qué estás haciendo allí?
P: Pareciera que busco a alguien.
T: Sigue.
P: Hay una persona, parece que estuviera cubierta de ratas.
T: Sigue.
P: Es una nena, está aterrada, me inclino hacia ella, tiene mucho miedo...
T: Sigue adelante.
P: Llora y grita... está lastimada... yo la levanto... siguen cayendo ratas... Camino con ella, subimos juntos... está muy lastimada... está mal... la gente se aproxima para mirar...
T: Sigue, no te detengas.
P: ... Siento que se va a morir (*se emociona*) ...la abrazo y sé que se va a morir. Me pide que no la deje sola.
T: *¿Y qué piensas en esos momentos?*
P: No me quiero separar nunca de ella. Le digo que no la voy a dejar nunca sola.
T: *¿Qué más estás sintiendo o pensando en esos momentos?*
P: Quiero irme con ella. Siento ganas de morirme.
T: *Sigue, ¿qué más?*
P: Son todas caras raras que me miran, no entiendo nada. La nena me necesita. Me quiero ir con ella.
T: *¿Y entonces qué haces?*
P: Creo que me tiro por una boca de tormenta.
T: *¿Cómo es que lo haces?*
P: Están todos muy tranquilos. No me gusta la madre. No me gusta nadie. Quiero irme con la nena que se murió. Se murió en mis brazos. No tenía que haberse muerto así.
T: *Y entonces, ¿qué haces?*
P: Pienso en volver mañana al mismo lugar, tirarme por ese agujero.
T: *¿Y cuáles son los pensamientos que te llevan a hacer esto?*
P: No quiero vivir más. Si hay otra vida me voy a encontrar con ella. (Presten atención a esta presunción, porque ésta es la base del argumento para que Pedro revea su actitud.)
T: *Muy bien, ahora, cuento hasta tres y ve a ese momento. Uno... dos... tres...*

P: Me tiro de cabeza por la boca de tormenta.
T: ¿Qué sientes en ese momento?
P: Siento como un estallido en rojo.
T: ¿Cómo está tu cuerpo?
P: Estoy todo torcido. Hay gente que se para a mirar.
T: ¿Qué más?
P: El cuerpo está muerto. Está la gente y la mamá de la nena. No pasa nada más. Veo todo como si fuera un dibujo. Todo rojo.
T: ¿Dónde te encuentras?
P: Me veo por sobre todas las personas.
T: Avanza veinticuatro horas después de tu muerte. ¿Qué está pasando?
P: Me veo en un cajón.
T: ¿De dónde lo ves?
P: Lo veo desde arriba. Estoy en una casa. (*Aquí comienza a llorar.*)
T: Sigue.
P: Parece que no le afectó a nadie en especial. No quiero ver nada más.
T: ¿Cuándo no quieres ver nada más? ¿Ahora o en ese momento?
P: En ese momento.
T: Y tú, ¿cómo evalúas lo que hiciste?
P: Creo que hice bien.
T: Avanza veinticuatro horas más después de tu muerte. ¿Qué está pasando?
P: Están sacándome de la casa. Parecería que me voy yo solo. Me llevan al cementerio. Hay gente en el lugar. Parece que estuvieran mis hermanos y la mamá de la nena. Me gustó verlos ahí.
T: Avanza veinticuatro horas más.
P: Mis hermanos y mi mamá están tristes. Están en la casa donde vivía. Hay una mujer bonita, que baja por las escaleras. Se supone que era mi esposa.
T: ¿Qué piensas cuando la ves?
P: Yo tenía ganas de irme de esa casa hacía mucho tiempo. La nena me pidió que no la dejara. Ella me necesitaba.
T: ¿Y dónde está la nena? (*Fundamental, ya que él esperaba encontrarse con ella luego de la muerte.*)
P: Ahora no la veo a la nena. Pero ella está bien.
T: Y tú, ¿cómo te encuentras?
P: Estoy igual que antes.

T: ¿Y ahora qué piensas?
P: El suicidio no mejoró las cosas.

    Al incorporarse, dijo:
    –Me asustó lo que pasó. Tenía ganas de matarlos a todos.
    Varias veces durante el transcurso de la sesión, quiso interrumpirla. No quería ver las escenas. Intuí que esta experiencia no estaba totalmente agotada, de modo que le sugerí volver a trabajar lo mismo en la sesión siguiente. Lo interesante fue que, diez días después, se había olvidado por completo de lo que había pasado en la regresión. Razón de más para insistir con lo mismo.

Viernes 22 de septiembre de 1989

T: ... *Ahora, vuelve al túnel del tiempo y, al contar de uno a diez, te irás moviendo por ese túnel hacia tu pasado y al llegar a diez te encontrarás un día antes del accidente en la cloaca de París. Uno... dos... moviéndote hacia tu pasado... tres... moviéndote hacia esa vida en París... cuatro... un día antes del accidente en la cloaca... cinco... seis... un poco más... siete... ocho... nueve... diez. ¿Qué estás viendo, oyendo o sintiendo?*
P: Veo una casa. No quiero entrar. Creo que mi mujer me engaña.
T: *Sigue.*
P: Me voy a tomar algo. Es como un bar. Parece que jugaran y apostaran. Me gustaría irme de esa ciudad.
T: *¿Qué sientes cuando estás allí?*
P: Me siento bien y tranquilo.
T: *Muy bien. Cuento hasta tres y avanza al momento en que la nena se cae. Uno... dos... tres...*
P: La gente está parada en la boca de tormenta.
T: *Sigue paso a paso. Ahora todo se va a hacer más claro.*
P: Hay una mujer rubia. Sacaron la tapa. Están escuchando a la nena. Llora y grita. Creo que la madre la tiró.
T: *Sigue, ¿qué más?*
P: Nadie hace nada.
T: *¿Entonces qué haces?*
P: Me asomo y comienzo a bajar.
T: *Sigue, no te detengas.*
P: La nena está en un rincón cubierta de ratas.

T: *Sigue.*
P: La saco caminando hacia otra salida. Estoy caminando por abajo.
T: *Sigue adelante.*
P: No sé por qué no la saqué por el mismo lugar.
T: *Sigue.*
P: La nena me abraza, está lastimada, tiene sangre. Me abraza muy fuerte. Está muy sola.
T: *Continúa.*
P: Comienzo a subir por otra escalera. Saco la tapa. La acuesto a la nena en el piso. La chiquita pide que no la deje sola. Dice que la tiraron.
T: *¿Qué sientes en esos momentos?*
P: Siento odio.
T: *¿Cuál fue el momento más traumático de esta experiencia?*
P: Creo que todos.
T: *¿Y cuáles son tus sensaciones en esos momentos?*
P: Siento mucha pena e impotencia.
T: *Y si todo esto se expresara en un pensamiento que estuviera afectando tu vida actual, ¿cuál sería?*
P: No se puede hacer nada. Ante la muerte no se puede hacer nada. (¡Atención! Porque ésta fue la misma sensación que experimentó en su vida anterior, frente al chico paralítico y con su hijo hemofílico. La sensación de no poder hacer nada vuelve a repetirse.)
T: *Muy bien. Avanza ahora al momento de tu muerte.*
P: Tengo la sensación de que, aunque la nena está muerta en el cajón, me agarra de la mano.
T: *¿Y qué sientes al sentir eso?*
P: Me quiero ir con la nena.
T: *¿Y qué relación hay entre esa nena y tú?*
P: No sé si esa nena es mi hija y si esa mujer es mi esposa.
T: *¿Tú que crees?*
P: Creo que debe de ser así.
T: *Ahora fíjate, un instante antes de tirarte. ¿Cuáles son tus pensamientos en esos momentos? ¿Qué es lo que te lleva a suicidarte?*
P: La impotencia. Era como querer volver a estar con ella.
T: *Sigue avanzando. ¿Qué pasa después de tu muerte?*
P: Me atan con una soga y me suben. Tengo esos bichos encima.

T: ¿Qué más?
P: Veo el cajón de la nena y veo mi cuerpo.
T: Ahora quiero que prestes mucha atención. Fíjate, después de tu muerte, ¿te juntas o no te juntas con la nena? (La pregunta era fundamental, pero hay que formularla de manera tal que el paciente pueda decidir por sí mismo.)
P: Creo que no me junto con ella.
T: ¿Qué está pasando?
P: Ella me hace gestos de lejos, me saluda.
T: ¿Cómo está ella?
P: Ella está muy contenta. Se va jugando por una luz.
T: Y tú, ¿dónde te encuentras?
P: Yo estoy en la parte oscura. Ella es chica y se va a jugar.
T: Y tú, ¿qué haces allí?
P: Siento como que estoy en las sombras. Es como que espero que pase el tiempo.
T: Y esto, ¿cómo se relaciona con tu vida actual?
P: Es la misma sensación que tengo allá y acá. No hay diferencias entre vivir actualmente y en la parte oscura. Es como que hay que esperar que pase el tiempo.
T: ¿Te gustaría cambiar esta historia?
P: Sí.
T: ¿Cómo te gustaría ser?
P: Quisiera desarrollar la capacidad de amar.

Pedro efectuó en total diez regresiones. Luego perdí todo contacto con él hasta que, dos años después, lo llamé por teléfono, para saber cómo estaba. Hacía apenas un mes que había sido operado de la cadera por cuarta vez. Luego de la operación estuvo muy mal y fue internado en terapia intensiva. Cuando fue a la operación tenía mucho miedo, pero en todo momento tuvo presente la sesión del suicidio. Siempre se acuerda de esa regresión. Pasaron muchas cosas, pero nunca olvidó la escena del suicidio y aprendió que ésa no era la salida correcta. En realidad, comprobó que el suicidio no era ninguna salida.

Flavia

Cuando vino a verme, Flavia (32 años) arrastraba una larga historia de carencia afectiva. Siempre se sintió un estorbo. Desde chica experimentó el rechazo y las palizas de su madre. Sentía miedo de la gente, miedo de ser tocada, miedo de despertar la ira del otro.

–En estos días –decía Flavia– siento un piano en la cabeza, como una melodía, siento una angustia muy grande.

–¿Cómo es esa angustia?

–Es una angustia ligada a una tragedia, se me ocurre un suicidio.

Decidí comenzar a trabajar a partir de esa angustia y en su primera regresión, Flavia experimentó cuatro vivencias capitales. Primero se encontró en el inicio de esta vida, cuando era un bebé. Allí sintió que era un estorbo y que nadie la tocaba. Se sentía sola y abandonada. Luego fue al momento de su nacimiento y se dio cuenta de que no quería salir. La escena del nacimiento despertó en ella casi en forma superpuesta una muerte por crucifixión en los tiempos de Jesús. Allí era hombre y se vio atada en una cruz, rodeada de gente que la insultaba y le arrojaba piedras. Tal vez allí se originó el miedo a la gente, a ser tocada y a despertar la ira del otro. Fue entonces cuando vivenció otra existencia, que culminó en el momento más dramático e intenso de su primera sesión.

Viernes 25 de noviembre de 1994

(Flavia acaba de desprenderse del cuerpo muerto en la cruz y yo le pido que vaya a otra existencia relacionada con su problema actual.)

Flavia: Me parece que soy una dama europea.
Terapeuta: *Muy bien, sigue adelante.*
F: Parece que soy muy rica. Tengo un vestido de terciopelo, verde oscuro, tiene cosas doradas. Soy muy blanca y llevo el pelo recogido.
T: *¿Y qué haces allí?*
F: No hago nada. Quiero llamar la atención de los demás.
T: *Sigue adelante.*
F: Pero al mismo tiempo que quiero llamar la atención, me aparto de la gente.

T: ¿Qué es lo que te lleva a esto?
F: No me tienen que tocar. (*Otra vez el mismo tema. ¿Será resabio de la experiencia en la cruz?*)
T: ¿Y a qué se debe que no te tienen que tocar?
F: Me ensucian. Soy diferente. Me creo que soy superior. Camino y observo de lejos a los demás.
T: ¿Y los demás, qué hacen?
F: Están organizando algo. Yo observo la vida de afuera.
T: *Sigue adelante, ¿qué más?*
F: Me encantan las joyas, el oro, los vestidos... vivo para eso, nada más.
T: ¿Con quién vives?
F: Vivo sola, duermo sola... Todo es muy lindo, pero estoy sola.
T: *Sigue, ¿qué más?*
F: Me miro al espejo, estoy sola (*su voz comienza a temblar*). Soy tan hermosa y rica... pero estoy sola...
T: *Sigue, no te detengas.*
F: Creo que me quiero cortar las venas...
T: *Sigue adelante.*
F: Nadie entra en mi habitación. Yo misma me lo busqué. Yo soy responsable.
T: ¿De qué manera eres responsable?
F: Yo no dejé que nadie se acercara. Me creía superior... desprecié a un hombre... soy egoísta... soberbia... Ya nada tiene sentido. Me quiero matar.
T: *Avanza un poco más.*
F: Pienso en matarme pero no me atrevo...
T: *Sigue.*
F: No tengo a nadie...
T: *Sigue.*
F: Me miro en el espejo...
T: *Sigue adelante, ¿qué más?*
F: No sé qué hacer...
T: *No importa lo que sea, sigue adelante.*
F: Dentro de un cajón hay un cuchillo que pienso agarrar. Me quiero cortar aquí (*señala la muñeca derecha*).
T: *Sigue adelante.*
F: Tengo el cuchillo en la mano...
T: *Sigue, no importa lo que sea.*

F: El cuchillo no es mío... yo no uso eso...
T: *Sigue adelante.*
F: No sé qué hacer... no sé qué hacer... no sé si suicidarme...
T: *Sigue adelante.*
F: Creo que me quiero cortar las venas o clavármelo aquí (*se toca el pecho*).
T: *Sigue, ¿qué más?*
F: Tengo una frialdad que ya no me importa nada... pero tengo miedo al dolor...
T: *Entonces, ¿qué haces?*
F: Creo que me corté aquí (*la muñeca*) frente al espejo. Creo que ya lo hice.
T: *Sigue adelante.*
F: ¡Tengo miedo! ¡Sale sangre! ¿Y ahora, qué hago? ¿A quién le aviso?
T: *Y entonces, ¿qué sucede?*
F: Creo que sigo viva, creo que me quiero curar... me echo agua... estoy frente al espejo... no sé qué hacer...
T: *¿Qué sucedió entonces?*
F: Me curé, pero sigo sin saber qué hacer.
T: *Muy bien. Cuento hasta tres y avanza entonces al próximo hecho significativo o traumático en esa misma existencia. Uno... dos... tres... ¿qué está pasando?*
F: Los otros siempre están haciendo algo y yo siempre camino sola...
T: *Sigue adelante, ¿qué más?*
F: Tengo un vestido bordó, piedras y cosas de oro.
T: *Sigue adelante.*
F: ... Me quiero tirar y no me animo.
T: *¿Dónde te encuentras?*
F: Estoy en lo alto de un castillo. Miro para abajo y no me atrevo a tirarme.
T: *¿Qué está pasando?*
F: Miro para abajo pero tengo ganas de ir al baño.
T: *¿Dónde quieres ir al baño?* (Hay que aclarar la situación.) *¿Allí en el castillo o aquí, ahora?*
F: Ahora, Flavia quiere ir al baño. (*Es frecuente que ocurra algo así, por eso siempre les sugiero a los pacientes que vayan al toilette antes de comenzar la regresión. Pero no hay ningún problema si sucede en medio de la experiencia.*)

T: *Muy bien. Entonces, toma una inspiración profunda y cuando cuente a tres, abrirás los ojos, te levantarás suavemente, irás al toilette y luego regresarás para seguir trabajando esta escena. Uno... dos... tres...* (Flavia se incorporó sin ningún problema y cuando regresó siguió en el mismo punto donde había dejado.) *Ahora, toma una profunda inspiración y cuando cuente hasta tres, regresarás al momento en que estabas en lo alto del castillo y mirabas para abajo. Uno... dos... tres...*
F: Miro para abajo desde esa parte del castillo... miro a los que están trabajando...
T: *Sigue adelante.*
F: Quiero tirarme, pero está muy alto. No puedo... veo gente... pasan muchos carruajes...
T: *¿Qué estás pensando en esos momentos?*
F: Soy muy joven... ¿cómo lo voy a hacer si soy tan joven?
T: *Sigue adelante, ¿qué sucede entonces?*
F: ¡Ay, no! (*Grita y se echa a llorar.*)
T: *¿Qué pasó? ¿Te tiraste, sí o no?*
F: Parece que sí... es como que vuelo por el aire.
T: *¿Dónde está tu cuerpo?*
F: Ya no sé dónde está mi cuerpo. Creo que ya me tiré... hay gente alrededor en el piso. Es todo muy confuso.
T: *¿Qué es lo confuso?*
F: Es como que estoy arriba y abajo al mismo tiempo.
T: *¿Cómo es esto?*
F: Veo mi vestido abajo, pero yo estoy arriba.
T: *Sigue, todo se va ir aclarando lentamente.*
F: Pero los carruajes se detienen... hay una chica hermosa tirada en el piso...
T: *Sigue, ¿qué más?*
F: Pero, ¿por qué lo hice? ¡Si soy tan joven y hermosa! (*Aquí rompe a llorar desconsoladamente.*)
T: *Sigue adelante, deja salir todo eso que sientes ahora.*
F: ¿Por qué lo hice, si soy hermosa? (*Llorando todo el tiempo.*)
T: *Sigue.*
F: ¡Veo mis piernas! ¡Son blancas! ¡Y tengo zapatillas de baile! ¿Por qué lo hice?
T: *¿Dónde te encuentras ahora?*
F: Yo sigo mirando desde la torre y mi cuerpo está abajo y todos están amontonados...

T: *Sigue.*
F: (*Llorando desconsoladamente.*) ...Y soy hermosa... tengo pecas... cabellos oscuros... y ahora ¿qué hago? ¡Quiero volver a ese cuerpo y no puedo! (*La desesperación de Flavia en este momento es tremendamente intensa.*)
T: *Sigue, deja salir todo eso. Todo lo que sientas, agota ahora toda esa emoción. Eso es, sigue, sigue así.*
F: Ahora, ¿qué hago si ya lo hice? ¡Quiero volver a ese cuerpo y no puedo! ¡Y soy tan hermosa!
T: *Sigue.*
F: Alguien se acerca al cuerpo, un hombre con galera. Levanta mi cabeza, ¡pero estoy muerta! (*Nuevo acceso de llanto.*) ¿Ahora qué hago? ¡Ya no tiene remedio! ¿Por qué lo hice? ¡Quiero volver y no puedo!
T: *Sigue adelante.*
F: Veo que se llevan mi cuerpo y yo estoy afuera y estoy mirando y nadie me ve. ¡Nadie me ve! ¡Ya no hay nada que hacer!
T: *Y si supieras, ¿qué fue lo que te llevó a esta decisión?*
F: Fue la soledad lo que me llevó. ¡Louise! ¡Me llamo Louise!
T: *Y fíjate, ¿qué piensas en esos momentos?*
F: Miro que soy tan hermosa... mis piernas blancas... mi vestido bordó de terciopelo... mi pelo es negro y brillante y tengo una cadena de oro con una piedra rosa... y mis zapatillas de baile... creo que hay un hombre que yo amaba...
T: *Y fíjate, ¿cuál fue el momento más difícil, más traumático de esta experiencia?*
F: El momento antes de tirarme.
T: *Retrocede un instante a ese momento.*
F: No sé qué hacer... estoy bloqueada, congelada, tengo una frialdad terrible. Ya estoy decidida, no me importa nada. Sólo tengo miedo a lo que hay después... pero si vuelvo atrás, tampoco hay nada.
T: *Y fíjate, ¿cuáles son tus reacciones físicas antes de tirarte?*
F: Estoy helada por dentro, llena de soledad.
T: *¿Cuáles son tus reacciones emocionales en ese momento?*
F: Odio, resentimiento.
T: *¿Y cuáles son tus reacciones mentales en esos momentos?*
F: Ya no hay amor posible, no hay fluir.
T: *Ahora avanza al momento en que te tiras y experimenta la caída*

y el golpe para agotar todas estas sensaciones. Esto es muy importante para ti. Experimenta la caída.
F: Me estrello, pero no siento el golpe. No dolió, fue un golpe seco.
T: Y fíjate, ¿en el momento del golpe, estás dentro o fuera del cuerpo?
F: Me salgo del cuerpo.
T: Muy bien. Ahora, avanza un poco más, avanza veinticuatro horas después de tu muerte.
F: ¡Quiero volver a entrar y no puedo!
T: Avanza veinticuatro horas más, ¿qué está pasando?
F: ¡No quiero que lo entierren! ¡No! ¡No lo hagan!
T: Y entonces, ¿qué haces?
F: Me quedo allí, al lado de mi cuerpo.
T: Avanza ahora un poco más en el tiempo, hasta que ocurra algún cambio significativo en tu situación.
F: Me desperezo una mañana en la tumba. Veo el sol. Empiezo a caminar por el cementerio. Danzo y bailo.
T: Sigue, ¿qué más?
F: Quiero encontrar la salida del cementerio. La puerta se abre y me voy del cementerio.
T: ¿Cómo te vas?
F: Tengo zapatillas de baile, medias blancas y ahora soy rubia, soy una bailarina.
T: ¿Cómo es que eres una bailarina?
F: Un día me desperté y estaba en ese cuerpo, era una bailarina.
T: Y fíjate una cosa, ¿cómo es ese cuerpo? La gente, ¿te ve o no te ve?
F: No, la gente no me ve.
T: Muy bien, ahora que ya te has liberado de todo eso, elige un color para introducir una nueva vibración en tu vida. ¿Qué color elegirías?
F: El color del sol.
T: Muy bien, y ahora, envuelta en el color del sol, ¿cómo te gustaría ser? ¿Cómo te gustaría verte a ti misma de ahora en adelante?
F: Quiero ser más linda, abierta. Quiero amar, quiero sonreír. Quiero tocar a otro, quiero abrazar a otro. Amar a otro. Quiero amarme a mí misma.
T: Muy bien. Entonces, envuelta en el color del sol, graba profundamente esta imagen y cuando tú quieras abrirás los ojos y eso hará que regreses aquí, a este día viernes 25 de noviembre de 1994, sintiéndote bien, tranquila, sonriente y serena.

Es increíble –exclamó Flavia, apenas abrió los ojos–, siempre tuve miedo a las alturas, miedo de mirar para abajo. Y lo que no le dije antes –continuó diciendo– es que en estos días estuve pensando en cortarme las venas y en tirarme por el balcón, aunque ahora no lo haría.

Yo no sabía nada de esto, salvo el comentario previo de Flavia cuando dijo que asociaba su angustia a una tragedia. No hubo ninguna sugestión de mi parte para trabajar el suicidio. El objetivo era explorar el origen de su miedo. Todo fue espontáneo e imprevisto. Recuerden que pasó de ser crucificada en el tiempo de Jesús a la vida donde se suicidó. Fue algo totalmente inesperado. Como siempre, ni el terapeuta ni el paciente saben lo que va a suceder.

Julieta

Ésta es la historia de un suicidio por amor. La paciente, a quien llamaré Julieta, como corresponde, es una mujer de 52 años que un par de meses después de haber finalizado su terapia, regresa un día por una angustia que le oprimía el pecho, a la par que experimentaba un profundo deseo de morirse. Se sentía muy sensible, una romántica solitaria, incomprendida por su pareja y por sus hijos. Quería liberarse de ser romántica para ella sola. Cabe destacar que en ningún momento de su terapia se había mencionado el tema del suicidio. Veamos el desarrollo de su regresión.

Martes 28 de enero de 1992

Terapeuta: *Muy bien, toma una profunda inspiración y concéntrate en esta sensación de angustia. ¿Cómo es esta angustia?*
Julieta: Es una angustia que me oprime el pecho.
T: *¿Qué más?*
J: Mis manos están nerviosas.
T: *¿Qué más?*
J: Tengo miedo de quedarme sola. ¡Estoy sola! (*Gritando, ya la emoción estaba a flor de piel.*)
T: *Muy bien, cuento hasta tres y ve al origen de esta sensación. Uno... dos... tres...*
J: Estoy en una casa muy antigua.

T: Sigue, ¿qué más?
J: Todo el mundo está en silencio. Camino despacio por los pasillos.
T: Sigue adelante, ¿qué más?
J: Veo una mesa muy antigua de madera. Tengo miedo porque me van a retar.
T: ¿Qué está pasando?
J: Tengo quince años. No me dejan hacer nada. Yo me voy a escapar.
T: ¿A qué se debe que te vas a escapar?
J: Está mi papá hablando con mi mamá. Mi papá está vestido medio raro.
T: ¿Qué quieres decir?
J: Tiene puesta una capa roja y una boina aplastada contra la cabeza. Mi mamá tiene un vestido largo, cuello blanco. Él es muy serio, está sentado y tiene botas. Yo tengo un vestido largo con mucho vuelo, pero tengo miedo.
T: ¿Qué está pasando que tienes miedo?
J: Algo va a pasar, pero yo me voy a escapar.
T: ¿Y a qué se debe que te vas a escapar?
J: Yo estoy enamorada y ellos no me dejan.
T: Sigue, ¿qué más?
J: Ellos están muy enojados y yo bailo dentro de mi habitación y escucho música.
T: ¿Qué música escuchas?
J: Escucho los pájaros. Llenan mi corazón. Yo soy feliz así, soñando con el amor. No quiero vivir de otra forma.
T: Sigue.
J: Yo quiero vivir con él, soñando y caminando tomados de la mano. Pero no me dejan. No quieren que esté con él.
T: Y entonces, ¿qué haces?
J: Yo voy a morirme. ¡Yo quiero morirme! Pero me quiero morir en serio. (*Ahí están las sensaciones que experimentaba en los últimos días.*)
T: Sigue, ¿qué más?
J: Tengo mucha pena. Sólo soy feliz cuando estoy con él. Después no me importa nada.
T: ¿Cómo es él?
J: Él es el ser más bueno y hermoso que hay en el mundo. Yo sé que

le pertenezco. Yo estoy mirándolo y no importa nada más. Pero va a ser por poco tiempo. Lo van a hacer matar seguramente.

T: *Sigue, ¿qué más?*

J: A mí no me da pena dejar a todos los que están a mi lado. Si a él lo matan, yo me mato...

T: *Sigue, no te detengas.*

J: Pero a mí me enseñaron que no se debe matar, que la vida no te pertenece. Pero no podría vivir si él no está. Me moriría igual. No sé qué voy a hacer.

T: *Avanza entonces al próximo hecho significativo.*

J: Me voy a escapar de mi casa. Me voy a ir con él. Pero tengo miedo de que lo maten.

T: *¿Y entonces?*

J: Me voy a confesar y después me voy a matar y yo sé que lo voy a hacer. Me voy a ir con él de la mano para siempre y no nos vamos a separar nunca y los dos vamos a tomar la misma copa de veneno y tomados de la mano nos vamos a ir juntos y que Dios nos perdone.

T: *Sigue, ¿qué más?*

J: Decidimos irnos juntos para siempre a otro mundo. Nunca hubiéramos podido ser felices aquí. Ya está decidido, no puedo decirte más. Es lo único que podemos hacer.

T: *Entonces cuento hasta tres y avanza al momento de tu muerte. Uno... dos... tres... ¿qué está pasando?*

J: Estamos abrazados, pero no nos despedimos. Nos quedamos juntos así. Él es tan dulce. Ahora tiene en sus manos mi cara y yo estoy en la gloria. Lo amo y lo voy a amar siempre y ya está preparado el veneno y yo ya lo tomé y me pierdo dentro de su mirada. ¿Sabés todo lo que yo siento ahora?

T: *¿Qué es lo que sientes?*

J: Que nunca jamás lo voy a perder. Ahora ya no tengo miedo, siento paz... no tengo miedo...

T: *Sigue adelante, ¿qué está pasando?*

J: Estoy dando vueltas en el aire, como si estuviera mareada y allí me quedo, en el aire, dando vueltas.

T: *Sigue, ¿qué más?*

J: ¡Pero es que no sé dónde ir! (*Hasta aquí, su voz era serena y confiada. Ahora la domina el desconcierto.*)

T: *¿Qué está pasando?*

J: Estoy como perdida. ¿Y ahora? ¿Qué voy a hacer?
T: *Y él, ¿dónde está?*
J: A él todavía no lo veo... ¡Ahora sí! Ahora estamos juntos otra vez.
T: *Sigue adelante, ¿qué más?*
J: Ahora nos preguntan por qué hicimos esto.
T: *¿Quién les pregunta eso?*
J: Un ser que encontramos en el espacio. Está enojado.
T: *¿Cómo es ese ser?*
J: Está vestido con una túnica larga. Es como el cura que nos confesó.
T: *Sigue, ¿qué más?*
J: Le explicamos por qué y nos dice que no tuvimos fe, que no tuvimos confianza. Le decimos que teníamos miedo. Le pedimos perdón. Perdón le tienen que pedir a Dios, nos dice. Llévanos con Dios, le pedimos. Nosotros teníamos miedo y ahora también tenemos miedo.
T: *¿Qué miedo?*
J: Miedo de que nos castiguen otra vez.
T: *¿Y entonces?*
J: Este ser nos calma, dice que nos tranquilicemos, que nos va a llevar ante la presencia divina y Él sabrá qué tendremos que hacer.
T: *Sigue entonces.*
J: Nos va a escuchar otro ser mayor que está en una nube de luz. ¿Sabés qué nos dice?
T: *¿Qué les dice?*
J: Que no hay castigo sino reparación.
T: *¿Cómo es esto?*
J: Dice que vamos a estar separados por un tiempo hasta reparar la falta de fe. Después, cuando Dios lo disponga, nos volveremos a encontrar. ¿Sabés que no me da pena esto? Porque sé que nos vamos a encontrar y todo va a ser distinto.
T: *¿Y entonces qué pasa?*
J: Ahora voy a comenzar a caminar de encarnación en encarnación. Voy a tratar de reparar todo lo que hice. Quiero volver a verlo. Quiero estar con él. Tengo que ser mejor para estar con él.
T: *Después de esa experiencia, ¿volviste a verlo?*
J: Después de esa experiencia caminé mucho, pero nunca lo volví a ver.

T: ¿Qué te falta para volverlo a ver?
J: Voy a seguir trabajando. Todos los días te falta algo. Todos los días se aprende algo. Yo tengo que ser la mejor para volver a verlo. Tengo que brillar como una estrella.
T: ¿Y qué sientes ahora?
J: Me prometieron que lo iba a encontrar. Eso no lo sabía. Ahora lo sé y será cuando Dios lo quiera. Entonces voy a buscarlo.
T: ¿Cómo te sientes ahora que sabes esto?
J: Ahora estoy bien. Lo que siento no es sólo mío. Es algo que existe, que viene de muy lejos. Ya no me preocupa ser sensible. Ahora sé por qué soy así. Es una de las cosas que no necesito cambiar.
T: ¿Hay algo más que quieras decir?
J: Sí, dar gracias. Esto me tenía muy mal, desorientada. Ahora me siento bien.

Una vez más, nos encontramos con el desenlace inesperado de un suicidio sin buscarlo. Yo conocía muy bien a Julieta y el suicidio era una idea sobre la cual ni siquiera había fantaseado. Y vean cómo, trabajando una sensación de angustia, nuevamente nos encontramos con este final. Esta vez, por amor.

Aquí hemos visto que, a pesar del amor, no se logra el tan ansiado encuentro para siempre. Los amantes, en este caso, son reprendidos y deben reparar su falta de fe. Julieta lo dice claramente; debe comenzar a caminar de encarnación en encarnación para obtener la posibilidad de un nuevo encuentro. Y ya hace un largo rato de esto.

El otro concepto importante es que el ser que encuentran en el espacio les dice que no hay castigo, sino reparación. Como habrán apreciado, esta idea de la reparación se reitera espontáneamente sin que yo pronuncie palabra alguna. Y esto me parece fundamental, porque siempre se ha condenado a los suicidas negándoles la misericordia de Dios. Pero ya sabemos que Dios, afortunadamente, no hace caso de las ideas de los hombres.

Hay sufrimiento, sí, pero no por castigo divino, sino porque, como dije al principio, el suicidio no es salida. Sólo empeora las cosas, ya que hay que recomenzar una vez más y esta vez la prueba será más dura.

Lo que busca el suicida es terminar con su agobio, con su

situación de impotencia, desesperanza o sufrimiento, porque se encuentra en un callejón sin salida. Cree que al suicidarse termina todo. Cree que acaba con el sufrimiento y que puede fugarse de la vida. La verdad es mucho más dura. Porque en el instante mismo en que se encuentra del otro lado, se da cuenta de que sigue viviendo, que no hay muerte, que no hay final, que no hay escape. Y entonces, sobreviene la desesperación y el sufrimiento del alma, porque comprende que se equivocó y que debe recomenzar otra vez, desde el principio, con el agravante de que además es responsable del dolor ocasionado a sus seres queridos. Recuerden la desesperación de Flavia por volver a su cuerpo, cuando se da cuenta de que ya no hay remedio.

Creo que la ignorancia sobre el mundo espiritual es responsable, en gran medida, de este drama del alma. No sirve amenazar con el castigo. Sencillamente hay que enseñar la realidad de la vida espiritual.

Espero que las historias de Pedro, Flavia y Julieta sean de utilidad para llevar un poco de luz a todos aquellos seres que la necesitan.

Capítulo XX
Cómo trabajar una depresión

La depresión es uno de los problemas más frecuentes en nuestros días. Muchas personas consultan por este motivo y, en términos generales, la historia se repite. O bien la persona llega con un diagnóstico previo y medicada por uno o varios profesionales, o bien ella misma asume que es depresiva o que se encuentra en una depresión profunda. El término "depresión" está tan generalizado, y su uso es tan indiscriminado, que puede involucrar situaciones extremas, desde la tristeza hasta la pérdida del deseo de vivir.

La depresión es un estado de sufrimiento psíquico, aunque no es una enfermedad en sí misma sino un síndrome. Un síndrome es un conjunto de síntomas y signos agrupados bajo un mismo nombre o, lo que es lo mismo, bajo un mismo rótulo. El rótulo es lo que necesita saber el profesional para poder hacer un diagnóstico e instituir el tratamiento. Cuando se trata de afecciones orgánicas, como por ejemplo una apendicitis, esto funciona perfectamente. Pero si se trata de un conflicto emocional, uno puede quedar atrapado en la etiqueta. Lamentablemente, creo que los profesionales en general hemos caído en la trampa de ponerle etiquetas a las personas y nos olvidamos de que no hay enfermedades, sino enfermos. A partir del momento del diagnóstico, el paciente tiene un rótulo y puede quedar marcado para toda su vida. A partir de allí, la persona es tratada por el profesional y por la sociedad de acuerdo con la etiqueta que lleva puesta. Las personas dejan de ser personas para convertirse en la enfermedad que padecen. Lo grave es que, a partir de allí, la persona misma cree que es un depresivo, un melancólico o un neurótico y luego es muy difícil revertir esa creencia. ¿Recuerdan a Alicia, la mujer que me consultó por insomnio? Una vez, alguien le dijo que el insomnio era una enfermedad que no podía curarse y que tenía que acostumbrarse a tomar medicamentos para siempre. Alicia estaba convencida de eso y el primer escollo que encontré al trabajar con ella fue esta creencia. Felizmente, Alicia comprendió que el insomnio no era una enfermedad, sino el indicador de que algo más profundo y oculto subyacía bajo este síntoma.

A través de la TVP, aprendí a trabajar sin diagnóstico, sin etiquetar a la persona, partiendo del síntoma. Ojo, que no estoy despreciando los diagnósticos certificados por los estudios complementarios. Yo tengo que saber que una depresión puede ser causada tanto por un trauma emocional, como por una arteriosclerosis o una atrofia cerebral. Pero una cosa es diagnosticar un tumor cerebral mediante una tomografía computada y otra cosa es decirle a una persona que es un depresivo o un neurótico. Descartada la causa orgánica, ahora tengo que ver qué es lo que realmente está pasando en el interior de la persona. Necesito comprender su lógica o su sinrazón, para poder ayudarla. Sydenham, uno de los maestros de la medicina, decía que las enfermedades agudas son biológicas o animales y las crónicas son biográficas o humanas. Y lo que estamos tratando aquí es, justamente, la biografía de una persona. Su historia íntima.

Los síntomas más habituales en una depresión pueden ser: pesadumbre, tristeza, abatimiento, insomnio, desesperanza, miedo, impotencia para obrar o decidir, lentitud en la expresión y temor de enloquecer, enfermar o morir. Todos estos síntomas, agrupados, constituyen el síndrome depresivo. Ahora bien, si en lugar de quedarme con el diagnóstico de depresión, investigo la historia de la persona y rescato cuáles son los síntomas principales, voy a encontrar que en lugar de una depresión tal vez lo que le sucede es que está triste, abatida y tiene miedo. Y en ese caso, tiene que haber un hecho, un acontecimiento, que desencadenó el problema actual.

Cuando un paciente me consulta con un diagnóstico previo de

depresión, luego de escucharlo atentamente, le pregunto lo siguiente:

–Ahora, olvídese de lo que le dijeron. Si usted supiera, ¿qué cree que le está pasando?

La mayoría de las veces, la persona sabe exactamente lo que le está sucediendo. Lo que ocurre es que nunca le dieron la oportunidad de decirlo. A partir de allí, lo más importante es lo que la persona siente. ¿Y qué es lo que siente? ¿Miedo? ¿Angustia? ¿Tristeza? ¿Incertidumbre? Cualquiera que sea el síntoma, ése es el punto de partida y de entrada al territorio del alma. El síntoma me está diciendo que allí hay una situación sin resolver. El síntoma sólo es la punta del iceberg. Y si comienzo por la punta, descendiendo por cualquiera de sus bordes, llegaré a la base. De tal manera que si una persona consulta por una depresión u otro síndrome, lo que hago es identificar los síntomas dominantes de ese síndrome y ahora, a partir de cualquiera de ellos, inicio el descenso hacia la base donde encontraré la situación que está generando todo el problema.

A continuación, vamos a ver en forma práctica cómo trabajar una depresión con la Terapia de Vidas Pasadas.

El miedo de Mario

Mario llegó al consultorio empujado por su mujer, quien fue la que llamó en primera instancia. Unos días más tarde, llamó Mario. Al escucharlo por primera vez, tuve la impresión como si su voz arrastrara un peso a cuestas. Su discurso era lento, indeciso. No sabía si venir o no venir, si hablar o no hablar, si trabajar o no trabajar. Me llamó varias veces antes de decidirse a hacer la primera entrevista. Por supuesto, cuando llegó, traía su diagnóstico de depresión.

Había recorrido toda la gama de antidepresivos, desde los clásicos hasta los de última generación. Sin embargo, ningún medicamento le hacía bien. La tomografía y el electroencefalograma eran normales y en el momento de la consulta estaba tomando un anticonvulsivante.

Su problema había comenzado tres años antes, en Europa, cuando fue a esquiar a un centro turístico. Cuando llegó, el frío le produjo una sensación de miedo. Se sintió como tocado por una varita mágica. Bruscamente comenzó a caminar con un fuerte temblor. A partir de allí, se desencadenó todo. Comenzó a desatender a sus pacientes; dejó de asistir a cursos que estaba realizando; no podía leer, ni estudiar, ni concentrarse. No encontraba placer en nada. A los cincuenta años, sentía una angustia y un estado de nerviosismo que lo obligaba a moverse continuamente.

–Vuelvo loco a toda la familia –decía Mario.

Yo lo escuché durante largo rato hasta que le pregunté:

–Mario, ¿cómo es la depresión?

–Yo siento como si la vida no tuviese sentido.

Ahí ya tenemos una definición importante. Como les decía al principio, la depresión puede involucrar muchas cosas. Ahora era necesario desplegar todos los aspectos de esta depresión. En una palabra, ponerle nombre y apellido a cada cosa.

–Mario, quiero que te tomes unos minutos, que pienses en esta depresión y me describas cómo es la depresión, cuáles son las sensaciones dominantes en tu depresión.

–Y... siento una extrema nerviosidad... ganas de moverme... no puedo estar tranquilo...

–Y ¿qué sientes dentro de ti? ¿Cuál es la sensación dominante en tu interior?

–Y... desesperación... intranquilidad... miedo al futuro...

–¿Qué más?

–Temor a no poder seguir trabajando... temor a quedarme en la miseria... tristeza intensa... ansiedad... cansancio... pensamientos obsesivos...

–Y ¿cómo son estos pensamientos obsesivos?

–Temor a quedarme sin medios económicos.

–Y... ¿cómo es este miedo, cómo lo sientes?

–Siento taquicardia... opresión faríngea... siento un temblor intenso y una terrible intranquilidad.

–Y... Mario, si supieras, ¿qué crees que está pasando?

–Es como si algo hubiese estado enquistado durante mucho tiempo y de pronto se rompió.

Vean qué definición precisa: "Es como si algo hubiese estado enquistado durante mucho tiempo y de pronto se rompió".

Repasen todo lo que dijo Mario y comprobarán que la sensación dominante es el miedo. Miedo a no poder mantener a su familia, miedo a no poder seguir estudiando, miedo a quedarse en la miseria. Y conjuntamente con el miedo, Mario sentía una gran exigencia, como si tuviera que cumplir con una obligación.

Ahora, el problema de Mario, ¿era depresión o era miedo? Ustedes, ¿qué creen?

Al finalizar la primera entrevista, le hice una última pregunta:

—Mario, si la depresión te sirviera para algo, ¿para qué te serviría?

—Y... pienso que para escaparme de las obligaciones de los pacientes.

Retengan esta respuesta, porque algo de esto aparecerá al final de la regresión.

Una semana más tarde, Mario volvió para hacer la que sería su primera y única regresión. Como psicólogo ortodoxo, no creía en la reencarnación y era bastante escéptico al respecto. Le expliqué que lo importante no era la reencarnación, sino resolver su problema y le sugerí que tomara esto como una hipótesis de trabajo. Aunque fuera una fantasía, todo provendría del reservorio de su subconsciente.

Con esta explicación, Mario dejó la censura a un lado y se entregó a la experiencia. Como van a comprobar, resultó una regresión bastante extraña, con muchas escenas aparentemente inconexas, pero igualmente efectiva.

Viernes 10 de junio de 1994

Terapeuta: *Muy bien, Mario. Ahora quiero que examines este miedo. ¿Cómo es este miedo?*
Mario: Es como un temblor interno.
T: ¿Qué más?
M: No puedo razonar, tengo una sensación de somnolencia.
T: ¿Qué más?
M: Necesidad de moverme continuamente... tengo una sensación de calor... siento que me ahogo... la respiración es corta.
T: Y ¿cuáles son tus reacciones mentales cuando sientes todo esto?
M: No sé de qué voy a vivir.
T: ¿Qué más estás sintiendo?
M: Angustia... palpitaciones... miedo...
T: Cuento hasta tres y ve al momento más fuerte en que sentiste estas mismas sensaciones. Uno... dos... tres...

M: Es todo lo mismo.
T: *¿Qué estás sintiendo?*
M: Me tiembla la voz... es como si se moviera todo el cuerpo.
T: *¿En qué parte del cuerpo sientes el temblor?*
M: En la cabeza... en los hombros, las manos, las piernas.
T: *¿Qué más estás sintiendo?*
M: Se me seca la boca y tengo la sensación de falta de respiración.
T: *¿Y cuáles son tus reacciones emocionales cuando sientes todo esto?*
M: Intranquilidad... nerviosismo... temblor... sobre todo en las piernas.
T: *¿Y qué pensamientos te vienen a la mente en esos momentos?*
M: Que no voy a poder trabajar.
T: *¿Qué más?*
M: Tengo miedo de no poder trabajar en el consultorio... tengo miedo de que mi esposa se canse.
T: *¿Y cuándo fue la primera vez que sentiste estas sensaciones?*
M: Cuando tenía que dar examen.
T: *¿Cuántos años tienes allí?*
M: No me acuerdo.
T: *Ahora no necesitas recordar. Lo primero que se te ocurra.*
M: No sé, no me viene nada.
T: *Muy bien, cuento hasta tres y retrocederás un poco más. Al contar hasta tres irás al vientre de tu madre, antes de nacer. Cuento hasta tres y estarás allí. Uno... dos... tres... ¿Qué te viene a la mente?*
M: Nada, no me viene nada. No me veo ahí.
T: *No necesitas ver nada. Imagínate que estás allí dentro. No importa lo que sea, imagina que te encuentras dentro del vientre de tu madre.*
M: Sí, me imagino que estoy dentro del vientre de mi madre.
T: *Muy bien. Ahora, pregúntale a tu inconsciente de dónde viene tu miedo. El miedo, ¿aparece después de nacer o ya lo traes de antes? Cuento hasta tres y di lo primero que te venga a la mente. Uno... dos... tres...*
M: El miedo viene conmigo... viene de antes...
T: *Muy bien, lo estás haciendo muy bien. Ahora, quiero que te concentres en tu respiración y al contar hasta tres, retrocederás todavía aún más en el tiempo. Al contar hasta tres retrocederás aún más, a otra vida, anterior a ésta, a la vida donde comenzó tu*

problema de miedo. Cuento hasta tres y dirás lo primero que te venga a la mente. Uno... dos... tres... ¿Qué te viene a la mente?

M: No veo nada, no me viene nada. (*Como podrán apreciar, no es fácil para Mario conectarse con su pasado. Su escepticismo y su espíritu crítico de profesional, y quizá también el temor de encontrar algo, lo están bloqueando. Sin embargo, para este tipo de situaciones, siempre hay otros recursos.*)

T: Muy bien. Ahora quiero que prestes atención. No importa lo que sea, no importa lo que creas. En breve, cuando cuente hasta tres, inventarás una historia, o imaginarás una historia, que haya sucedido en el pasado y que tenga que ver con tu problema actual. Ahora podrías darte permiso para inventar, imaginar o fantasear. No importa lo que sea, todo vendrá de tu inconsciente. De modo que confía en tu inconsciente, que es el archivo de tu memoria. Cuento hasta tres y dirás lo primero que se te ocurra. Uno... dos... tres.

M: ...Me veo a caballo... con armadura... como en la Edad Media... sí... parece que fuera medieval...

T: Eso es, lo estás haciendo muy bien. Fíjate, ¿es de día o de noche?

M: ...Es un atardecer, de noche... y parece que hay otros jinetes con capas... ¡No! ¡Esto no puede ser! ¡Esto es una locura! ¡Esto no puede ser!

T: *No importa lo que sea, por increíble o fantástico que parezca, sigue adelante, ¿qué más?*

M: ...Y ahora parece que yo comando todo esto. Hay una pelea... con escudos... lanzas largas... ¡Esto no puede ser! ¡Esto es una locura! ¡Esto es una fantasía! (*exclama con voz incrédula*). (*¿Es una fantasía? ¿Está inventando o lo está vivenciando realmente? Si está inventando, ¿por qué entonces se sorprende y dice que es una locura?*)

T: *No importa lo que sea, sigue adelante, ¿qué más está pasando?*

M: Ahora parece que yo cayese del caballo. El caballo también lleva una armadura...

T: *Sigue adelante.*

M: Ahora, otro personaje me amenaza con una lanza y yo estoy en el suelo...

T: *Continúa, ¿qué más?*

M: El otro me empuja... no se ve nada más.

T: *No importa, sigue adelante.*

M: Ahora aparecen camellos, o caballos. ¡Esto es una locura!
T: *No importa, ¿qué pasó con la caída?*
M: Caigo boca arriba... estoy en el suelo... parece que no me matan...
T: *Eso es, sigue adelante.*
M: Ahora es como si me levantase...
T: *Sigue.*
M: Ahora aparezco con una espada recta, larga, amenazando al otro...
T: *Sigue, lo estás haciendo muy bien, ¿qué más?*
M: Ahora parece como si estuviese en un castillo. Todo esto es una locura. Es producto de mi imaginación.
T: *No importa lo que sea, sigue adelante. ¿Qué más?*
M: Ahora estoy sentado como si fuera un rey, en la cabecera de una mesa.
T: *Sigue.*
M: Como si fuera el rey de Inglaterra, ése que tenía tantas esposas. Esto es una zoncera.
T: *No importa, aunque sea una zoncera, sigue adelante. Confía en tu inconsciente.*
M: Ahora parezco un enano con ropa medieval.
T: *Sigue adelante, ¿qué más?*
M: Ahora aparece una mujer de tez blanca, de esa época. Se parece a una prima mía.
T: *Sigue, ¿qué más?*
M: Ahora hay globos como que colgasen del techo. Un ánfora, un jarrón, todo pintado en color pastel. También veo un jardín, todo con colores muy suaves.
T: *Sigue, ¿qué más?*
M: Una persona con peluca, con esos sombreros del 1700. No sé...
T: *Sigue.*
M: Otra locura. Apareció como un gaucho visto de espalda. (*A esta altura, ustedes se preguntarán qué es todo esto. Lo primero es que Mario tome confianza consigo mismo y se permita hacer la regresión. Lo importante es que las imágenes fluyan libremente. Al mismo tiempo, sin darse cuenta, Mario está haciendo su trabajo, está movilizando energías. Algo se está moviendo en su inconsciente. Algo está aflorando y estas imágenes tienen un gran poder liberador. Es posible que estas imágenes sean simbólicas, en cuyo*

caso podrían ser trabajadas posteriormente con ese criterio. Pero también es posible que sean fragmentos de diferentes vidas de Mario relacionadas con su problema actual.)

T: No importa, lo estás haciendo muy bien, sigue adelante.
M: Otra cosa rara. Un velero de una vela o dos que va por el río.
T: Eso es, sigue adelante.
M: Tengo la sensación de miedo otra vez. Se me ocurre que puedo tener alguna enfermedad neurológica.
T: Sigue adelante.
M: Ahora veo militares de las tropas napoleónicas...
T: Sigue.
M: Otra vez, otro militar. Éste tiene traje oscuro, barba blanca, bigote, parece que tiene una gorra como las actuales. ¡Pero esto es una locura!
T: ¿Y qué tienen en común todas estas cosas?
M: Todas son situaciones tensas.
T: Y si supieras, ¿qué te sugieren estas situaciones?
M: Lo que tuve que luchar para llegar adonde estoy. Tengo miedo a lo que va a venir en los próximos días. No sé qué tomar para sentirme bien.
T: Sigue, ¿qué más?
M: Otra vez siento el miedo de no poder trabajar.
T: ¿Cómo es este miedo?
M: Es un miedo interno, algo que no puedo ver.
T: ¿Dónde sientes este miedo ahora?
M: En la cabeza.
T: Eso es, ahora siéntelo hasta donde puedas. ¿Qué estás sintiendo?
M: Es un dolor de ojos intenso, como si fueran a explotar los ojos.
T: Y si hubiera algo en el pasado que estuviera provocando esto, ¿qué sería?
M: Como una máscara, un hierro que me apretara la frente, o una corona... El hombre barbudo con la corona... ¡Pero esto es una locura!
T: No importa, ¿cómo es esa locura?
M: Se me ocurre... tal vez... la pesadez de la corona.
T: Eso es, ¿qué más?
M: Otra vez voy a caballo, voy mirando... tengo una armadura, barba blanca... voy al paso... a caballo...
T: Sigue, no te detengas.

M: Ahora parece que es la época del 1700. Estoy vestido de mosquetero... aparecen otros...
T: Muy bien. Ahora, concéntrate en tu respiración, y al contar hasta tres irás al momento de tu muerte en esa vida en la que estabas a caballo y llevabas armadura. Cuento hasta tres y ve al momento de tu muerte en esa vida. Uno... dos... tres...
M: Estoy en una iglesia con vitraux y alguien me mata con una espada. Pero es raro...
T: ¿Qué es lo raro?
M: Al principio parecía que me moría de viejo. Pero ahí, hay otro hombre armado...
T: Sigue adelante.
M: Yo estaba mirando los vitraux... parecía que me iba a morir de viejo, pero aparece este personaje y me mata. (*Observen que aquí ya no tiene dudas.*)
T: ¿Cómo te mata?
M: Me clava la espada por delante.
T: Y si tú supieras, ¿a qué se debe que te mata?
M: Me vino que es por celos. Celos a mi posición.
T: Y fíjate, ¿cuáles son tus sensaciones en el momento de tu muerte?
M: Siento liberación. Es placentera. Como que me liberé de algo.
T: ¿Y cómo se relaciona todo esto con tu problema actual?
M: Está ligado ahora, a que ya no tengo más ganas de tener tantas obligaciones. (*¿Recuerdan lo que dijo al final de la primera entrevista?*)
T: Y... ¿qué piensas cuando ves ese cuerpo muerto?
M: Que me liberé.
T: Muy bien. Entonces, quiero que veas ese cuerpo. ¿Puedes verlo?
M: Sí. Lo veo de costado y un poco de arriba.
T: Eso es. Ahora, toma conciencia de que ya no estás en ese cuerpo y de que, al morir ese cuerpo, terminaron todos los hechos y todas las sensaciones de ese cuerpo. Todo eso terminó y ya no tienes nada que hacer ahí. De modo que, ahora, estás en condiciones de desprenderte de todo eso que ya no te pertenece. Lo pasado es pasado y ya nada de eso tiene que ver contigo. Ahora, pregúntale a tu inconsciente si hay alguna otra historia que tenga que ver con tu problema actual. La primera locura que te venga a la mente.
M: Veo personas que caminan por la calle. Otra vez militares.

Ahora están desfilando. Unos llevan acordeones... Es una cosa de locos...
T: *¿Qué más?*
M: Estoy cansado... quisiera terminar aquí.
T: *Muy bien. Entonces, elige un color para reformularte para una vida diferente y mejor.*
M: El rojo.
T: *Envuélvete entonces en el color rojo, como si una nube de energía o un rayo de color rojo te envolviera, y absorbe la energía vibratoria que emana del color rojo. Y envuelto en el color rojo, proyecta una imagen de cómo te gustaría ser, de cómo te gustaría verte a ti mismo de ahora en más.*
M: Como fui siempre. Tranquilo, estar con mi familia, saber mucho de psicología, estudiar, trabajar y tener dinero suficiente.
T: *Muy bien. Graba entonces esta imagen en tu interior y mírate a ti mismo así, como lo estás viendo ahora. Obsérvate, trabajando, estudiando, tranquilo, rodeado de tu familia y con dinero más que suficiente para todas tus necesidades y cuando cuente hasta cuatro, regresarás aquí, a tu conciencia física habitual, en este día viernes 10 de junio de 1994. Uno, sintiéndote bien, profundamente bien... dos... sintiéndote calmo, tranquilo y sereno. Tres... en perfecto equilibrio físico, mental y emocional... Cuatro... con la mente calma, tranquila y serena...*

Cuando Mario abrió los ojos, estaba sorprendido por su experiencia. No sabía si creer o no creer. Pero lo cierto es que se sentía más tranquilo. Algo había pasado y eso era lo más importante. Para mí, esto era el principio de un trabajo que había que desarrollar. Sin embargo, Mario no volvió más ni me llamó.

Varios meses después, llamé a su casa para saber qué había pasado. Me atendió él mismo. Su voz en el teléfono era totalmente diferente de la primera vez que lo escuché. Parecía que estaba hablando con otra persona. Se sentía mucho mejor y estaba trabajando.

–Si bien es cierto que el tratamiento fue breve –dijo Mario– creo que algo me hizo.

No puedo asegurar que su mejoría se debiera a la regresión, dado que en el momento de ésta Mario estaba con medicación psiquiátrica. Sin embargo, el hecho significativo es que ya había probado toda la gama de antidepresivos y su mejoría se produjo luego de la única regresión que efectuó. Pienso que al hacer la experiencia y permitir que afloraran todas esas imágenes que parecían una locura, Mario puso en movimiento una energía que destrabó lo que estaba bloqueado o enquistado, permitiendo que su psiquiatra y la medicación hicieran el resto. Como lo propone Ilya Prigogine, con el modelo de las estructuras disipativas, el trabajo con TVP provoca una gran movilización de energías enquistadas que ahora pueden fluir libremente, reorganizando toda la estructura emocional de la persona.

El síntoma fundamental de la depresión de Mario era el miedo, el temor de no poder mantener a su familia y a quedarse en la miseria. Y hubo un hecho desencadenante, cuando viajó a Europa y el frío le provocó la sensación de miedo. Ese hecho inesperado lo que hizo fue reactivar, en el subconsciente, un miedo más antiguo. De alguna manera, Mario lo intuía, cuando dijo que era como si algo hubiese estado enquistado durante mucho tiempo y que de pronto se rompió. Lo que estaba enquistado era la energía del miedo, reactivada por el contacto con el frío y la nieve. Es muy probable que, de haber continuado con la regresión, en algún momento hubiera surgido alguna experiencia relacionada con este hecho.

Sé que algunos dirán que las escenas podrían ser simbólicas y seguramente podrán hacer su propia interpretación. Yo no niego esta posibilidad. Pienso que un psicoanalista podría hacer la regresión primero y luego trabajar el contenido de ella en otra sesión. Personalmente, creo que las imágenes son liberadoras de energía por sí mismas. Aunque no haya una vivencia emocional profunda, el solo hecho de tomar contacto con ellas hace que la energía enquistada se libere, provocando la ruptura de la estructura antigua.

Recuerdo que un amigo padecía una afección dermatológica rebelde al tratamiento médico, conocida como pitiriasis de Gibert. Llevaba varios años sin obtener alivio alguno. Efectuó una sola regresión que ni yo mismo entendí, por cuanto fue una serie de imágenes inconexas entre sí, sin ninguna historia coherente. Lo extraordinario fue que, a los tres días, desapareció todo. Se había curado. ¿Qué pasó?

Simplemente, al hacer la experiencia, se movilizaron las energías enquistadas. Algunas de esas imágenes debieron de estar relacionadas con su problema y al hacerlas conscientes se liberó la energía. En una de esas imágenes, vio una explosión. ¿Sería esa la que produjo la remisión de los síntomas?

Disculpen esta digresión, pero quiero enfatizar, una vez más, la importancia de vivenciar la experiencia, independientemente de si es real o no. Todo lo que se necesita es hacer la experiencia. Ni siquiera es necesario elaborar nada. Al principio, yo les pedía a los pacientes que pensaran y escribieran todo lo que se les ocurriera sobre lo que habían experimentado. Hasta que me di cuenta de que no había necesidad de elaborar nada, porque el trabajo ya estaba hecho. Al movilizar la energía, algo cambia en el interior de uno mismo, que hace que reaccionemos de una manera diferente frente a las mismas situaciones que antes nos provocaban miedo, inseguridad o angustia.

Volviendo a la depresión –que es el tema de este capítulo–, he querido mostrar, con el ejemplo de Mario, cómo es posible llegar a su origen, partiendo del síntoma dominante. Y esta forma de abordar este problema es válida para cualquier síndrome o perturbación emocional.

Para finalizar, quiero decir que no solamente en una vida pasada se encuentra la raíz de una depresión. Muchas depresiones de la vida adulta tienen su origen en la vida fetal, debido a situaciones de miedo, rechazo o amenaza de muerte experimentadas durante la gestación.

Y todavía hay algo más que puede originar una depresión. El accionar de energías intrusas o extrañas a la persona, ya sean formas de pensamiento o entidades desencarnadas. Pero eso ya es tema para otro libro. Lo importante por ahora es que lo sepan.

Capítulo XXI
Reflexiones, indicaciones y contraindicaciones

En primer lugar, tengamos siempre presente que el objetivo de la Terapia de Vidas Pasadas no es probar la reencarnación, sino resolver el problema del paciente. Por lo mismo, no es necesario creer en la reencarnación para hacer una regresión.

En segundo lugar, tener bien claro cuál es la motivación al hacer una regresión. A veces, la experiencia no es satisfactoria porque no hay una motivación valedera. Si la persona busca resolver una perturbación emocional, se entregará a la experiencia sin reservas y hará la regresión al pasado. Si lo hace sólo para ver de qué se trata, tiene grandes posibilidades de fracasar. Los escépticos se bloquean a sí mismos y su autocensura los priva de la vivencia.

Esto no significa que no pueda hacerse por curiosidad, pero esa curiosidad debe ser encauzada y encuadrada como una experiencia de autoconocimiento, de búsqueda de sí mismo.

Recuerden que en el estado expandido de conciencia, la persona se reunifica con su "Yo Superior", con su esencia divina. Ante el pedido de "quiero saber quién fui", el trabajo debe apuntar a "quiero saber quién soy".

No necesariamente deben trabajarse conflictos emocionales.

Se puede utilizar la regresión para reencontrarnos con recursos inconscientes que fueron perdidos en el tiempo. De todos modos, esto ocurre habitualmente como consecuencia directa de la solución de un conflicto. Una persona que se libera de sus miedos puede desarrollar aptitudes que hasta ese momento estaban bloqueadas. No obstante, puede conducirse una regresión para recuperar capacidades positivas olvidadas.

Quien conduce la regresión debe ser un terapeuta profesional con experiencia en el manejo de los contenidos emocionales y haber pasado él mismo por la experiencia de la regresión. Técnicamente, es relativamente sencillo inducir una regresión, pero pocos son los que están entrenados para trabajar con el material mismo de vidas pasadas y resolver las situaciones traumáticas que se presentan o superar los bloqueos que dificultan una regresión.

El entrenamiento de un terapeuta, en esta técnica, sólo se efectúa como curso de posgrado y requiere un año de trabajo, en el transcurso del cual, el profesional debe cumplir con un mínimo de quince regresiones como paciente y otras tantas como terapeuta. Un buen profesional es aquel que encarna el método por haberlo experimentado sobre sí mismo.

La técnica que hemos expuesto es clara, sencilla, segura y precisa. El paciente está consciente todo el tiempo, con su conciencia abierta a otra dimensión y no hay riesgo de quedarse en el pasado porque, como hemos visto, no se viaja a ningún lado.

Las situaciones traumáticas se vivencian en compañía y con la asistencia del terapeuta y, como seguimos con nuestra conciencia habitual, ahora podemos re-examinar, re-vivir, re-procesar estas situaciones y re-formularnos para una vida diferente y mejor.

En todo momento, la experiencia del paciente está por sobre la interpretación del terapeuta. Es más, aquí no hay interpretación. La experiencia lo es todo y por lo mismo, la responsabilidad de la sanación reside en el paciente y no el terapeuta. Si el paciente no quiere hacerse cargo de sus acciones pasadas, el terapeuta no puede hacer nada. De hecho, los abandonos se producen muy temprano, porque la persona se da cuenta enseguida de que se va a encontrar con la verdad y no todos están preparados para hacerlo. Una vez, una mujer pronunció una frase de antología: "Es más fácil sufrir que cambiar. Así estoy mal, pero estoy acostumbrada".

Con eso dijo todo.

Por otro lado, con la TVP no hay riesgo de dependencia, por cuanto el trabajo lleva a que el paciente asuma la responsabilidad de sí mismo. ¿Cuáles son los objetivos de la TVP?

1. Resolver el problema por el cual consulta el paciente. Aliviar el síntoma.
2. Ayudar a comprender al paciente cuál es su problema y cuáles son sus potenciales no utilizados.
3. Acompañarlo en el dolor hasta dejar éste atrás.
4. Obtener el perdón de sí mismo y de los seres involucrados en la experiencia.
5. Asumir la responsabilidad de sus acciones pasadas y de sí mismo.
6. Extraer un aprendizaje de la experiencia pasada.
7. Crear un nuevo modelo de sí mismo y de su vida.
8. Comprender el propósito de las circunstancias actuales y transmutarlo en sabiduría.
9. Tomar conciencia de su razón de ser y de existir. Tomar conciencia del sentido de su vida.
10. Experimentar su verdadera esencia espiritual. Reunirse con su conciencia superior. Responder a la pregunta: ¿Quién soy?

Obviamente, no a todos les interesa llegar tan lejos. Y está bien que sea así. Una persona puede estar preocupada por resolver su fobia y punto. Ése es su objetivo y hay que respetarlo. Pero yo tengo que saber que, si la persona se da tiempo para trabajar, puede alcanzar otra conciencia de sí misma y del mundo que la rodea. Vivenciar sus existencias pasadas conducirá a una persona a pensamientos menos materialistas y a desarrollar una conducta más universalista. Comprendiendo que mañana podemos formar parte del grupo étnico o religioso que perseguimos o despreciamos hoy, ayudará a esta humanidad a acelerar su evolución espiritual.

¿Cuáles son las indicaciones de la TVP?

La TVP trabaja en el plano físico, mental, emocional, energético y espiritual. Por lo tanto, pueden abordarse todos los problemas que surjan en los distintos planos de manifestación de la conciencia, con las limitaciones obvias que resultan de cada persona en particular, de la evaluación del problema a resolver y de la capacidad y experiencia del terapeuta. La TVP puede resolver todo y no resolver nada. En última instancia, depende de la evaluación que haga el terapeuta del problema que tiene entre manos. Personalmente, luego de escuchar al paciente y efectuar las preguntas necesarias para definir la situación, antes de comprometerme me pregunto a mí mismo, ¿puedo ayudar a esta persona? Si me doy cuenta de que no puedo, entonces la derivo a otro terapeuta. Siempre que procedí así, los resultados fueron satisfactorios. En ocasiones, la solución de un conflicto no depende tanto de la técnica que se utiliza como del terapeuta y de la relación que se establece con el paciente. A veces, la sola presencia del terapeuta basta para provocar un cambio en la persona. No se trata de lo que diga o haga el terapeuta sino de la energía que emana de él. Es bien sabido cómo mejoran algunos enfermos tan sólo con la visita de su médico.

Veamos ahora puntualmente, cuáles son las indicaciones de la TVP.

I) Fobias

Es la indicación clásica. Es lo que más rápido y espectacularmente se resuelve. A veces basta con una sola sesión, aunque no siempre es así. La fobia se origina en un hecho puntual, en un episodio de vida pasada donde la mayoría de las veces, la forma en la que se produce la muerte es el hecho responsable de los síntomas y problemas del paciente. El trauma del nacimiento puede reactivar, por analogía, la memoria de una agonía dolorosa. Tal fue el caso de Aída.

II) Perturbaciones emocionales

Todos los problemas emocionales habituales. Angustia, ansiedad, miedos, inseguridad, frustración, bloqueos, sensación de fracaso, dificultad para rendir exámenes, etc. Recuerden que sólo hay que seguir el síntoma hasta su causa. Lo que se ve, lo que se siente o lo que se padece no es la causa, sino el efecto de un evento previo, ya sea de ésta o de otra vida.

III) Alteraciones orgánicas o psicosomáticas

En el caso de problemas orgánicos, habitualmente la persona ya llega con estudios y tratamientos previos. De no ser así, primero hay que descartar la existencia de una lesión orgánica que esté provocando los síntomas. Aun así, la TVP puede ayudar, si tenemos presente que en todas las dolencias orgánicas hay un trasfondo emocional, mental, energético o karmático. En el caso de una enfermedad congénita, la regresión puede ayudarnos a comprender cuál es el sentido de esa enfermedad, qué estamos tratando de aprender o resolver al padecerla.

Por lo demás, la TVP puede actuar en un sinnúmero de afecciones tales como: obesidad, insomnio, asma, alergias, úlcera gástrica, cefaleas crónicas, contracturas, ahogos, problemas dermatológicos y disfunciones sexuales, entre otras cosas.

Edith Fiore relata el caso de un paciente con tic facial, el cual se originó al morir asfixiado por gas en un campo de concentración. Su tic había sido causado por el trauma sufrido al inhalar el gas.[1]

IV) Problemas de conducta

Algunas dificultades en la vida de relación provienen de situaciones no resueltas de existencias previas. Algunas pautas de comportamiento se vienen repitiendo vida tras vida. Historia repetida de abandonos, recurrir a la violencia en situaciones límite, conducta agresiva o todo lo contrario, la sumisión a otros; la tendencia suicida, como lo hemos visto; relaciones conflictivas con familiares o pareja o el fracaso reiterado en todo lo que se emprenda.

La TVP ayuda a la persona a reconocer ese patrón repetitivo y comprender cómo está influyendo en su vida actual. Comprendiendo su origen y liberándose de la carga emocional de éste, ahora puede elaborar una respuesta diferente.

V) Delirios, ideas fijas y psicosis

Algunas de estas manifestaciones son resabios de vidas anteriores. Hay personas que tienen impresiones emocionales muy

---

[1] *Usted ya estuvo aquí*, Edith Fiore, Edaf, Madrid, 1980.

fuertes de su vida precedente. Cuando la impresión pasada es más importante que la presente, la anormalidad no está lejos. La obsesión comienza si la impresión pasada se impone y no abandona el campo de la conciencia. Si la impresión pasada deviene más fuerte que la actual, la percepción del presente se debilita y el pasado ocupa casi todo el campo de la conciencia. Se produce la escisión entre la persona y el mundo que percibe. La personalidad se divide. La realidad presente se borra y las imágenes antiguas toman una densidad anormal. Surge el personaje de una vida anterior que puede imponer sus hábitos, sus temores y sus angustias a la identidad actual. A través de la revivencia de los hechos pasados, la persona agota las emociones de su personalidad anterior y se incrementa el poder de discriminación.[2]

Por otra parte, hay personas que experimentan lo que hoy se denominan emergencias espirituales. Esto puede ocurrir por variados motivos, desde una mediumnidad ignorada o no educada, hasta el contacto con un ser extraterrestre. Cualquiera sea el motivo, el resultado es el mismo: la apertura de la conciencia a una realidad diferente o a otra dimensión. Si la persona no sabe o no puede manejar esta situación, vive en un estado alterado de conciencia. Y aquí sí es un estado alterado, porque no tiene control sobre él ni lo ha desarrollado como parte de un proceso evolutivo. Es como tener una puerta abierta a otra dimensión, por la cual está en contacto con otras energías y entidades espirituales, superiores e inferiores. De pronto, la persona no sabe en qué realidad está viviendo. Escucha voces, ve imágenes o cosas que pertenecen a otra dimensión, su mente se ve invadida por los pensamientos de otros seres o energías y lo peor de todo es que no tiene a quién recurrir. Si estas condiciones persisten, la personalidad se divide y la mente se desquicia. No son alucinaciones. La persona está en contacto con otra dimensión que para ella es tan real como la física para los otros. Aceptar y comprender esto ayudará a resolver muchos casos etiquetados como psicosis.

La acción de energías intrusas es responsable de muchos desequilibrios mentales. Estas experiencias, al igual que otras, serán motivo de estudio en un próximo libro.

[2] Terapia de Vidas Pasadas, Revista *Sin Límites*, Nº 4, 1991, José Luis Cabouli, pp. 49-51.

Lo que quiero dejar sentado aquí, es que considero que la TVP y el trabajo con el estado expandido de conciencia pueden ser de gran utilidad en el tratamiento de algunas psicosis. Obviamente, esto tiene que ser o bien un trabajo de equipo, con la participación del psiquiatra, o bien éste debiera incorporar la técnica de la TVP a su práctica.

VI) *La culpa*

La culpa es un gigante que atormenta a muchas almas. Por eso le dedico un párrafo exclusivo. La culpabilidad se puede transmitir de una vida a otra y empujar a una persona a condiciones de autocastigo. Éstas son personas cuyo mandato de otra vida puede resumirse más o menos así: "Soy culpable y merezco ser castigado".

El sentimiento de culpa es tan intenso que la persona adopta actitudes de sufrimiento para calmar esa culpa del alma. Al deseo de castigarse, se une la necesidad imperativa de experimentar la misma experiencia que se le ha infligido a otro. Además, la culpa es reforzada por los mandatos familiares y por una sociedad que utiliza la culpa como técnica de educación. Identificar el origen de la culpa, puede ser suficiente para liberarse de la programación inconsciente de sacrificar la vida para saldar esa deuda.

Hay personas que creen que ni siquiera se merecen la posibilidad de liberarse de la culpa. Un paciente abandonó la terapia luego de la primera regresión porque consideraba, entre otros motivos, que ésta era una vida de expiación y tenía que cumplir con ella. Lo notable es que, al trabajar la culpa en la regresión, una persona puede llegar a descubrir que ésta no tiene fundamento, dado que puede estar originada en una presunción errónea. Y si se equivocó, también puede aprender que no hay nadie allá arriba para acusarlo. Todo lo que se le pedirá es que repare su accionar equivocado.

Finalmente, quiero decir que potencialmente se puede trabajar con adictos. No tengo experiencia al respecto. Se trata de un problema delicado que requiere la acción de profesionales especializados y de todo un equipo de asistencia. Pero algunas adicciones pueden originarse en experiencias de vidas pasadas o por el uso de anestésicos en el parto. Espero que alguien ya especializado en este problema se anime a recoger el guante.

Contraindicaciones

¿Hay contraindicaciones para hacer una regresión?

En realidad, las contraindicaciones son relativas. Por ejemplo, no se puede hacer una regresión a un deficiente mental por razones obvias. Se requiere un diálogo fluido y el paciente necesita comprender todo lo que se le pregunta y comunicar lo que está vivenciando.

Hay algunas situaciones especiales que examinaremos en particular.

Niños

En general, los niños y los adolescentes tienen una gran facilidad para regresar a una vida pasada, ya que en ellos la autocensura todavía no está plenamente establecida. Personalmente, recomiendo no trabajar con niños de menos de ocho años. Por varios motivos.

En primer lugar, los niños tienen, muy próxima a su conciencia, impresiones de su vida inmediata anterior. Con el paso del tiempo, estas impresiones se desvanecen. Por esa razón, algunas perturbaciones emocionales, como el miedo (que es lo más frecuente), desaparecerán por sí solas al entrar en la adolescencia, al producirse el desarrollo hormonal. La irrupción de las hormonas en el torrente sanguíneo actuará como un cable a tierra, borrando todo vestigio del pasado.

En segundo lugar, el proceso de encarnar se completa alrededor de los siete años. Por ese motivo, algunos tienen recuerdos espontáneos de su vida anterior. Si bien estos recuerdos son evidencia palpable de la reencarnación, no conviene estimularlos ya que el niño necesita olvidarse de ellos para poder asumir su nueva personalidad.

Sin embargo, en la introducción de su libro *Viaje al Tibet*, el Dr. Hugo Ardiles narra el encuentro que tuvo con lamas tibetanos de reencarnación reconocida. En los niños en quienes se reconoce la reencarnación de un lama, es costumbre entre ellos hacerles surgir el conocimiento de sus vidas anteriores, a fin de que vivan su mente como una continuidad, a la que pueden seguir agregando sabiduría. Imagínense un Mozart o un Einstein, en quien se despertaran sus conocimientos y aptitudes a edad temprana. A qué alturas insospechadas podría llegar un ser que se desarrollara en estas condiciones. Tal vez, esto sea la base de la enseñanza del futuro.

Mientras tanto, en lo estrictamente terapéutico, yo sólo recurriría a la regresión en un niño menor de ocho años, en el caso de que la gravedad de las perturbaciones físicas o emocionales lo justificaran.

Gestantes

Cuando comencé a trabajar con la TVP existía la idea de que el bebé en el vientre materno podría verse afectado por la regresión, al despertar en él situaciones traumáticas de otras vidas. Ahora bien, a medida que fui enriqueciendo mi experiencia con la TVP fui explorando cada vez más profundamente el período de la vida intrauterina. Pude comprobar así que el bebé, dentro del vientre materno, no sólo recuerda claramente sus experiencias de vidas anteriores sino que, además, tiene conciencia absoluta de todo lo que le sucede a la madre y cuanto ocurre a su alrededor. Desde la mínima emoción que experimente la madre hasta discusiones entre sus padres, penurias económicas, deseos de abortarlo, conflictos familiares, etc., el feto atraviesa por innumerables situaciones de estrés que dejarán una secuela emocional que se manifestará más adelante en su vida adulta. Si una mujer embarazada tiene una condición emocional seria, ya sea una fobia, miedo, angustia, depresión o inseguridad, pueden estar seguros de que el bebé ya ha sido afectado por las emociones y pensamientos de la madre. De modo que si la madre efectúa una regresión para trabajar con sus contenidos emocionales, el bebé saldrá beneficiado porque ingresará en la vida libre de ese problema. En estos casos, antes de comenzar la regresión con la mamá, es bueno hablarle directamente al bebé dentro de la panza explicándole el procedimiento que se va a efectuar y que las experiencias de la madre no tienen nada que ver con él. Para que no queden dudas sobre esto quiero decirles que en uno de los cursos de entrenamiento, una de las profesionales inició el curso estando embarazada de un mes. El curso dura un año y esta profesional desarrolló todo su embarazo dentro del curso. Esto implicaba realizar regresiones como terapeuta y como paciente todas las semanas. Antes de terminar el curso nació Lautaro, que al momento de actualizar este libro cumplió dos años. Lautaro es entonces el primer bebé que, en mi experiencia, desarrolló prácticamente toda su gestación trabajando con la regresión a vidas pasadas y con los contenidos emocionales de su mamá. El parto fue natural y Lautaro está creciendo normalmente. El tiempo dirá si desarrolla alguna aptitud particular por su experiencia personal con la regresión.

Enfermedades orgánicas descompensadas

Hay situaciones sobre las cuales no hay dudas. A nadie se le va a ocurrir efectuar una regresión si está recién operado o padece una enfermedad metabólica descompensada. La duda se plantea más que nada con los problemas cardíacos. Yo he trabajado sin inconvenientes con personas que tenían dos y tres infartos previos. No lo haría en un paciente con una insuficiencia coronaria aguda, infarto reciente o insuficiencia cardíaca descompensada. Como cirujano, he operado a personas con riesgo quirúrgico aumentado y el estrés de la cirugía es mucho más importante que las emociones que se despiertan en la regresión. Si el paciente está compensado y realiza sus tareas habituales, puede hacer la regresión sin problemas. Por otra parte, si la persona tiene un conflicto emocional no resuelto, ya se encuentra en zona de riesgo.

Ante la duda, informar a su médico de cabecera del procedimiento que se va a efectuar y consultar si es necesario tomar algún recaudo.

Psicosis

En la crisis aguda es imposible trabajar con TVP, ya que no puede establecerse el diálogo necesario para hacer la regresión. No se trata de una contraindicación, sino de la imposibilidad de efectuar la regresión en esas condiciones. Sin embargo, hay que precisar qué es lo que está provocando la crisis. Si ella se debe a un estado alterado de conciencia o a la acción de una energía intrusa hay otras cosas que podemos hacer. Lo primero es hacer el diagnóstico diferencial.

Finalmente, quiero advertir de una dificultad común en cualquier terapia. Me refiero a la resistencia.

La resistencia en la TVP se manifiesta como un bloqueo de las escenas o la imposibilidad para efectuar la regresión. En todos los casos, la resistencia siempre obedece a la misma razón: miedo.

Esencialmente, miedo a la percepción de la verdad. Miedo a lo que se pueda encontrar. Miedo a descubrir que a lo mejor no soy tan bueno como yo creía que era. Miedo a descubrir que quizás hice algo malo. Miedo a tener que cambiar. Miedo a descubrir que tal vez viví equivocado. Miedo a comprobar que la reencarnación existe realmente.

Miedo a morir en la experiencia.

En realidad, éste es el miedo esencial. Miedo de morir. Pero no se trata de morir físicamente. En definitiva se trata del miedo a descubrir la verdad y con eso provocar la muerte de la personalidad conocida, de una forma de vida conocida. De lo que fuimos hasta ahora.

Este miedo siempre está latente y también hay que asistirlo, como lo enseña el doctor Norberto Levy. Cuando una persona se bloquea o no puede hacer la regresión, es porque consciente o inconscientemente tiene miedo. ¿Qué hago entonces?

Hablamos del miedo y con el miedo. Vemos cómo es este miedo. Acompañamos y asistimos a este miedo y fundamentalmente explicamos que no hay obligación de cambiar nada. Todo lo que se necesita es desprenderse de lo que ya no sirve. Los cambios ocurrirán por sí solos.

Una cosa más. Alguna vez leí que sólo el veinte por ciento de las personas logran hacer la regresión. No es verdad. En mi experiencia, el noventa por ciento de las personas regresan a una vida pasada entre la primera y la segunda sesión. Del diez por ciento restante, un cinco por ciento lo logrará, si persiste, en la tercera o cuarta sesión. El resto, no lo logrará nunca. O bien porque se resiste, o porque desconfía del terapeuta, o porque considera que es un engaño o sencillamente porque no quiere.

El médico no puede nada, si el paciente no hace lo que se le indica.

Capítulo XXII
Cierre y despedida

Llegó el momento de la despedida. Me cuesta cerrar este libro, porque sé que hay muchas cosas que quedan afuera. Hay infinidad de historias para compartir y de las cuales aprender. Encuentros con maestros y seres de luz, contactos con hermanos de otros sistemas, historias de la Atlántida y sociedades que ya no existen y muchas cosas más. Todo eso será material para otros escritos.

J. Markowitz dice que el mejor criterio para juzgar el valor de una lección es que el estudiante la recuerde sin esfuerzo. Debe ser simple, sensitiva y apasionada.[1]

Simple, porque las investigaciones complejas alejan siempre de la verdad.

Sensitiva, porque debe exponerse en forma tal que impresione nuestro sentimiento de la belleza.

Apasionada, ya que debe ser rebosante de sentimiento, vehemencia y elocuencia.

Espero que así haya resultado este libro: simple, sensitivo y apasionado.

La lógica de toda ciencia es siempre la misma; la verdad puede ser comprobada por quien tenga oídos para oír y ojos para ver.

En 1911, Rochas dejó una puerta abierta. Yo ya pasé del otro

---

[1] *Cirugía experimental*, J. Markowitz, Labor, Buenos Aires, 1943.

lado. Ojalá que otros profesionales se animen a hacer lo mismo. La variedad de los problemas con los que nos enfrentamos es tan disímil, que es imposible para una persona poder abarcar todo el campo de la experiencia ella sola. Cada profesional, en su especialidad, con su conocimiento, puede abrir nuevas puertas y mostrar otros caminos.

El siglo XXI verá desarrollarse una medicina y una psicología diferentes, asentadas sobre la base de la reencarnación, el karma y la física subatómica. Al fin y al cabo, no somos otra cosa que una aglomeración de átomos y partículas en diferentes niveles de vibración, dirigidos por una energía inteligente que es nuestra conciencia suprafísica. Cuando comprendamos y aceptemos esta realidad, encontraremos la solución para los problemas insolubles de hoy.

Para terminar, les cuento una historia del budismo tibetano.

Había una vez un campesino que durante un mes estuvo trabajando muy fuerte, preparando su campo para la siembra. Removió la tierra, quitó las malezas y arrancó las raíces de plantas dañinas.

Cuando por fin la tierra quedó lista para recibir la semilla, se fue a descansar contento y feliz.

A la mañana siguiente, muy temprano, cargó su saco de semillas y se dirigió al campo. Al llegar allí, se encontró con la desagradable sorpresa de que durante la noche había crecido en el medio de su parcela, una planta venenosa. ¡Qué amargura! ¡Qué desazón! Pronto, la amargura dio paso a la ira. Exasperado, comenzó a maldecir la planta y se puso rojo de rabia. Justo en ese momento pasaba por allí un venerable anciano, quien al verlo así se acercó y le preguntó qué le sucedía. El campesino le contó su odisea con la planta venenosa y entonces el anciano habló así:

–¡Pero hombre! Así usted no ganará nada. Sólo conseguirá envenenarse a sí mismo. Corte usted la planta por el tronco, échele un chorro de agua hirviendo y para mañana la planta estará seca y usted podrá sembrar su campo.

Agradecido el hombre con esta solución, procedió como le indicó el anciano y se fue a su casa.

Al día siguiente, tomó el saco de semillas y marchó a su campo. Mas al llegar, ¡ay!, la planta había crecido nuevamente y para peor, esta vez era más grande y más fuerte. En el colmo del enojo y la desesperación, tomó un palo y la emprendió a golpes con la planta.

Justo en ese momento, acertó a pasar por allí un venerable lama quien al verlo castigar así a la planta le dijo alarmado:

–¡Pero hombre! ¿Qué le está haciendo usted a esa pobre planta? ¿Por qué la maltrata así?

El campesino no entendía nada, pero le contó su tragedia con la planta venenosa. Entonces el lama, luego de tranquilizarlo, le dijo así:

–Mire, todo es más sencillo de lo que parece. Siembre su campo, cultive la planta venenosa y con el veneno de su fruto yo le voy a enseñar a hacer un medicamento para usted y su familia.

Y ése es el sentido de la TVP y de toda terapia al fin:

Transmutar nuestras neurosis en virtudes,
nuestras emociones en sabiduría,
nuestro veneno en nuestra sanación.

Ahora sí me despido. La última página se la dejo a Luisa, la de las catacumbas, que encontró la respuesta a la pregunta "¿Quién soy?".

Platón decía que el fin del hombre es la semejanza con Dios. Parece que Luisa descubrió algo parecido.

Hasta pronto y gracias por acompañarme hasta aquí.

Quién soy

Soy un espíritu encarnado que estuvo aquí en varias oportunidades para ir aprendiendo y cumpliendo, en esta encarnación, algo de lo que prometió antes de venir.

Un espíritu que tuvo que volver repetidamente para aprender una sola lección y muchas veces más, para aprender otras tantas cosas.

También, como ser encarnado, estoy aprendiendo muchas cosas hermosas, como por ejemplo, por qué estoy aquí, qué es la vida y la muerte y por qué damos gracias a Dios por estar encarnados, cuando la realidad es que estamos mejor en el espacio que aquí en la Tierra.

Pero esto es otro paso en el aprendizaje para ir puliendo nuestro espíritu.

En cada nueva encarnación, nuestro espíritu va adquiriendo brillo. Es como un brillante que vamos trabajando y con mucho cuidado y amor va adquiriendo más brillo en sus facetas.

Con el correr de los tiempos esto se va viendo a través de la materia que tomamos. Cuanto más evolucionados somos, más suave, más luminosa y más transparente es nuestra piel, nuestra mirada, nuestra voz, nuestra presencia.

Todo esto me da fuerzas para irme en paz, sabiendo que quiero volver para seguir progresando y adquirir más luz.

Salimos de Dios como chispas y tenemos que volver convertidos en estrella.

Luisa
Jueves 6 de junio de 1991.

Apéndice 1

Charla personal con Morris Netherton

La presente charla con el Dr. Morris Netherton tuvo lugar en ocasión del Primer Congreso Panamericano de Terapia de Vidas Pasadas organizado por la Sociedad Brasileña de Terapia de Vidas Pasadas en Campinas, Brasil, en julio de 1998. El inicio de la charla no fue registrado ya que ésta comenzó en forma informal mientras tomábamos el desayuno. A Netherton le gusta hablar. Él mismo dice: "No soy famoso por quedarme callado". Por lo mismo, durante la charla, Morris habló de temas íntimos que aquí reproduzco con su autorización. Nada de esto está en sus libros. Morris comienza relatando, con su buen humor, cómo fueron sus inicios con la TVP para luego extenderse espontáneamente en su visión personal de otros temas relacionados con el trabajo terapéutico. *Terapia de Vidas Pasadas* es el nombre que él le dio a la terapia regresiva en 1978. Su lema preferido es: "Si no es divertido y no viene fácilmente, no lo hago". Desde hace varios años desarrolla su actividad clínica en el hospital Santa Teresita, perteneciente a la orden religiosa de las carmelitas, en la ciudad de Duarte, California.

JL: *Dr. José Luis Cabouli*
M: Dr. Morris Netherton

JL: *Una cosa muy importante para mí fue reconocer que cuando el paciente golpea a la puerta ya está en regresión y que la habilidad del terapeuta consiste en reconocer eso. Si uno no reconoce eso, está perdido.*
M: Así es. Un paciente sentado frente a ti, ya está allí (en el pasado). No tienes que ponerlo en ningún lado. Ya está allí.
JL: *¿Cómo comenzó con la TVP? ¿Fue con la escena del naufragio?*
M: Fue antes de la escena del naufragio. Al poco tiempo de casarme, en 1960, comencé a tener úlceras, rashes y las uñas se me infectaban. Mi esposa Carol me llevaba al hospital por lo menos una noche por semana para que me dieran analgésicos para calmar el dolor. Un día, uno de los doctores me dijo: "Mire, usted necesita hacer terapia". Por entonces yo tenía una amiga, psicóloga, que era muy ecléctica y que también hacía terapia regresiva, aunque ella no quería que nadie lo supiera. Se moría de miedo de que la vinieran a buscar. En aquella época, 1964-65, sencillamente no le decías a la gente que estabas en terapia y mucho menos en terapia de vidas pasadas. Alrededor de la tercera sesión de terapia con ella estábamos hablando... acerca de una escena entre mi madre y mi padre en mi infancia. Y... bueno... mi padre era violento. Te golpeaba con cualquier cosa que tuviera a la mano incluyendo sus puños y... trabajamos mucho con eso para comenzar. Un día, simplemente me quedé medio dormido y, de repente, estaba en otro lugar y la causa de todos los problemas físicos que estaba teniendo en mi vida actual estaban en ese otro lugar. Era en México y, cuando terminamos, yo dije: "Creo que sé lo que fue eso" y la terapeuta dijo: "Por supuesto, fue una vida pasada". "Hagámoslo la próxima vez, si podemos hacerlo", dije yo, y ella dijo: "Bueno, lo hiciste".
De modo que nunca nadie me dijo que había que utilizar hipnosis. Jamás alguien me dijo cómo se supone que se hace esto. Yo lo hice sin que nadie me dijera cómo tenía que hacerlo. He estado trabajando con personas con cáncer, esclerosis múltiple y ataque cardíaco por años y luego alguien me dijo: "Usted no puede curar cáncer con terapia" y yo contesté: "¡Oh! Tal vez tenga que llamar a esas personas con las que trabajé y que ya no tienen cáncer y decirles que tienen que volver a tener el cáncer. ¡Yo no sabía que eso no se podía hacer!".

Por aquella época yo no tenía trabajo y necesitaba trabajar. De modo que me inscribí para ser un oficial de *probation* y trabajar con criminales juveniles en una prisión juvenil. Cuando llegué allí me di cuenta de por qué estaba allí, porque iba a trabajar con esos chicos utilizando la técnica con la que había estado trabajando conmigo mismo. Ahí fue donde comencé a ensamblar todas las piezas. Trabajé con los chicos y fue algo que ocurrió espontáneamente. Fue algo así como: "¡Ah! ¡Así es como funciona!", y entonces ponía eso dentro de lo que estaba haciendo. Seguí adelante y a partir de allí comencé a desarrollarlo. No tenía con quién hablar al respecto.

JL: *¿Qué fue lo primero que le impactó, los primeros indicios que encontró en su trabajo?*

M: Lo primero fue cuando me encontré yo mismo en otra vida por primera vez. Yo siempre creí en eso. Mis padres podrían decirte que no se imaginan de dónde vine, porque yo nací en las colinas del este de Tennessee de padres cristianos muy fundamentalistas. Mis padres eran metodistas y, para ellos, todo este asunto era satánico. Cuando yo tenía seis años de edad, lo recuerdo claramente, estaba sentado en la iglesia y no había otra cosa que hacer que escuchar todos los sermones. Todo eso me parecía un asunto pesado y yo estaba sentado ahí, balanceando mis piernas, diciéndome a mí mismo: "Muchacho, espero que esto no sea todo lo que haya para hacer porque, si es así, verdaderamente ésta va a ser una vida aburrida".

Cuando terminé el secundario yo sabía que tenía que salir de allí y mi madre me dijo: "Vete nomás, tú no perteneces aquí. Puedes volver a visitarnos, pero no perteneces aquí. En algún lugar allá afuera en el mundo hay un sitio para ti. De modo que ve a buscarlo y cuando lo encuentres házmelo saber". Y así fue. Y les mandé una copia de mi libro. Lo recibió un sábado, antes del Día de la Madre. No tuve ninguna noticia de ella durante un mes y entonces me dije: "Bueno, tal vez ya no tengo padres". Yo sabía que él ni lo leería, más aún, no podría admitir que era yo. Pero ella sí lo leyó y finalmente me llamó. Bueno, en realidad me envió una nota: "El libro es muy lindo. Refleja el nivel de tu educación. Cariños. Mamá". Era el principio. Mi madre siempre fue muy cariñosa, muy soportativa. Finalmente me llamó y me preguntó:

–¿Qué encontraste cuando trabajaste lo prenatal en ti mismo? Allí me di cuenta de cuál era el problema, porque ellos se casaron después de que ella me había concebido y nadie lo sabía y eso era lo que ella temía. Eso no está en el libro y yo me dije que no lo iba a poner en ningún libro. Ahí me di cuenta de por qué ella se mantuvo en silencio. Entonces le dije:
–Bueno, mamá, encontré todo lo que necesitaba saber– y se hizo un silencio terrible.
–Bueno –contestó–, eso es bueno.
–Mam –le dije–, deja que te cuente lo que encontré. Encontré a una pequeña niña de dieciséis años que estaba encinta, que estaba casada con un hombre a quien ella realmente no conocía, pero que estaba firmemente decidida a tener su bebé, a cuidarlo y procurar que su bebé tuviera realmente una buena vida. Eso es lo que encontré.
Entonces escuché un suspiro de alivio y ella dijo:
–Bueno, eso es verdad. Así es como fue.
Mi hermana estaba allí en ese momento y me dijo que cuando mi madre colgó el teléfono fue como si una nube negra la hubiera abandonado.

JL: *Entonces, ¿comenzó con los delincuentes juveniles?*
M: Comencé con mis sesiones primero. Después, muchos de los muchachos en la prisión juvenil estaban viviendo en comunidades, con buenas reglas y con líderes espirituales en las montañas de Hollywood, y esos tipos les enseñaban acerca de la reencarnación y de todo el asunto espiritual. De modo que cada vez que iba a la prisión juvenil yo les preguntaba:
–¿Qué crees que está provocando este comportamiento en ti?
Y ellos decían:
–¡Oh! Probablemente venga de una vida pasada.
–Bueno, entonces vayamos ahí y veamos de qué se trata.
–¿Usted sabe cómo hacer eso?
–Por supuesto que sí.
Y yo pensaba: "Si la gente en este lugar me llega a agarrar, seguro que me cuelgan". Mi supervisor me decía: "Mira, tú estás obteniendo resultados con estos chicos que nadie más está consiguiendo. Cualquier cosa que hagas continúa haciéndolo. Simplemente no me lo digas. *Just do it* (simplemente, hazlo)".
Una vez entré en una habitación y había un muchacho sentado

en el piso. Tenía quince años y había demolido la habitación. Había desgarrado el colchón, la cama, había arrancado el toilette del piso. Había explotado al entrar en la habitación y ahora estaba sentado en el piso, balanceándose y gritando: "¡Ah! ¡Ah! ¡Ah!". Yo observé su posición y obviamente estaba tratando de salir. Y ése era mi primer día supervisando en ese turno con gente que sabía en qué creía yo y querían trabajar conmigo como voluntarios, pero nunca me habían visto hacerlo. Me puse de rodillas a su lado y le dije: "Okey, bebé, salgamos de ahí, es hora de nacer. Es hora de terminar con esto. Ya has estado mucho tiempo ahí. Sé que mamá tiene drogas en su cuerpo, sé que a mamá le dieron drogas cuando tú naciste y eso significa que tú tienes drogas en tu cuerpo, pero no necesitas seguir así. Vamos, bebé, ¡empuja, empuja!". Entonces coloqué mis manos sobre su cabeza y presioné hacia abajo y él comenzó a empujar y a atravesar por todas las cosas que los bebés sienten y, mientras mantenía la presión, comencé a abrir lentamente mis manos y su cabeza avanzó entre ellas y continué con su cuerpo mientras le decía: "¡Empuja! ¡Mamá! ¡Empuja!". Y de repente, él dio un giro sobre sí mismo y salió contra la pared y comenzó a gritar como un recién nacido. En ese momento miré a mi alrededor y vi al staff que se iba hacia la puerta y les dije: "El primero que abandona esta habitación está despedido. Ustedes querían esto de modo que ahora, ¡siéntense!". De modo que cortamos el cordón umbilical y le dije: "Toma conciencia de que cuando cortamos el cordón de mamá la fuente de las drogas se está yendo porque estás recibiendo las drogas de ella. La adicción a las drogas viene a través del cordón porque mamá te mantuvo vivo así y mamá ha estado tomando drogas, de modo que vamos a cortar la fuente de todo esto.". Entonces coloqué mi mano sobre su ombligo, hice ¡clac! con la palma de la mano y le dije: "¡Respira, bebé! ¡Respira!". Y después de quince minutos de estar respirando podías oler éter saliendo de él, podías oler drogas, los tóxicos que estaban saliendo de él. Uno de los del staff dijo susurrando: "Eso es marihuana, créeme. Yo sé, eso es un porro". Quince minutos después, el muchacho se incorporó, miró a su alrededor y preguntó:
—¿Dónde estoy?

–Estás en la prisión juvenil.
–¿Cómo llegué aquí?
–Bueno, estabas cargado y la policía te arrestó y te trajo aquí.
–¿Qué le pasó a esta habitación?
–Tú la destruiste.
–¿Yo hice esto?
–Tú lo hiciste.
–No lo recuerdo.
–Estoy seguro de que no. Eso puede ser una buena cosa. La cuestión ahora es que no lo olvides nunca.
Después le vinieron las "manchis" y quería chocolates, papas fritas, y comenzó a reírse igual que con un porro aunque no había fumado. El staff se me quedó mirando. Luego vino el principal y me dijo: "Tienes que darnos clases. No hay forma de que nosotros podamos hacer esto". De modo que les enseñé a cuatro de ellos a trabajar el nacimiento.
Un día, viene uno de ellos y me dice:
–¡Eh! ¡El chico de la habitación 401 dice que se está muriendo de hambre en Irlanda!
–Estoy seguro de que sí –le digo–. Regresa y dile que eso es cierto y acompáñalo a trabajar la muerte de la misma manera como lo haces con el nacimiento.
–¡Usted debe de estar bromeando!
–No, no estoy bromeando. Yo lo haré por ti.
Fui y le pregunté:
–¿Cuánto hace que no comes?
–Una semana.
–Okey, y ¿cómo se siente la inanición en tus manos, en tus pies y en tus piernas? ¿Qué le pasa a tu cerebro cuando no recibe comida?
–¡Oh! Comienza a volverse ilusorio y no sabes dónde estás y comienzas a ver cosas extrañas.
–Sí, pero la verdad es que tú tienes un cuerpo físico que se está muriendo, de modo que comienza a sentir qué parte de tu cuerpo comienza a morir, luego, la parte que sigue y llegarás a un momento en el cual podrás dejar ese cuerpo. Permítete llegar al punto en el que liberarás a tu alma, la parte de ti que no morirá.
–¡Oh! ¡Mi cuerpo está muerto!

–De modo que no hay razón para quedarse allí. Antes de que te fueras, ¿cuál fue la última cosa que recuerdas?
–Lo último que recuerdo fue esta confusión y todas estas cosas extrañas en mi cabeza.
–Bien. De modo que si querías mantenerte vivo, ¿qué es lo que tenías que seguir sintiendo en tu cabeza? Porque tú te has aferrado a la confusión para mantenerte vivo.
–¡Oh, sí!
–Okey, y ahora, ¿qué has estado haciendo para mantener esa confusión en tu vida actual?
–¡Oh, Dios! Cuando tomo las drogas tengo la misma sensación que tenía cuando me moría de hambre.
–¡Claro! ¡Error! Ambas cosas son erróneas. No vamos a hacer eso nunca más. Mira tu cuerpo. ¿Qué es lo que ves?
–¡Oh! Tenía catorce años y estaba realmente piel y huesos. ¿Será por eso que soy tan gordo ahora?
–Probablemente. No querías morirte de hambre nunca más.
El staff estaba estupefacto. Si ya el nacimiento era una cosa extraña, esto se estaba poniendo mm... Los miré y les dije:
–¿Captaron la idea? Ellos les van a decir lo que tienen que hacer. Simplemente utilicen la lógica con ellos.
Trabajamos así durante tres o cuatro meses con gente en la gestación, en lo prenatal, y yo tomaba notas de cada cosa y comenzaba a incorporarlo en mi práctica privada y me di cuenta de que comenzaba a desarrollar la teoría a partir del trabajo con el período de la gestación desde la concepción hasta el nacimiento. Después vinieron tiempos en que todos los chicos venían de los campos de concentración y entonces comenzamos a ver la estructura de las vidas pasadas. Y estos chicos eran muy básicos. No estaban jugando con guías espirituales o cosas por el estilo.

JL: *Antes de estar allí, ¿era terapeuta, psicoanalista...?*

M: No tenía ningún título cuando comencé con esto. Comencé a obtener los títulos cuando empecé a trabajar con los adolescentes. Nunca había sido un psicoterapeuta y nunca hice psicoanálisis, ¡por favor!

JL: *Yo creía que todo había comenzado con la escena del naufragio.*

M: Si hubiera sabido todo lo que sé hoy, el primer libro hubiera sido muy diferente. El editor quería poner en el libro más cosas acerca de mi historia personal pero yo dije no. El libro no es acerca de mí sino de lo que yo sé. De modo que lo único que apareció fue lo del hundimiento del barco.

JL: *¿Cómo fue el sueño del naufragio?*

M: Fue en una sesión con mi terapeuta. No fue un sueño. Yo le tenía terror al océano, sobre todo después de oscurecer. Yo jamás iba a salir en un crucero al mar y menos aún si era de noche. En la sesión yo estaba viajando acompañando a un escritor famoso que estaba en silla de ruedas. Yo tendría unos veinticinco años. Estábamos en un barco llamado *The Republic*. Era uno de los primeros barcos en tener una máquina y tenía velas también. Estábamos en la parte inferior del barco y, para sacar al escritor de allí, era necesario un hombre más para llevarlo escaleras arriba con la silla de ruedas. De repente sentimos un golpe y se abrió el casco, y él me dijo que saliera porque el barco se iba a hundir. Corrí escaleras arriba y me di cuenta de que iba a ocurrir así, pero antes de que pudiera moverme se desplomó un mástil sobre mí y me apretó contra el borde del barco. No me hirió, pero no podía respirar y no podía salir de ahí y, al mismo tiempo, empezó a entrar el agua. Tampoco me pude ahogar inmediatamente porque no podía respirar. Pude ver el barco hundiéndose y gente ahogándose alrededor de mí y yo me decía: "Si pudiera respirar podría morir". Finalmente, cuando el barco se hundió, el mástil se desprendió, y entonces comencé a respirar y me morí en unos pocos segundos, y no volví a tener problemas con el océano desde entonces.

JL: *¿Y recordó su nombre allí?*

M: Lo hice. Bueno, lo que recuerdo fue una vida inmediatamente después de ésa. Estaba en un museo de desastres marítimos en Londres, leyendo las estadísticas y la fecha en que ese barco se hundió, y había una lista de la gente que murió allí y el nombre del hombre a quien yo acompañaba figuraba allí. Esto fue en la vida siguiente, en la cual yo tenía unos doce años, y empecé a leer la lista y, entonces, la terapeuta que estaba trabajando conmigo me preguntó:

–¿De dónde está sacando eso?

–Allí, en el cuadro que está sobre la pared.

–¿Qué cuadro sobre la pared??? Se supone que usted se está ahogando.
–¡Oh, no! Ya me ahogué y ya volví.
–¡Ohhh!!!
Y tendría que volver allí porque el museo todavía está ahí.

JL: ¿Y su nombre estaba allí?

M: Sí, porque estaba el nombre del asistente, que era yo, pero ya me olvidé.

JL: *Ayer usted habló de cuatro enfermedades cuya incidencia se ha incrementado en los EE.UU.: cáncer, síndrome de Down, esclerosis múltiple y esclerosis lateral. Usted dijo que muchas de estas personas vienen de los campos de concentración y que han encarnado alrededor de todo el mundo. ¿Podría precisar su idea acerca de esto?*

M: Estas enfermedades se producen porque el sistema inmunitario está comprometido. Esto es la autovictimización final, lo cual es el último rol de ser una víctima. *La última experiencia de ser una víctima es aquélla en la que te victimizas a ti mismo.* Cuando has hecho eso terminas con el rol de ser una víctima. Con eso te desprenderás para siempre de la necesidad de ser la víctima de otro. El truco ahora es no convertirse en un victimario. No convertirse en un guardián de un campo de concentración. Pero si miras la forma como muere esta gente... mira la lógica. Si tienes cáncer del útero, de la mama... ¿qué otras partes del cuerpo han sido más torturadas o han sufrido más abuso en la mujer a lo largo de la historia? Ésa fue la forma en la que la mujer fue victimizada y torturada y, cuando llegas a esta vida, el cáncer es repetir exactamente la misma cosa, pero ahora, ella ya no necesita a nadie que se lo haga a ella. Se lo hace a sí misma y ése es el último acto, el último estadio de ser una víctima.

JL: *¿Cuál sería la razón para esto?*

M: Sobrevivir. ¡No! No hay tal cosa como castigo. Odio esa palabra. Nadie en el universo te está castigando.

JL: *¿Y el autocastigo?*

M: No. Es autorrealización. Nadie dice jamás: "Me voy a castigar a mí mismo ahora". Lo que dicen es: "Necesito terminar con esto y ésta es la forma de hacerlo. Necesito terminar con esta experiencia dolorosa y la mejor forma de hacerlo es hacer lo peor de ella y terminar para siempre con esto". Y el castigo nunca entra en esto.

JL: *Yo no lo veía de esta manera pero de alguna forma era algo similar, como un aprendizaje. Como que hay una necesidad de ello, no como un castigo, sino que hay algo que aprender.*

M: Oh, sí. Otra forma de ponerlo es: "Me haré a mí mismo lo peor de esto, de forma tal que nadie pueda lastimarme nunca más. Nadie puede hacerme a mí algo tan terrible como yo puedo hacérmelo a mí mismo". Pero la verdad subyacente a todo esto es supervivencia. Yo creo que la experiencia total aquí, en el planeta Tierra, es elementalmente la supervivencia del espíritu humano. Nos enseña a sobrevivir. Si miras la supervivencia en forma literal ella cae en tres categorías: *víctima, victimario y observador*. A su vez el observador tiene dos categorías. Una es el *observador benigno* y la otra es el *observador impotente*. El observador impotente es quien recibe toda la culpa y la vergüenza. Observas a alguien que está siendo torturado y no puedes evitarlo, pero tú sientes como que deberías ser capaz de evitarlo, y porque no puedes evitarlo comienzas a sentirte culpable y avergonzado porque te sientes impotente. El otro es el observador benigno, que dice: "¡Eh!, yo no soy parte de eso. Yo puedo permanecer aquí y, si se da la ocasión en que yo pueda hacer algo, entonces ayudaré, pero no formaré parte de la víctima ni del victimario. Permaneceré en un lugar en donde yo pueda elegir". Ahora bien, a la gente no le gusta verte en ese lugar. La gente quiere que seas lastimado con ellos o bien quiere verte hiriendo gente junto con ellos porque eso significa que estás de acuerdo con ellos. Pero si tú te quedas en tu lugar, dices: "No, no puedo salvarte... No, no puedo matar a tu padre por ti. Tú tienes que terminar la relación con la persona violenta y salir de eso". Durante mucho tiempo, en cada vida, te mueves cada vez más profundamente en el rol de víctima hasta que lo terminas. Periódicamente apareces en una vida en la que te conviertes en victimario en donde tú eres la persona que hiere a la gente. Pero no se trata de una cosa mala. Es la única forma en que sabes cómo hacerlo. Pero aún así eres responsable por lo que haces. Tienes que aceptar la responsabilidad de lo que has hecho. Pero en realidad, lo que has hecho es aclarar esa parte de la lección. Es como ir a la Universidad. Hay cursos que no quieres tomar pero tienes que hacerlo.

JL: ¿Qué hay con el SIDA (Aids)? ¿Es lo mismo?

M: Oh, sí. Es la combinación más perfecta, física y emocional, porque el SIDA, por su naturaleza sexual, trae consigo toda la culpa, la vergüenza y la condenación. Y mira lo que hace el virus. Yo pienso que el virus es lo mismo que o tú me matas a mí o yo te mataré a ti. Porque el virus es el victimizador más perfecto que hay. Es algo tan pequeño que nadie puede verlo y... ¡nos matará a todos! Nos victimizará a todos a menos que aprendamos cómo conquistarlo y no podrás conquistarlo a menos que comiences a pensar e incluir la mente humana. Porque la mente humana puede desconectar el sistema inmunitario y puede conectarlo nuevamente. No vas a curar el cáncer o el SIDA o cualquiera de estas cosas hasta que internalices que todos tenemos una inteligencia superior que ayuda a controlar el proceso de curación. De allí saldrá la lección final de autocontrol y libertad. Porque una vez que aprendamos que nuestra mente lo controla, entonces nos daremos cuenta de que nada puede matarnos. Claro, dirás, entonces tomo una pistola y te disparo a la cabeza. Okey, puede que haya algún karma entre los dos en el momento en que suceda eso, pero tú vas a volver otra vez y, cuando tú sabes eso, volverás con mucho menos karma del que lo harías si no lo supieras, y puede ser que vuelvas y, en unos pocos minutos, durante el nacimiento, limpies tu karma. No necesitas el permiso de nadie para poner fin a tu karma. Si tienes una deuda kármica con alguien, límpiala. No tienen que darte permiso para hacerlo. De hecho, no esperes permiso porque nunca te lo van a dar.

Los roles de víctima y victimizador han invadido la familia. Estos viejos roles ahora son endémicos, están en el verdadero corazón de la civilización que es la familia. Cuando lo sanas en la familia estás sanando el corazón de donde vienen. Después de cada guerra hay un fuerte aumento de la incidencia de la violencia en las familias porque estos hombres vienen de pelear en guerras y de matar gente. Los ponen de vuelta en una familia y les dicen: "Bueno, que tengan una buena vida" y ellos le han estado volando la cabeza a la gente y vienen con toda esa ira. Y ¿qué es la ira? ¿Qué es el padre? ¿Cuál es la imagen y el rol de padre? Consiste en ser suave y afirmar los lazos de amor y así comienzas a reprogramar el planeta lejos de la violencia. Porque el hombre ha sido siempre el responsable de la violencia. Pero resulta que ahora las madres están abusando tanto como los padres. Yo me sentí shockeado cuando descubrí esto. Me atrevería a decir que el cuarenta por ciento de las personas con las que he trabajado han sido abusadas por sus madres. Pero te aseguro que si tú tomas a las madres y las llevas a ellas a sus vidas pasadas, encontrarás que ellas fueron los padres (en sus vidas pasadas). ¿Sabes? No puedes sostener excusas con gente así. Muchas personas vienen a mi consultorio y me cuentan de qué forma fueron abusadas por su padre pero inmediatamente dicen: "Bueno, pero él tuvo un padre terrible y mi abuelo era...". ¡No! Esas son excusas con las que hemos aprendido a vivir. ¡No! Se trata de tú y tu padre. Tu padre tiene que trabajar sus cosas con alguien más. Pero tú, tú tienes que vértelas con él y tienes que liberarte de eso, no importa lo que diga o no diga tu padre. Puede existir un motivo por el cual tu padre sea violento, pero eso no es una excusa.

(En este punto la conversación se interrumpió por nuestras actividades en el congreso y ya no la reanudamos.)

Algunas recomendaciones de Morris Netherton

A continuación compartiré con ustedes algunas recomendaciones y conceptos vertidos por Morris Netherton durante su disertación en el congreso de Campinas.

Para ser terapeuta de Vidas Pasadas se necesitan cuatro puntos básicos:

1. Ética.
2. Educación.
3. Dedicación.
4. Determinación.

Si van a ser terapeutas busquen un programa de educación en donde sus maestros se dediquen al estudio y cuidado de sus almas ya que ellos mismos continúan en su terapia. Hay gente que porque tiene un papel que lo acredita como terapeuta cree que ya no necesita terapia. Cuando comiencen a trabajar con pacientes necesitarán más terapia que nunca y se darán cuenta de todo lo que no saben todavía. Cuando un paciente viene a buscarlos, los está honrando. Es un privilegio para ustedes. No son ustedes los que lo curan. **Es el paciente quien va a través del dolor y sale curado.**

- Las vidas pasadas son la muerte.
- La gestación es la vuelta para la vida.
- El nacimiento es el renacimiento.

Si no se exploran estos tres puntos, el trabajo con la regresión está incompleto.

- Si sólo trabajan vida pasada, le están diciendo al paciente dónde murió.
- Si trabajan vida fetal, lo están llevando a la vida.
- Si trabajan el nacimiento, lo están poniendo en la vida. Aquí es donde se hace el reencuadre.

Cualquier patrón de vida pasada puede cambiarse en el nacimiento. Deben trabajar el trauma del nacimiento. Muchas de las pautas de comportamiento de supervivencia en la vida se originan en las pautas de supervivencia en el nacimiento. Los patrones de lucha por sobrevivir vienen de la gestación y el nacimiento.

El mayor regalo que le pueden hacer a un chico adoptado es vivenciar su nacimiento y escuchar la voz de la madre. Deben moverlo a su vida fetal y encontrar las razones por las cuales la madre lo entregó en adopción.

Muchas personas obedecen el siguiente esquema proveniente de experiencias de vidas pasadas:

- En tanto que estoy muerto y con dolor estoy vivo.
- Sé que estoy vivo, si sé que algo está mal en mí.
- Sé que estoy vivo, si alguien me ama.
- Si quiero sobrevivir, debo conservar el dolor.
- Si conservo el dolor, estoy vivo. Si el dolor se va, estoy muerto.

Hay que trabajar con estos patrones.

Esto es particularmente importante en el cáncer.

Si trabajan con una persona con cáncer hay que determinar en qué momento apareció el cáncer por primera vez como un sentimiento y una realidad inconsciente.

Es importante lo que ocurre durante la cirugía del cáncer. Las cosas que los médicos dijeron en ese momento quedan en el paciente y pueden determinar su muerte. Cuando se efectúa la anestesia general habitualmente al paciente lo hacen contar pero cuando lo despiertan no lo hacen contar en sentido inverso. El paciente está hipnotizado y cuando el anestesista lo hace contar no sabe a qué profundidad lo lleva ni a dónde lo llevará. El paciente va a aceptar cualquier palabra y cualquier emoción en la sala de operaciones como la verdad. La conciencia se fue y se creó una burbuja en el inconsciente; los comentarios de los doctores y enfermeras quedarán allí, en esa burbuja. Y adivinen qué sucede: esa cirugía y las palabras y emociones todavía están funcionando inconscientemente para toda la vida porque nadie deshizo esa burbuja. Durante la cirugía se dicen muchas cosas desmedidas. En una regresión, una mujer operada por un cáncer de útero rescató el siguiente diálogo entre los médicos:

Cirujano: ¿Qué edad tiene esta vieja?

Asistente: Cincuenta y uno.

C: ¡Demonios! ¡Pónganla en un cajón y ciérrenlo!

A: ¿Por qué!

C: Esta mujer jamás sobrevivirá a esto.

Al finalizar la cirugía y en presencia de la paciente el cirujano agregó:

–Espero que hayamos sacado todo, pero apuesto a que no lo hicimos. Dentro de un año volverá aquí para sacarse otro cáncer.

Un año después esta paciente volvió para extirparse un tumor de mama. Fue operada por el mismo equipo. Esta vez el cirujano dijo:

–¿No operé antes a esta mujer? Ya sabía yo. Hay que palmearlas y decirles: "Bueno, vaya a su casa y siéntese a morir".

Durante el trabajo con la regresión la mujer les dijo a los médicos: "¡Váyanse al demonio!".

Al mismo tiempo la anestesia durante la cirugía del cáncer llevó a esta mujer a una vida pasada en Alemania, en donde murió en un campo de concentración mientras estaba abortando. Ella todavía estaba abortando en el momento de morir. El modelo de supervivencia adoptado por esta paciente fue:

- Si quiero sobrevivir creo dolor en el útero.
- Si quiero quedar viva debo conservar el dolor.

Esta mujer fue violada en el campo de concentración. En esa vida pasada comenzó el trauma en el útero. Como en esta vida no hubo violación creó el cáncer para completar esa experiencia. Por eso al trabajar la muerte en la regresión hay que vivenciar cada parte del cuerpo a medida que se va muriendo. En el momento de mayor dolor físico hay que decirle al paciente: "Haga todo lo necesario para terminar todo lo que no terminó en esa muerte".

Ahora hay que cambiar el renacimiento.

El dolor es victimización. Si el dolor pasa, el paciente pensará que está muerto o, lo que es peor, podría necesitar matar a alguien. Mantengan el foco en el origen de la victimización. Y trabajen todo lo que los médicos dicen durante la cirugía.

Los campos de concentración y la guerra fueron una victimización total. Nunca habrá algo peor que eso. Fue una victimización completa del espíritu humano. Las víctimas que murieron en esos campos han encarnado nuevamente alrededor de todo el mundo. Traen con ellos el proceso de sanación. Su mensaje es:

- Tienen que sanar esto con nosotros.
- Tienen que mirar lo que han hecho.

Todavía hay personas que necesitan completar su experiencia en la guerra. Los enfermos de ahora con cáncer, anorexia y SIDA en su último estadio tienen un aspecto igual al que tenían las víctimas de los campos de concentración.

Ustedes no pueden resolver los problemas del mundo pero sí pueden resolver los suyos. Métanse en su propia terapia. Si son médicos, aprendan que hay muchas cosas que no saben.

El entrenamiento en TVP es básico.

Es el "jardín de infantes".

Es la base de lanzamiento.

Es la premisa básica en sus vidas.

Apéndice II
Otras variantes para inducción

El túnel detrás de los ojos

Se puede efectuar esta inducción con relajación previa o sin ella. La idea es pedirle al paciente que imagine un túnel o un pasillo, o un corredor, detrás de sus ojos. A medida que el terapeuta cuenta de uno hasta diez, el paciente se va moviendo por ese pasillo interior. Al llegar a diez el paciente hará contacto con la experiencia o la situación que necesita trabajar.

Esta inducción es muy interesante porque focaliza la atención de la persona en la cara posterior del globo ocular. Esto provoca una disminución en la frecuencia de las ondas cerebrales llevándolas a una frecuencia alfa. Es característico del estado alfa los movimientos oculares rápidos que se evidencian por un parpadeo veloz y constante. Ésta es la inducción que actualmente utilizo más frecuentemente y en forma directa, sin relajación previa. Se puede combinar también con otras técnicas. Por ejemplo, al llegar a diez, el paciente se puede encontrar con el archivo universal o con el archivo de su alma, o con el anciano archivero, y proseguir a partir de allí con esa figura tal cual lo hemos visto en el capítulo VIII.

Veamos cómo se dirige esta inducción. Supongamos que ya hemos hecho una breve relajación previa. Entonces, partimos de ese punto.

Ahora podrías imaginar o ver, o ambas cosas, como si detrás de tus ojos, allí, justo detrás de tus ojos, se abriese una puerta. Podrías imaginarlo, eso es. Al abrir esa puerta te encontrarás con un túnel o un pasillo interior que se extiende detrás de tus ojos. Un túnel o un pasillo, como tú lo veas... En breve, en unos momentos, contaré de uno hasta diez y, a medida que vaya contando, te irás moviendo por tu pasillo interior en dirección a la experiencia responsable de tu problema actual... A llegar a diez, compartirás conmigo la experiencia que tu alma necesita trabajar y yo ayudaré a tu alma a hacer este trabajo más profundamente... Uno... comienza a moverte... Dos... lentamente, no hay prisa. Tres... moviéndote hacia la experiencia que tu alma necesita trabajar. Eso es... Cuatro... tranquilo, yo estoy aquí, a tu lado, y mi voz irá contigo... Cinco... sigue moviéndote lentamente y, al llegar a diez, compartirás conmigo tu trabajo. Seis... moviéndote un poco más... moviéndote hacia la experiencia que tu alma ha decidido trabajar. Siete... un poco más. Ocho... acercándote al hecho o a la experiencia que tu alma ya ha decidido trabajar. Nueve... acércate un poco más... Diez... ya estás allí. ¿Qué estás experimentando? ¿Qué está pasando? Di lo primero que te venga.

Llegados al punto diez se puede combinar, si fuese necesario, con el archivo universal y seguir con esa figura a partir de allí.

La confesión al anciano archivero

Ésta es una variante del encuentro con el anciano archivero. Resulta útil en algunos casos, particularmente cuando la persona que consulta tiene que trabajar cosas duras de sí misma con las cuales es difícil contactarse o bien cuando le cuesta sentir y expresar sus emociones.

La técnica es muy sencilla y consiste en confesarle al anciano nuestros problemas y nuestras actitudes inconfesables. Básicamente todas aquellas cosas que nos cuesta aceptar de nosotros mismos y que no le diríamos a nadie.

La primera parte es similar a las distintas técnicas que hemos visto. La variante se produce a partir del encuentro con el anciano. En ese punto, la persona, guiada por el terapeuta, tiene que decirle mentalmente al anciano todo lo que le pasa y lo que siente. Para esto es necesario que el terapeuta haya efectuado previamente una buena anamnesis y tenga escrito todo lo que el paciente necesita decir o confesar.

Tomemos como ejemplo a un hombre que consulta porque tiene grandes dificultades en su vida de relación y en su vida afectiva. En la primera entrevista, este hombre me cuenta lo que le sucede y logra sincerarse contándome detalles de su vida que siempre le resultaron difíciles de reconocer ante su familia y conocidos. De toda la entrevista yo resalto varias de sus frases y expresiones espontáneas como resultado de mis preguntas. He aquí una síntesis de su historia:

> No puedo con mi mal genio. Es algo que no puedo evitar. Exploto ante la mínima contrariedad. Mi mujer y mis hijos ya no me soportan. Yo me doy cuenta de todo eso pero no puedo remediarlo y tampoco puedo reconocerlo. En el trabajo me pasa igual. Siento que son todos unos inútiles. Que el único que sabe soy yo. En realidad, desprecio a todos aquellos a los que yo considero que son inferiores. Y para mí, casi todos son inferiores. Yo sé que esto no está bien, pero es más fuerte que yo. Me siento superior y sólo respeto a aquellos que son más poderosos o que tienen una posición social alta. Ni hablemos si son mestizos o de raza negra. Para mí es como si no existieran. Me avergüenza decirlo, sé que debo de ser un retrógrado, pero ¿qué hago?, si esto es lo que siento. Tuve muchas parejas y soy responsable de tres abortos. Engañé a mi mujer, le mentí varias veces y todo eso me pesa y me distancia de ella. Quisiera terminar con toda esa historia. Ella es una buena mujer, la quiero y tengo miedo de que un día se canse de mí y me abandone.

Con todo esto ya tengo un buen argumento para una confesión al anciano archivero. Entonces, supongamos que utilizamos el túnel detrás de los ojos. A medida que voy contando, en lugar de pedirle al paciente que se mueva hacia la experiencia que su alma necesita trabajar, le digo que al llegar a diez se encontrará con el anciano archivero. Al llegar a diez, continuamos de la siguiente manera:

> Diez, ya estás allí, a la entrada del archivo de tu alma. El anciano te está esperando. Míralo a los ojos y encontrarás en su mirada profunda el amor, la sabiduría y la compasión. El comprende todo, él te ayudará. Salúdalo y le dirás mentalmente así: "Venerable anciano, hoy, he llegado hasta aquí, porque necesito sanar mi vida y mi alma. Hay cosas en mi vida que están muy mal. Sé que no es posible vivir así, pero no sé cómo resolver todo esto. Mi orgullo

es muy grande y no me permite pedir perdón o disculparme. Tengo un genio que ya ni yo mismo me soporto. En realidad, creo que hasta me desprecio a mí mismo por comportarme de la manera como lo hago, pero vuelco este desprecio en los demás. Mi mujer y mis hijos sufren por mi carácter, pero yo no doy el brazo a torcer. Grito y me enojo por cualquier cosa. No los dejo vivir en paz. Sea en la oficina o en la calle siempre estoy listo para discutir y pelearme con cualquiera. He perdido muchos amigos así, por peleas en las que ofendí y lastimé sin razón. Pero no sé cómo salir de esto, no sé cómo ser más tolerante, más amoroso. Y ese aire de superioridad que tengo... Pero, ¿quién me creo que soy? Es terrible, estoy consciente de esto, pero no puedo evitar este sentimiento. Desprecio a los que considero que son una raza inferior; a los negros, a los mestizos, a los pobres, a los marginados... Me comporto como si fuera un señor feudal y los demás fuesen mis vasallos. Es algo anacrónico, pero así es como me siento y como actúo. Y hay algo más; soy responsable de tres abortos y ésta es una culpa muy grande que llevo sobre mí. He engañado a muchas mujeres con falsas promesas de amor, y le he mentido y todavía le miento a mi mujer. Me avergüenza decirlo, pero es así. Amo a mi mujer, pero es como si con todo esto no mereciera estar en paz y ser feliz con ella. Son demasiadas cosas que le he ocultado. Es una bola enmarañada tan grande que ya no sé cómo terminar ni cómo salir de todo esto. Por eso hoy estoy aquí, para sanar mi alma, para que me ayudes a salir de este laberinto oscuro en el cual se ha transformado mi vida. Necesito que me ayudes, no importa lo que tenga que ver o lo que tenga que hacer, pero ahora estoy decidido a terminar con todo esto de una buena vez".

Entonces, el anciano te tomará suavemente de la mano y te conducirá hacia el interior del archivo. Allí, tomará un libro o tal vez, no lo sé, él lo sabe, tal vez te lleve directamente a la experiencia que tu alma necesita trabajar para terminar para siempre con todo esto. Confía en el anciano, él sabe exactamente lo que tu alma necesita hacer. Él te ayudará. Contaré hasta tres y, al llegar a tres, compartirás conmigo la experiencia que el anciano te mostrará. Uno... dos... tres... ¿Qué está pasando? ¿Dónde te encuentras? ¿Qué estás experimentando?

Puedo asegurarles que en la mayoría de las veces en las que he recurrido a la confesión al anciano, el paciente comienza a llorar a mitad de camino. Hay un contacto diferente consigo mismo. En el caso del ejemplo, durante la primera entrevista, todo esto salió casi sin que el paciente se diera cuenta de lo que decía. El relato era mucho más extenso y las definiciones utilizadas en la inducción fueron surgiendo a medida que se realizaba la entrevista. Al condensarlas en un discurso y repetirlas en primera persona frente al anciano tienen una contundencia diferente. Ahora es como si por primera vez el paciente tomara conciencia real del drama que está aconteciendo en su vida. Realmente funciona como una confesión y abre las puertas del corazón facilitando el contacto emocional.

Así y todo, en ocasiones hay personas a las que, a pesar de la confesión, no se les moverá un pelo. Y esto es algo que debemos comprender. No hay nada mágico en todo esto. La técnica de la TVP no es mágica. No importa la inducción o la técnica que se emplee, si el paciente no quiere hacer el trabajo o no se entrega a la experiencia, no sucederá nada. Algunas personas creen que la regresión depende de alguna misteriosa facultad o de un poder oculto del terapeuta. Se recuestan, cierran los ojos y esperan que suceda algo extraordinario. No funciona así. Como terapeuta, yo no tengo ningún poder para que el paciente entre en regresión y haga su experiencia. Si la persona ya está en regresión, todo se facilita y, en un instante, estará en la experiencia que necesita trabajar. Pero si la persona no está en regresión o no tiene contacto emocional consigo mismo y yo tengo que recurrir a una inducción, el paciente precisa seguir mis sugerencias y mis instrucciones y dejarse guiar. Es necesario que la persona tome todo como un juego, como si realmente estuviera sucediendo y, entonces, sucederá. Para esto son necesarias imaginación, voluntad y acción. El paciente precisa comprometerse con el trabajo, entregarse a la experiencia y participar activamente con su voluntad. Entonces recuerden que el trabajo con la TVP no es un acto de magia, aunque a veces lo parezca. Es una técnica terapéutica que requiere del conocimiento y de la experiencia del terapeuta y de la participación activa de la persona; y todo lo que yo puedo garantizarle al paciente se resume en dos palabras: mucho trabajo.

Apéndice III

Ejercicio del espacio entre vidas antes de nacer

Éste es el único ejercicio que suelo conducir en forma grupal. La idea original es de Helen Wambach y sobre esta idea desarrollé este ejercicio cuyo objetivo principal es recuperar el anteproyecto o propósito de vida. Aun cuando no se realice el ejercicio tal como lo recomiendo, la sola lectura de las preguntas es suficiente para hacer una profunda reflexión sobre nuestra vida y sobre todo lo actuado hasta aquí.

El ejercicio consta de tres partes. En la primera parte se lleva a cabo una inducción para preparar a la persona a realizar el trabajo más trascendente de la experiencia. Es preferible que la persona o el grupo de personas se recueste confortablemente sobre el piso para poder entregarse bien a la experiencia. En la inducción, se guía a la persona hasta llegar al punto en el que se encontraba en el momento de diagramar su vida presente antes de su concepción. Acto seguido, sin mediar interrupción, se procede con la segunda parte. Aquí se realiza una serie de preguntas para guiar a la persona en su trabajo interior. Entre cada serie de preguntas es necesario hacer una pausa para darle tiempo a la persona a desarrollar su experiencia. Sin embargo, esta pausa no debe ser mayor de diez segundos para mantener a la persona progresando en el ejercicio y al mismo tiempo para no permitirle el proceso de racionalización.

La tercera parte es la más importante. Una vez que se terminó con la serie de preguntas, se le pide a la persona que abra los ojos y, sin pronunciar palabra, que vuelque por escrito el resultado de la experiencia. Para esto, antes de comenzar con la inducción es aconsejable que la persona tenga a mano su cuaderno de notas y bolígrafo para que esto sea lo primero que haga al abrir los ojos. En esta tercera parte, voy a repetir la serie de preguntas para guiar a la persona en este trabajo. Esta vez dejaré un espacio de treinta segundos aproximadamente entre cada serie de preguntas para darle tiempo a la persona a escribir sus impresiones. Es muy importante escribir sin pensar, aunque a priori parezca un disparate. Suele suceder que durante el ejercicio algunas personas se quedan dormidas y otras no pueden seguirlo, o se van para otro lado, o se quedan con la mente en blanco. Aun así el trabajo se realiza. Si la persona se permite a sí misma escribir lo que se le ocurra, rescatará una buena cantidad de información. Por ese motivo, aun cuando se haya quedado dormida o no haya podido seguir el ejercicio es necesario que conteste las preguntas con lo primero que se le ocurra, sin pensar. El mayor obstáculo en esto es la autocensura y el temor a hacer el ridículo.

Aunque el propósito de esta experiencia sólo es rescatar el anteproyecto de vida, algunas personas encontraron respuestas y claves que les permitieron resolver inesperadamente algunos conflictos de su vida afectiva.

Pueden grabar el ejercicio con su propia voz y luego hacerlo por ustedes mismos siguiendo las instrucciones que les he dado. A continuación veremos el ejercicio del espacio entre vidas antes de nacer tal cual yo lo grabé para mí mismo.

I) La inducción

Deja que tu cuerpo se vaya acomodando lentamente... experimentando el contacto íntimo con el piso... eso es... Tu cuerpo sabe exactamente lo que necesita hacer... y... podrías dejar entonces a tu cuerpo allí... recostado sobre el piso... sintiendo el contacto íntimo con el piso... El piso te recibe incondicionalmente... no importa lo que pienses... lo que digas... lo que hagas... El piso está allí... siempre está allí... y... lo más importante... no te pide nada a cambio... entonces... podrías entregarle el peso de tu cuerpo al piso... y tu cuerpo... se afloja... y descansa... Y mientras estás allí, acostado... estás haciendo lo mismo que haces cuando vas a dormir, durante el sueño... Durante el sueño... el alma se desprende y hace su trabajo y... las imágenes y las experiencias se suceden en los sueños y... no hay necesidad de pensar... ni siquiera... no hay necesidad de pensar... como ahora... ahora los músculos descansan... los órganos internos... también descansan... el corazón late más lentamente... la respiración es más pausada... la presión arterial desciende unas líneas... y los ojos... los ojos también descansan... y los potenciales eléctricos de tus ondas cerebrales... son... son más lentos y... entonces... el alma se desprende... igual que... ahora el alma se desprende suavemente... y podrías ver o imaginar o sentir... o ambas cosas... imaginar o ver como si te desprendieras suavemente de tu cuerpo... flotando... elevándote un poco... unos centímetros nada más... unos centímetros por encima de tu cuerpo... y podrías ver o imaginar tu cuerpo ahí... recostado sobre el piso... y podrías comprobar que yo estoy aquí... como siempre... acompañándote en tu trabajo... y sí... podrías envolver tu cuerpo con una luz... o un color... envolviéndolo completamente más allá de tu cabeza y más allá de tus pies... Todo está bien... todo está en orden... tu cuerpo está protegido y yo estoy aquí... entonces... entonces sí... lentamente... como un globo que se suelta... podrías comenzar a elevarte... suavemente... lentamente... comenzando a alejarte de este lugar donde tu cuerpo queda reposando protegido por la luz... alejándote... y a medida que vas alejándote... podrías ver... los techos de las casas... de los edificios... las calles... alejándote de la ciudad... elevándote por sobre las nubes... elevándote hacia el cielo... alejándote de la superficie de este país... tomando cada vez más distancia... alejándote del planeta... atravesando la atmósfera terrestre y saliendo al espacio exterior... y la Tierra... se va haciendo cada vez... más lejana... más lejana... Allí... ahora... en el espacio en el que te encuentras... podrías sentir... experimentar la deliciosa sensación de ser parte del Universo... de ser uno con el Universo... Siente tu pertenencia al Universo infinito... Eres parte de ese Universo... Siente el latir del Universo en tu ser... Tú y el Universo son una unidad... Experimenta esa unidad... Eres hijo del Universo... Allí... en ese espacio... en unión con el Universo en donde te encuentras...: no existe el tiempo... no hay tiempo... y todas las experiencias de tu alma están plasmadas allí... en la luz del Universo... como libros en una gran biblioteca... Todos los libros están allí... al mismo tiempo... en un solo tiempo... Cada libro contiene experiencias y todas están allí... al mismo tiempo... y las experiencias de tu alma están allí... en el Universo... y puedes recorrer la gran biblioteca del Universo... Puedes recorrer esa gran biblioteca moviéndote libremente hasta encontrar el punto en el que te encontrabas antes de tu concepción... antes de iniciar el descenso para esta vida física en la Tierra... En breve... ahora... contaré hasta diez... y a medida que vaya contando te irás moviendo... recorriendo la gran biblioteca universal... hasta llegar al punto en el que te encontrabas antes de tu concepción... aún antes... al punto en el que te encontrabas cuando planificabas la que iba a ser tu vida actual en el planeta Tierra... Contaré hasta diez y te irás moviendo por el espacio hacia ese punto... Uno... moviéndote por el espacio... Dos... moviéndote lentamente... Tres... moviéndote por el espacio hacia el punto donde planificabas o preparabas tu descenso a la Tierra... Cuatro... moviéndote un poco más... Cinco... moviéndote un poco más... Seis... sigue moviéndote... eso es... lentamente... Siete... un poco más... eso es... Ocho... un poco más... Nueve... un poco más... Diez... ya estás allí...

II) Las preguntas

–Fíjate, en ese momento, cuando estás preparando tu descenso a la Tierra, ¿estás solo o estás acompañado? (Pausa de cinco segundos luego de cada serie de preguntas.)

–Siente o percibe, ¿hay alguna presencia que te acompañe? Y si estás acompañado, ¿cómo es esa presencia? ¿Cuántas de esas presencias hay? (Pausa.)

–Observa cómo preparas o diagramas lo que será tu vida en la Tierra. ¿Lo haces tú por ti mismo o hay alguien más que lo planifique? ¿Te aconsejan, te ayudan a hacerlo o tú aceptas lo que otros preparan?

–Ahora observa, ¿cuál es el propósito básico para esta vida que vas a iniciar? ¿Cuál es la idea general? A grandes rasgos, ¿cuál es la idea básica, el propósito para esta vida?

–Fíjate, ¿qué es lo que vienes a hacer? ¿Qué se espera que hagas? ¿Qué esperas lograr con esta experiencia? ¿Qué esperas aprender con esta nueva experiencia en la Tierra?

–Y fíjate, ¿traes asignaturas pendientes de otras vidas? ¿Hay cosas que tengas que reparar o resolver o cuentas pendientes de anteriores experiencias en la Tierra?

–¿Cuál es el aspecto que más te va a costar trabajar o aprender en esta vida? ¿Cuál será la lección más difícil de aprender en esta nueva experiencia?

–Y fíjate, ¿te acompañará alguien o te guiará alguien en esta experiencia que vienes a realizar?

–¿Qué particularidad para tu experiencia te ofrecerá encarnar específicamente en el planeta Tierra? ¿A qué se debe que encarnarás en este planeta?

–¿Y qué característica particular también te ofrece nacer aquí, en este país (nombrar el país, el continente, hemisferio, etc.)? ¿Qué particularidad para tu trabajo te ofrece nacer en este país y en tu ciudad de origen?

–Y fíjate, examina el grupo de seres con el cual vas a encarnar. Fíjate si hay seres conocidos, tus padres, tus hermanos, quienes serán tus amigos... también quienes serán tus hijos o tu pareja o tus parejas.

–Ve entonces al momento en el que conoces a quienes serán tus padres. Fíjate si te acompañan o si vas solo, si te los presentan o si los eliges. Fíjate cómo llegas a estos seres que serán tus padres. ¿Qué experimentas cuando te encuentras con ellos? ¿Cuál es el ánimo de tu espíritu en el momento en el que te encuentras con ellos?

–Fíjate si alguna vez, anteriormente, has estado relacionado con ellos o con alguno de ellos. Si guardas alguna antipatía o alguna atracción particular por alguno de ellos. ¿Tienes alguna cuestión pendiente con alguno de ellos? ¿Qué esperas aprender de la experiencia de tener a estos seres como tus padres? ¿Cuál es el propósito de tener a estos seres como tus padres? ¿Para qué te van a servir? ¿Qué vas a aprender?

–¿Y qué aprenderán ellos con la experiencia de tenerte como hijo? ¿Para qué les servirá a ellos tenerte como hijo?

–Sigue un poco más y... fíjate si quienes serán tus parejas o tu pareja se encuentran allí. Fíjate si ya has estado alguna vez con ese ser o con esos seres. ¿Qué relación te lleva hacia esos seres?

—Examina también el vínculo con quienes serán tus hermanos o tus hijos. ¿Has estado relacionado anteriormente con alguno de estos seres?

—Avanza ahora hacia tu descenso en la Tierra y fíjate, ¿cómo es ese descenso? ¿Desciendes solo o te acompaña alguien? Observa, ¿cómo llegas a la Tierra, al plano físico? ¿Qué experimentas mientras estás descendiendo?

—Ahora observa el momento de tu concepción, ¿cómo es ese momento? ¿Dónde estás en ese momento, en el momento de tu concepción? ¿Cómo están en ese instante quienes serán tus padres? ¿Cómo está tu espíritu en ese momento? ¿Qué sientes o qué piensas en ese momento?

—Avanza ahora hacia el momento de tu nacimiento. Míralo desde afuera, simplemente observa tu nacimiento. Mira cómo naces, cómo llegas, cómo inicias esta vida. Fíjate cómo está tu ánimo, tu espíritu en ese momento. Fíjate también si en el momento de nacer estás tratando de aprender alguna lección. Observa las circunstancias de tu nacimiento, cómo están tus padres.

—Y ahora, observa el camino recorrido hasta llegar hasta aquí, a este momento de tu vida actual en el plano físico. Observa ese camino recorrido y fíjate. Haz un balance con aquel propósito original, con aquella planificación que habías hecho. Fíjate, ¿estás cumpliendo, estás desarrollando ese programa? Acaso, ¿te desviaste de ese camino, te confundiste, o te perdiste en algún recodo de ese camino? ¿Hay algo que quieras rectificar de esa programación? Ahora, en el punto en el que te encuentras ahora, puedes hacer las correcciones o las modificaciones necesarias. Ahora tienes una oportunidad para revisar ese propósito, esa planificación. Ahora puedes cambiarla si lo deseas, está en tus manos. Puedes modificarla totalmente o parcialmente. O puedes confirmarla tal cual la programaste. Depende de ti, es tu libre albedrío. Es también el resultado de la experiencia y la sabiduría acumuladas lo que te permite hacer los ajustes necesarios a la planificación original. Si elegiste una programación de vida impulsado por una culpa de una vida anterior, ahora puedes cambiarla. Consulta con tus guías o con tus maestros, si los tienes, si hay algo para retocar o corregir o actualizar. Si hay algo más que quieras programar de aquí en adelante, puedes hacerlo.

—Lentamente, entonces, comenzarás a regresar a la Tierra.

Lentamente, volviendo del espacio, te irás acercando hacia la Tierra, volviendo a entrar en la atmósfera terrestre. Lentamente, acercándote lentamente a este hemisferio, a este continente, observando el contorno de este país, acercándote a esta ciudad, regresando aquí, a este lugar, donde está reposando tu cuerpo físico, protegido por la luz, volviendo a la conciencia de tu cuerpo físico, volviendo a este día y, cuando tú lo decidas, abrirás los ojos, tomarás tu cuaderno y escribirás lo primero que te venga a la mente. Yo te guiaré.

III) Las respuestas

(Efectuar la siguiente serie de preguntas con un intervalo aproximado de veinte o treinta segundos entre cada una de ellas, el tiempo suficiente para poder escribir las respuestas. En el caso de que no se recuerde nada o que se haya quedado dormido durante la experiencia, igualmente contestar con lo primero que venga a la mente. Aun cuando aparentemente no se haya logrado hacer el ejercicio, el inconsciente guarda la información de lo sucedido y es posible recuperar esta información, si permitimos que fluya lo primero que se nos ocurra sin intentar racionalizar o censurar.)

–Cuando estabas allí, en el espacio, ¿estabas solo o acompañado?

–¿Cómo planificaste tu propósito de vida? ¿Lo hiciste tú, alguien te aconsejó o simplemente te presentaron un programa y tú lo aceptaste?

–¿Cuál es la idea general para esta experiencia en la Tierra, el propósito básico?

–¿Qué es lo que vienes a aprender, a trabajar? ¿Qué esperas lograr con esta experiencia en la Tierra?

–¿Traes asignaturas pendientes de otras vidas? ¿Hay cuentas pendientes de otras vidas? ¿Hay cosas que arrastras sin resolver de anteriores existencias y que tienes que resolver ahora?

–¿Cuál será la lección más difícil de aprender? ¿Qué es lo que más te costará aprender, trabajar o resolver en esta experiencia en la Tierra? ¿Cuál es tu punto débil, tu punto vulnerable?

–¿Qué ayuda, qué compañía tendrás del espacio para esta experiencia?

–¿Qué condiciones te ofrece el planeta Tierra para tu experiencia particular? ¿Para qué necesitas encarnar en la Tierra?

–¿Para qué necesitas encarnar en este país (nombrar el país de origen) en particular? ¿Qué característica te ofrece nacer en este país para el desarrollo de tu experiencia?

–Observa el momento en que te presentan a tus padres. ¿Te los presentan o los eliges tú? ¿Cómo llegas a quienes serán tus padres?

–¿Los has visto anteriormente alguna vez o te los encuentras por la primera vez?

–¿Cómo reaccionas cuando los ves?

–¿Tienes cuentas pendientes con alguno de ellos?

–¿Para qué te va a servir tener a estos padres? ¿Qué esperas aprender con la experiencia de tener a estos seres como tus padres?

–¿Y para qué les servirá a ellos tenerte como hijo? ¿Qué aprenderán ellos con la experiencia de tenerte como hijo?

–¿Has visto también a algunos de tus hermanos o a quien será tu pareja o alguna de tus parejas o a quienes serán tus hijos? ¿Qué relación tienes con ellos?

–Ahora fíjate cómo es el descenso a la Tierra. ¿Cómo se hace ese descenso? ¿Vienes solo o te acompaña alguien? ¿Cómo está tu espíritu mientras desciendes hacia la Tierra?

–¿Cómo es el momento de tu concepción? ¿Qué sientes o que experimentas en ese momento? ¿Qué piensas en el momento de tu concepción? ¿Cómo están tus padres en ese momento? ¿Cómo los ves?

–Ahora ve al momento de tu nacimiento. ¿Cómo es ese momento? ¿Cómo naces? ¿Quieres nacer o no quieres nacer? ¿Cómo está tu ánimo espiritual en el momento de tu nacimiento? ¿Cómo es tu llegada a este mundo? ¿Cómo es tu entrada en este mundo?

–¿Y qué estás tratando de aprender en el momento de tu nacimiento? ¿Hay alguna lección de vida en la cual estás trabajando en el instante de nacer?

–Ahora mira, desde tu visión actual, desde este día. Desde este punto en el que te encuentras hoy, ¿cómo ha sido el camino recorrido? ¿Has hecho lo que te propusiste hacer o lo que fue programado? ¿Te has desviado de este camino? ¿Estás haciendo lo que viniste a hacer o estás haciendo otra cosa?

–¿Quisieras hacer modificaciones al proyecto original? ¿Quisieras retocarlo, o corregirlo, o ajustarlo? ¿Quisieras confirmarlo? ¿Qué cambios introducirías? ¿Qué te dicen tus maestros? ¿Qué te sugieren?

–Fíjate si hay algo más que quieras agregar de esta experiencia. Si hay algún otro detalle, escríbelo ahora y, lentamente, regresarás aquí, a tu conciencia física habitual, sintiéndote bien, tranquilo, calmo y sereno.

Bibliografía

Sobre la Terapia de Vidas Pasadas

DESJARDINS, Denise, *La Mémoire des Vies Antérieures* (La memoria de las vidas anteriores), La Table Ronde, París, 1980.
DETHLEFSEN, Thorwald, *La reencarnación*, Bruguera, Barcelona, 1977.
DROUOT, Patrick, *Nous sommes tous immortels*, (Somos todos inmortales), Le Rocher, Mónaco, 1987; Edaf, Madrid, 1989.
FIORE, Edith, *Usted ya estuvo aquí*, Edaf, Madrid, 1980.
NETHERTON, M. y SHIFFRIN, N., *Past Lives Therapy* (Terapia de vidas pasadas), Morrow, Nueva York, 1978. *Vidas pasadas em terapia* (ed. en portugués), Arai-ju, Itapetininga, 1984.
PRIETO PERES, María J., *Apostila para cursos de TRVP*, San Pablo, 1989.
ROCHAS, Albert de, *Les vies successives* (Las vidas sucesivas), Charconac, París, 1911.
SCHLOTTERBECK, Karl, *Living your past lives* (Viviendo sus vidas pasadas), Ballantine, Nueva York, 1990.
SUTPHEN, Dick, *Past life therapy in action* (La Terapia de Vidas Pasadas en acción), Valley of the Sun Publishing, Malibú, 1987.
WAGNER MCCLAIN, Florence, *Guía práctica de la regresión a vidas pasadas*, Luis Cárcamo, Madrid, 1987.
WAMBACH, Helen, *Vida antes de la vida*, Edaf, Madrid, 1985.
WEISS, Brian L., *A través del tiempo*, Vergara, Buenos Aires, 1989.
WEISS, Brian L., *Muchas vidas, muchos sabios*, Vergara, Buenos Aires, 1989.
WHITTON, J. y FISHER, J., *La vida entre las vidas*, Sudamericana Planeta, Buenos Aires, 1988.
WOOLGER, Roger J., *Otras vidas, otras identidades*, Martínez Roca, Barcelona, 1991.

YOUNG, Robert y Loy, *Reincarnation Handbook* (Manual de reencarnación), Reincarnation Research & Education Foundation, Santa Mónica, CA, 1980.

Sobre la reencarnación y el karma

BERG, Philip S., *Las ruedas de un alma*, Centro de Investigación de la Cábala, Ciudad Vieja, Jerusalén, 1991.
BESANT, Annie, *La sabiduría antigua*, Eisa, México, prólogo de 1897.
BESANT, Annie, *Reencarnação* (Reencarnación), Pensamento, San Pablo.
CHRISTIE-MURRAY, Davis, *Reencarnación*, Robin Book, Barcelona, 1987.
DELANNE, Gabriel, *La reencarnación*, Bauza, Barcelona, 1925. Nueva edición en francés: *La Réincarnation*, Vermet, París, 1985.
DENIS, León, *El problema del ser y del destino*, Kier, Buenos Aires, 1972. Publicado por primera vez en 1905.
DENIS, León, *En lo invisible*, Edicomunicación, Barcelona, 1987. Publicado por primera vez en 1903.
GUIMARÃES ANDRADE, Hernani, *Reencarnação no Brasil* (Reencarnación en el Brasil), O Clarim, San Pablo, 1988.
KARDEC, Allan, *El libro de los espíritus*, Kier, Buenos Aires, 1972. Publicado por primera vez en 1857.
LANGLEY, Noel, *Edgar Cayce sobre la reencarnación*, Mirach, Madrid, 1994.
LEADBEATER, Charles. W., *Un libro de texto sobre teosofía*, Edit. Teosófica Argentina, Rosario, 1967.
LEADBEATER, Charles. W., *Clarividencia y proyección astral*, Posada, México, 1967.
MARTÍN, José Luis, *La ley del karma*, Orión, México, 1983.
MOODY, Raymond A. Jr, *Vida después de la vida*, Edaf, Madrid, 1977.
STEVENSON, Ian, *Twenty Cases Suggestive of Reincarnation* (Veinte casos que hacen pensar en la reencarnación), University Press of Virginia, Charlottesville, VI, 1974. Publicado en Madrid por Mirach, 1992.
XAVIER, Francisco C., *Cómo se reencarna*. (Capítulos XII, XIII y XIV de la obra "Misioneros de la luz"), Kier, Buenos Aires, 1988.
YOGI RAMACHARAKA, *La vida después de la muerte*, Kier, Buenos Aires, 1991.

Bibliografía general

GAWAIN, Shakti, *Visualización creativa*, Selector, México, 1989.
GRANT, J. y KELSEY, D., *Many lifetimes* (Muchas vidas), Ayer Co. Publishers, 1994. Reimpresión de la edición de Gollancz, 1974. Primera edición, 1967.
GRINBERG-ZYLBERBAUM, Jacobo, *Técnicas de meditación trascendente*, Heptada, Madrid, 1990.

GROF, Stanislav, *La mente holotrópica*, Planeta, Buenos Aires, 1994.
HUXLEY, Aldous, MASLOW, A., BUCKE, M. et al., *La experiencia mística y los estados de conciencia*, Kairós, Barcelona, 1979.
LAERCIO, Diógenes, *Vidas, opiniones y sentencias de los filósofos más ilustres*, Perlado Páez, Madrid, 1914.
LAMARTINE, Alphonse, *Voyage en Orient* (Viaje por Oriente), Hachette, París, 1875.
LEADBEATER, Charles W., *El libro de los sueños*, Gómez Gómez, México, 1985.
LEADBEATER, Charles W., *Los espíritus de la naturaleza*, Sirio, Málaga, 1985.
MARCOWITZ, J., *Cirugía experimental*, Labor, Buenos Aires, 1943.
OUSELEY, S. G. J., *Meditaciones sobre el color*, Sirio, Málaga, 1992. Publicado por primera vez en 1949.
PERRY, David, *El arte de magnetizar*, Kier, Buenos Aires, 1978
SLINGER, P. y DOUGLAS, N., *Secretos sexuales*, Martínez Roca, Barcelona, 1982.
TRIGUEIRINHO, *También vivimos mientras soñamos*, Kier, Buenos Áires.
VERNY, Thomas, *La vie secréte de l'enfant avant sa naissance* (La vida secreta del niño antes de su nacimiento), Grasset, París, 1982. Publicado por Urano, Barcelona, 1988.
YUTANG, Lin, *Sabiduría hindú*, Biblioteca Nueva, Buenos Aires, 1946.
ZWEIG, Stefan, *La curación por el espíritu*, Anaconda, Buenos Aires, 1945.

Otros títulos de nuestra editorial

EL TRABAJO DEL ALMA

¿Qué es la Terapia de Vidas Pasadas?

DR. JOSÉ LUIS CABOULI

128 páginas
15,5 x 23 cm
ISBN: 978-950-754-108-7

¿Qué es la Trapia de Vidas Pasadas? ¿En qué se basa?
¿Cómo funciona? ¿Cómo se trabaja?
¿Qué cosas puede resolver?
¿Cuáles son los verdaderos alcances de esta técnica terapéutica?

Historias reales de fobias, miedos, ahogos nocturnos y asma bronquial, entre otras, son el medio elegido por el autor para responder ampliamente a estos interrogantes, al mismo tiempo que nos sumerge en los vericuetos del alma humana.

Un conocimiento y una enseñanza más profundos subyacen en cada una de estas historias. Al igual que la mayoría de las personas, los protagonistas consultaron por su dolor sin saber que finalmente irían a encontrarse con su alma. Más allá del dolor y de las emociones a resolver está el aprendizaje del alma.

Otros títulos de nuestra editorial

NUMEROLOGÍA
Conocimientos fundamentales
ALICIA VÉNERE

NUMEROLOGÍA
Karma y predicción
ALICIA VÉNERE

TEOREMA DE LOS SUEÑOS
Visión de un orden vital
JORGE SERGIO

QUÉ SON LOS SUEÑOS
JORGE SERGIO

ASTROLOGÍA CONTEMPORÁNEA
Planetas y signos
A. R. BELLSOLÁ - N. PAKULA

ASTROLOGÍA CONTEMPORÁNEA
Aspectos
A. R. BELLSOLÁ - N. PAKULA

MOVIMIENTOS ASTROLÓGICOS
Revoluciones solares
LÍA BONSAVER

BENJAMÍN SOLARI PARRAVICINI
El Nostradamus de América
FABIO ZERPA - B. S. PARRAVICINI

FLORES DE BACH II
Clínica, terapéutica y signatura
BÁRBARA ESPECHE

FLORES DE BACH
Manual práctico y clínico
BÁRBARA ESPECHE

TERAPIAS FLORALES
Repertorio de síntomas
CLAUDIA MATTIELLO

LAS FLORES QUE CURAN A LOS NIÑOS
Guía para padres y terapeutas
CLAUDIA MATTIELLO

TERAPIAS FLORALES Y PSICOPATOLOGÍA
EDUARDO H. GRECCO

SEXO, AMOR Y ESENCIAS FLORALES
EDUARDO H. GRECCO